항공운송 서비스론

정태연 저

SEROMI

CONTENTS

CHAPTER 03 항공운송 서비스

CHAPTER 04 항공기

CHAPTER 05 공항

CHAPTER 06 출입국 서비스

CHAPTER 07 항공보안

CHAPTER 08 항공기 객실업무

CHAPTER 09 항공화물

CHAPTER 10 여행 항공업무

CHAPTER 01

항공운송

SECTION ▸

01 SECTION

항공운송의 이해

01 항공운송산업의 정의 및 유형

1) 정의

항공운송산업은 일정한 자격요건을 지닌 항공사가 항공에 대한 인적·물적 대상을 운반하고 수익을 창출하는 영업활동을 말하는 것으로, 항공법 제2조 제31호에 의하면"타인의 수요에 응하여 항공기를 사용하여 유상으로 여객 또는 화물을 운송하는 사업을 말한다."라고 규정하고 있다.

항공운송산업을 넓은 의미에서 본다면 항공운송뿐만 아니라 개별적으로 운송활동을 하는 일반 항공을 포함하며, 좁은 의미에서는 항공 운송사업자에 의한 운송만으로 볼 수 있다.

일반적으로 항공운송산업은 일정한 요건을 지닌 항공사에 의해 수행되는 상업활동으로 규정짓고 있다.

2) 유형

항공운송은 운송활동 분류기준에 따라 나누어지는데, 일반적으로 운송형태, 운송대상, 운송지역에 의해 분류할 수 있다.

표 1-1 항공운송의 분류

분류기준	내용
운송형태에 의한 분류	**정기항공** : 정기적인 운항계획에 따라 일정한 항공노선을 정하여 운항하는 항공편으로 미리 정해진 운항 스케줄에 의해 여객의 예약을 받아 운송한다. 따라서 여객수가 많고 적음 혹은 기타 특이 사항에 관계없이 항상 운항하여야 되기 때문에 공공성이 요구된다.
	부정기항공 : 정기적인 운항계획이 아닌 특정한 항공노선에 수요가 있을 경우에만 부정기적으로 여객과 화물을 운송하는 것을 말한다.
	전세항공 : 임차인과 임대인간 전세계약을 통해 항공기의 일부 또는 전부를 사용하여 여객 및 화물을 유상으로 운송하기 위한 부정기 항공편을 말한다. 전세항공은 특정한 항공노선에 운항시간 및 운임 등 운항조건을 공시하여 운항하는 public charter와 여행사 등이 스스로 항공수요를 확보한 후 항공사의 항공기를 임차형태로 운항하는 private charter로 구분할 수 있다.
운송대상에 의한 분류	**여객운송** : 여객을 운송하는 항공편을 말한다.
	화물 및 우편물 운송 : 화물이나 우편물을 운송하는 항공편을 말한다.
운송지역에 의한 분류	**국내항공** : 국경을 넘지 않고 국내에서만 운행하는 항공편을 말한다.
	국제항공 : 국경을 넘어 운행하는 항공편을 말한다.
	지역항공 : 특정 지역에 한정해서 운영되는 항공사를 말하며 주로 대형 항공사(FSC)의 노선이 닿지 않는 소규모 도시와 노선을 중심으로 운항하는 항공편을 말한다.

운송활동 분류 기준 외에도 항공운송산업의 범주를 항공법에 근거하여 분류할 수 있는데, 구체적인 내용은 다음과 같다.

표 1-2 ▸ 항공운송산업의 범주

분류	내용
국내운송산업	타인의 수요에 따라 국토교통부령으로 정하는 일정 규모 이상의 항공기를 이용하여 유상으로 국내 공항간에 운송을 하는 정기항공, 국내 공항 간에 일정한 노선을 정하지 않고 시장수요에 따라 부정기적으로 운항하는 부정기항공 등으로 구분된다.
국제항공 운송산업	국토교통부가 정하는 일정규모 이상의 항공기를 이용하여 유상으로 국내 공항과 외국공항 사이 또는 외국공항과 외국공항 사이에 일정한 노선을 정하고 정기적인 운항계획에 따라 운항하는 국제정기항공, 그리고 운송수요에 따라 부정기적으로 운항하는 부정기항공 등으로 구분된다.
소형항공 운송산업	국내 및 국제 항공운송사업 외의 항공운송사업을 가리키는 것으로 50인승 미만의 항공기를 이용한 운송, 항공택시, 전용기임대업 등이 이에 속한다.
항공기사용산업	운송 사업 외의 기타 사업을 뜻하는 것으로 타인의 수요에 맞추어 항공기를 사용하여 유상으로 국토교통부령으로 정하는 업무를 하는 것을 말한다.
항공기정비업	타인의 수요에 맞추어 항공기, 장비품 또는 부품의 정비, 수리 또는 개조 등을 하는 산업을 말한다. 대부분 항공사 자가 정비 형태를 취하고 있어 항공기 정비를 항공사 직원이 직접 담당하는 형태를 취하고 있다.
항공레저 스포츠산업	취미, 오락, 체험, 교육, 경기 등의 항공레저스포츠를 위하여 활공기, 경량항공기 및 초경량 비행장치를 대여하거나 정비, 수리 또는 개조서비스를 제공하는 산업을 말함.
상업서류 송달업	타인의 수요에 맞추어서 유상으로 "우편법" 제2조 제2항 단서에 해당하는 수출입 등에 관한 서류와 그에 딸린 견본품을 항공기를 이용하여 송달하는 산업을 말한다.
항공운송 총대리점업	항공운송사업자를 위하여 유상으로 항공기를 이용한 여객 또는 화물의 국제운송계약체결을 대리하는 산업을 말한다. 즉, 항공사 혹은 항공운송총대리점을 대리하여 항공사의 운송약관, 운송규칙, 항공기 좌석예약 및 항공권 판매 등과 관련한 업무를 수행하고 그 대가로 수수료를 받는다.
도심공항 터미널업	공항구역 외에서 항공여객이나 항공화물의 운송 및 처리에 관한 편의를 제공하기 위하여 필요한 시설을 설치·운영하는 산업을 말한다. 즉, 여객이나 화주가 공항까지 가는 번거로움을 해소하기 위하여 시내 도심 지역에 필요한 공항시설 및 장비를 갖추어 항공기에 탑재할 항공화물에 관한 업무를 수행할 수 있도록 하는 업무이다.
초경량 비행장치 사용산업	다른 사람의 수요에 맞추어 국토교통부령으로 정하는 초경량 비행 장치를 사용하여 유상으로 농약을 살포하거나 사진을 촬영하는 등 국토교통부령으로 정하는 업무를 하는 산업을 말한다.

02 항공운송산업의 특징

1) 공공성

항공운송산업은 영리성과 공공성의 양면적 특성을 지니고 있다.

즉, 운송수단으로서 영리를 추구하는 동시에 국가의 기반산업으로서 국익을 지향해야 하는 공공성을 지니고 있다. 따라서 항공운송산업은 항공사의 독자적인 사정이나 판단에 따라 항공기의 운송 스케줄이나 요금 등을 결정할 수 없으며, 특히 정기항공운송산업 같은 경우 기상악화나 천재지변과 같은 불가항력적인 사유를 제외하고는 정부로부터 인가받은 운송 계획대로 운송 서비스를 제공해야 하는 의무를 갖고 있다. 따라서 외부적인 변화에 따라 수익성이 낮아지고, 특정 계절이나 이벤트에 따라 임의적으로 운송서비스 제공을 변경할 수 없기 때문에 항공사가 특정 노선에 항공기를 운항시키기 위해서는 정부와 해당 국가의 허가를 득하는 것이 중요하며 동시에 항공수요를 정확히 예측하여 수요에 부합하는 운항횟수 및 운항시간대를 결정하는 것이 매우 중요하다.

2) 고속성

항공기는 타 교통기관과 비교하여 속도 면에서 가장 빠르다는 장점을 지니고 있다. 이용자의 측면에서 항공교통 수단의 비용이 높음에도 불구하고 선택하는 가장 큰 이유는 바로 고속성 때문이며, 항공기가 교통수단으로서 가장 늦게 발달하였음에도 불구하고 항공운송이 전 세계 주요 도시를 연결하는 항공 노선망을 구성하고, 현재 전 세계의 국제 교통의 중심이 된 것 역시 항공운송의 고속성 때문이다.

3) 안전성

항공기 사고는 발생 시 많은 사상자를 초래할 수 있기 때문에 항공기가 기타 교통수단에 비해 안전하지 못하다는 편견을 갖고 있는 경우가 있으나, 현재의 항공기는 현대 기술의 발전과 항공기 운항 및 유도 시스템이 고도화 되고, 공항 활주로의 개선 등으로 인해 가장 안전한 교통수단이라 할 수 있다. 하지만 앞서 언급하였듯이 항공기 사고는 큰 인명피해와 재산피해를 남길 수 있기에 항공사는 물론 조종사와 승무원, 지상 조업사 등의 모든 인력과 장비들을 관련 규정에 맞게 교육하고 관리하여 항공기 안전 확보에 주력해야 한다.

4) 쾌적성

쾌적성은 항공여행의 즐거움을 좌우하는 요소로서 다양한 기내시설과 승무원의 기내서비스 등으로 이루어지는 편안한 비행을 말한다. 따라서 쾌적성을 확보하기 위해서는 기내 화장실이나 좌석, 항공기 내 다양한 설비와 기내 온도 및 습도, 조명, 소음 등의 물리적인 요소가 기본적으로 갖추어져야 하며, 고객을 응대하는 승무원들의 숙련되고 친절한 자세 또한 매우 중요하다.

5) 생산과 소비의 동시성

항공사는 형태가 있는 제품을 판매하는 것이 아닌 무형의 항공기 좌석을 판매하기 때문에 수요와 공급을 예측하는 것이 매우 중요하다.

즉, 판매되지 않은 상품을 저장할 수 없기 때문에 특정 시간에 항공기 좌석을 적시에 판매하여야만 하므로 정확한 수요예측에 의한 항공노선의 개발과 투입기종, 운항횟수, 운항시간대를 결정하는 것이 이윤을 내기 위해 가장 중요한 작업이다.

6) 관련 산업의 수요에 직접적인 영향을 받는 특성

항공운송산업의 수요는 국내·외 여행이나 비즈니스 과정 중에 발생하는 경우가 대부분이기 때문에 항공운송산업은 관광산업의 파생적인 수요산업으로 볼 수 있다. 따라서 여행객 수의 증감에 따라 항공사의 운명이 결정되기 때문에 항공사는 여행사 및 기타 관광산업과 함께 발전해 나가는 산업이라는 것을 알 수 있다.

7) 상품차별화가 용이하지 않은 특성

항공운송상품은 항공사마다 상품 내용이 비슷한 항공좌석을 판매하는 것으로 항공기의 객실구조나 좌석의 형태가 대동소이하여 클래스 별 좌석의 품질을 차별화 하는 것은 쉽지 않다. 따라서 인적서비스인 기내 서비스 측면에서 고객의 니즈에 부합하는 다양한 서비스를 시도하고 있으나, 이 또한 경쟁 항공사가 쉽게 적용할 수 있는 것이기 때문에 상품의 항공사 간의 서비스 수준이 비슷하다고 할 수 있다.

이에 항공사만이 자신만의 특별한 서비스로 지속적인 우위를 점하기 위해서는 서비스 품질 향상과 지속적인 자본 투자 등 부단한 노력이 수반되어야 하며, 이러한 특성으로 인해 항공사에서 승무원의 자질 등 인적자원의 중요성이 강조되고 있다 볼 수 있다.

8) 장거리운송에 유리한 특성

항공기 운항에서 가장 많은 부분을 차지하는 비용은 연료 사용에 대한 것이며, 연료는 이·착륙 시 단위거리 당 가장 많이 소모된다. 또한 이·착륙이 많을수록 공항의 착륙비용 및 주기장 사용료 역시 증가하기 때문에 이·착륙의 횟수는 줄이고 순항 거리를 최대화 하는 것이 항공사 입장에서는 비용에 비해 이윤을 극대화 하는 방법이다. 또한 고객의 입장에서도 단거리의 경우는 대체할 수 있는 기타 대중교통이 있기 때문에 항공기가 고려 대상에서 제외될 수 있으며, 특히 국내 여행 같은 경우에는 고속 철도가 있기 때문에 항공기가 가격 경쟁력에서 뒤쳐질 수 있다. 따라서 항공운송산업은 장거리 운송에 특화되어 있으며 유리하다고 할 수 있다.

02 SECTION

항공운송산업의 발달

01 세계 항공운송산업의 발달

1) 비행의 시도

오늘날 항공산업이 우리 생활에서 지대한 역할을 하게 되기까지 인류 역사상 많은 시도가 있어 왔고, 계속되는 실패와 도전 속에 항공산업은 지속적으로 발전해 왔다.

① 프랑스 몽골피에 형제의 열기구

1783년 11월21일 프랑스 파리 불로뉴 숲에서 물리학자 '장 프라수아 릴라트로 드로지에(Jean Francois Pilatre de Rozier)'와 '프랑수아 로랑(Francois Laurent)'은 열기구에 올라탔고, 열기구는 하늘로 날아올라 900m 상공에서 9km를 날았다.

이는 인류가 최초로 사람을 태우고 하늘을 나는데 성공한 '유인비행' 시대를 알리는 중요한 사건이다.

이 기구를 만든 사람은 '조세프 미셸 몽골피에(Joseph-Michel Montgolfier, 1745~1799)와 그의 동생인 자크 에띠엥 몽골피에(Jacques-Etienne Montgolfier, 1745~1799)이다. 두 형제는 1775년 낙하산을 만들며 일찍이 항공 분야에 관심을 갖게 되었고, 불 위에 말리고 있던 세탁물들이 뜨거운 열에 의해 볼록한 주머니를 형성하며 떠오르는 것에 착안하여 기구 제작을 생각하게 되었고, 결국 인류 인간에 의한 최초의 자유 비행을 하게 되었다.

초기 이 열기구에 의한 비행은 큰 반향을 일으켰고, 프랑스뿐만 아니라 유럽 전체가 이 이벤트를 주목하고 기념했다. 현재에도 캐나다 퀘벡주에서 형제의 이름을 딴 '몽골피에 국제열기구 축제'를 열고 있으며, 매 해 40만 명 이상의 관광객이 전 세계에서 행사에 참여하고 있다.

그림 1-1 ▸ 몽골피에의 열기구

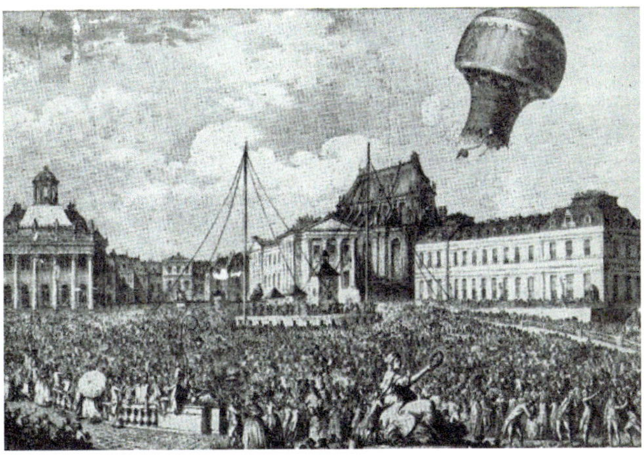

그림 1-2 ▸ 몽골피에의 인류 최초의 유인 비행

② 지파르의 비행선

몽골피에 형제에 의해 인류의 하늘을 나는 꿈은 실현되었으나 자체의 추진력으로 속도를 내고 방향을 조종할 수는 없었다. 이에 사람들은 바람에 의존하지 않고 스스로 움직이는 비행에 관심을 돌리게 되었다. 이러한 과정에서 19C 말 가솔린 엔진이 발명되었고, 이러한 엔진의 발명은 비행장치의 개발에 결정적인 발판을 마련하여 인간의 의지대로 조종이 가능해진 비행선이 만들어졌다.

최초로 동력을 이용한 비행선을 발명한 사람은 프랑스의 지파르(Henri Giffard, 1825~1882)이다. 지파르는 1825년 파리에서 태어나 어렸을 때는 기관차에 관심을 두었고, 후에는 비행에 집중하여 결국 연료분사 노즐인 인젝터(Injector)와 비행선을 발명하였다. 지파르는 1852년 9월24일 파리 근교에서 27km를 여행하는 최초의 동력 및 제어 가능한 비행에 성공하였다.

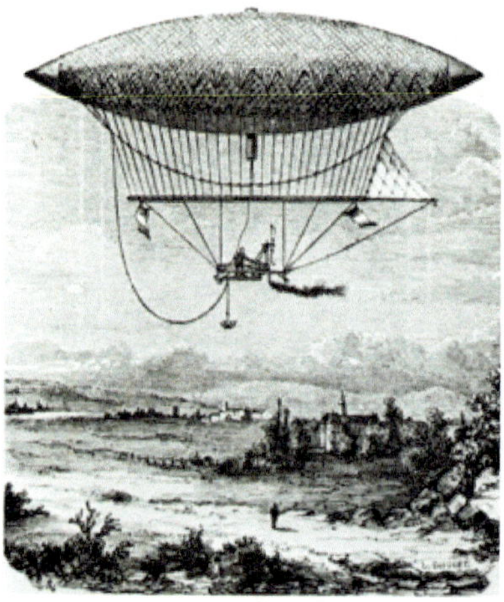

그림 1-3 ▸ 지파르의 비행선

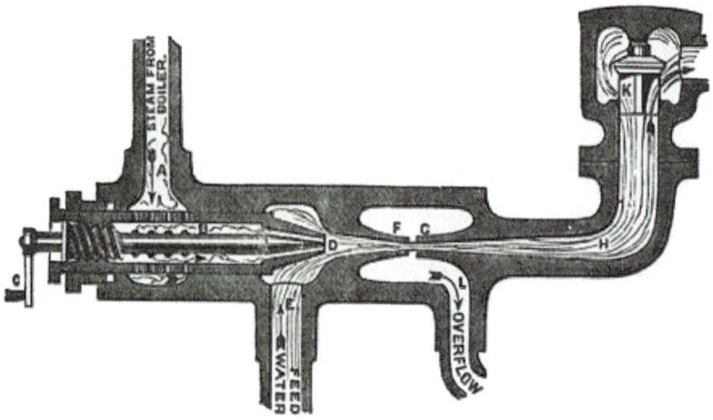

그림 1-4 ▸ 지파르가 발명한 인젝터

③ 라이트형제의 동력비행기

1903년 12월17일 미국노스캐롤라이나 키티호크 해안에서 '라이트형제'의 동력비행기가 이륙하였다. 이는 인류 최초의 동력비행에 성공한 것으로 12초 동안 36m를 날았고, 몇 차례의 시도 끝에 플라이어호는 59초 동안 260m의 기록을 세웠다.

미국 비행기 제작자이자 항공계의 개척자인 라이트형제(윌버 라이트 Wilbur Wright 1867~1921), 오빌 라이트 Orville Wright 1871~1984)는 자전거점을 운영하던 중 글라이더 비행에 관심을 갖게 되었고, 1900년부터 1000회에 이르는 시험

비행과 200회 이상의 비행기 모형 시험 끝에 독자 개발한 가솔린기관을 기체에 탑재하여 역사상 처음으로 지속적인 동력비행이 가능한 '라이트 플라이어(Wright Flyer 1)' 개발에 성공하였다.

이들의 가장 큰 업적은 입체제어가 가능한 항공기를 제작했다는 사실이며, 라이트형제의 동력비행기 개발로 인해 항공기술이 발달하였고, 이는 시장수요의 지속적인 증가와 함께 항공산업의 획기적인 발달을 촉진하였다.

그림 1-5 ▸ 라이트형제

그림 1-6 ▸ 라이트형제의 동력비행기

2) 민간항공의 발달

① 태동기

항공운송이 상업을 목적으로 전 세계 처음 도입된 시기로, 일반적으로 1911년부터 1918년까지를 말한다. 1911년 미국에서 우편물을 운송하기 시작하면서 신속하고 정확한 항공운송이 인정받기 시작하였으며 급속도록 성장하였다. 하지만 항공운송의 효용성에 대한 인식이 전 세계적으로 보편화되지는 않았다.

② 개척기

일반적으로 1918년부터 민간항공위원회(Civil Aeronautics Board; CAB)가 설

립되는 1938년까지를 민간항공의 개척기라고 말한다.

미국은 1920년 뉴욕에서 샌프란시스코를 잇는 노선을 만들고 지속적으로 전국적인 항공 네트워크를 구축하였다.

유럽 역시 항공의 상업화가 진행되어 1919년 헤이그에서는 국제항공운송협회(International Air Transport Association; IATA)의 전신인 국제항공교통협회가 설립되었으며, 국영기업의 형태인 항공사와 정부의 지원 하에 민간부문의 정기항공사들이 설립되었다. 프랑스와 독일, 영국, 스위스 등을 시작으로 스웨덴과 벨기에가 연이어 항공사를 설립하였고, 1920년대 초에는 콜롬비아와 오스트레일리아, 뉴질랜드가 여객운송서비스를 시작하였다. 그 후로 아르헨티나와 일본, 캐나다, 폴란드 등도 정기 운송을 시작하게 되었으며, 유럽은 1920년대 중반까지 항공운송에 있어 괄목할 만한 양적인 성장을 이루었다.

미국도 지속적인 성장과 변화의 과정을 거쳐 1925년 여객운송만을 위한 정기노선이 개설됨과 동시에 항공 수요가 급증하여 항공여객에 괄목한 성장을 이끌었다.

1926년 포드(Ford)사에서 개발한 신형엔진과 B247 등의 모델 개발과 성공을 계기로 미국의 항공운송은 기술적인 면에서도 발전을 이루었고, 어떠한 상황에서도 운항할 수 있는 경쟁력을 갖추게 되었다. 이러한 과정에서 상업 목적의 민간항공사인 노스웨스트항공(Northwest Airlines, 1926년 설립)과 트랜스월드항공(Trans World Airlines, 1903년 설립), 아메리칸항공(American Airlines, 1930년 설립) 유나이티드항공(United Airlines, 1934년 설립) 등이 설립되었다.

이 시기에는 세계적으로 항공운송이 획기적으로 발전한 시기인 만큼 공항 건설과 항공 관련 안전시설 등 항공운송산업과 관련된 기반 산업 역시 개선되었다. 하지만 시장의 진입장벽이 낮았던 만큼 항공사 간 경쟁이 치열하여 경쟁에서 우위를 점하기 어려운 소형항공사들은 어려움을 겪었다. 이에 불공정한 경쟁 요인을 제거하고 올바른 경쟁체제 하에 중·소형 항공사들이 성장해 나갈 수 있도록 미국정부는 민간항공위원회(Civil Aeronautics Board; CAB)를 설립하였다.

③ 정착기

정착기는 1938년부터 1950년대 후반까지를 말하며, 이 시기의 핵심은 1938년 미국의회에서 통과된 민간항공법이 민간항공위원회(Civil Aeronautics Board; CAB)에게 운송활동에 대한 전반적인 규제 권한을 부여하였다는 것이다.

당시 CAB이 지닌 주요 권한으로는 여객 및 화물운송에 대한 요금 결정, 항공사 간의 인수합병·연합 등이 있으며, 국제시장에서 운항하는 자국의 항공사와 미국으로 취항하는 외국 항공사의 운항 활동에 대해서도 규제를 하는 등 CAB의 역할은 지속적으로 확대되었다. 권한이 강화된 CAB와 정부관계기관은 연계체제를 구축하였고, 이를 계기로 미국항공사의 항공기가 외국공항에 착륙할 수 있는 착륙허가권과 외국항공사의 항공기가 미국공항에 착륙할 수 있는 착륙허가권에 대한 협상이 정부가 주도하는 항공회담의 형식으로 변화하게 되었다. 즉, 이때부터 국제항공노선 운항에 있어 항공사가 운항 대상국의 정부로부터 운항하고자 하는 노선의 기점과 종점, 운항횟수, 운항 기종, 운항시간 등의 허가를 받던 방식이 자국정부와 상대국정부간의 항공회담을 통해 결정하는 방식으로 변경되었다.

제2차 세계대전 기간 민간항공은 많은 노선의 운항이 중단되어 심각한 침체기를 겪었으나, 항공기술의 획기적인 진보에 따라 항공기의 탑재력 증대와 항속성능의 향상이 장거리 비행을 가능하게 했고, 또한 신형항공기의 등장에 따라 통신과 항법장치, 공항보안시설 등에 있어서도 비약적으로 발전하였다.

2차 세계대전이 끝나면서 세계 각국은 국제항공과 관련하여 공통적으로 적용할 수 있는 규정 및 제정의 필요성에 공감하여 1944년 12월 시카고회의를 통해 합의를 시도하였다. 시카고회의를 통해 국제항공통과협정(International Air Services Transit Agreement)의 다자간 협정 체결과 국제민간항공기구(International Civil Aviation Organzation, ICAO)의 설립에 잠정적인 합의를 보았다.

1945에는 순수 민간단체로서 국제선운임과 주요 국제공항에서의 운항시간 조절, 공항시설 사용료 등에 대해 항공사를 대변하여 조정하는 국제항공운송협회(International Air Transport Association, IATA)가 설립되었다.

1946년 버뮤다에서는 항공의 자유화를 희망하는 미국과 보호주의적 정책을 희망하는 영국이 항공서비스 제공에 관한 제반문제를 논의하였고, 그 결과 오늘날 국제항공질서의 기본이 되는 하늘의 자유(freedom of the air)가 선포되었다.

즉, 정착기에는 민간항공 분야가 획기적인 발전을 이루었고, 국제선 항공편의 증가로 각국 간의 항공업무에 관한 협조와 조율이 절대적으로 필요하게 되어 항공사들을 회원으로 하는 IATA 등 민간차원의 협력기구가 설립되었다. 아울러 버뮤다 협정 등 오늘날 국제항공질서의 기본이 되는 협정이 체결된 점이 중요한 성과라 할 수 있다.

④ 도약기

도약기는 1958년 제트기의 도입 이후부터 1978년 항공운송업의 규제완화 이전까지를 말한다. 제트기의 도입은 현재의 항공관광 발전에 발판을 마련하였으며 새로운 고속 항공수송 시대를 열었다. 이 시기 터보제트기로서 보잉사의 B-707, 더글러스사의 DC-8, 록히드사의 CV-880, 프랑스의 Caravell, 영국의 Comet 등의 많은 제트기가 민간수송용으로 개발되어 항공기의 속도는 시속 200마일로부터 600마일로 상승하였고, 초음속항공기도 개발되어 1976년 정기 노선에 취항함으로써 초음속여객기의 시대를 열었다.

또한, 이 시기에는 항공산업 발달로 인해 발생하는 환경 문제에 관심이 높아져 각종 항공폐기물과 공해 문제를 해결하고 대비하기 위한 방안을 모색하게 되었다.

1970년에는 미국에 환경보호국(Environmental Protection Agency, EPA)이 설립되어 환경문제와 관련한 정책들을 정부차원에서 통합하였고, 항공 공해에 대한 문제를 공동으로 인식하며 해결방안을 모색하기 시작하였다.

⑤ 글로벌 경쟁 시기

글로벌 경쟁 시기는 1978년 이후 항공산업에 대한 규제가 완화되면서 시장경쟁의 원리에 의해 각국의 항공사간 경쟁이 치열해진 시기를 말한다.

이 시기 역시 항공기의 기술적인 면에 있어서는 비약적인 발전을 이루었으나, 1970년대 2차 석유파동으로 인한 세계경제 성장의 둔화로 항공산업의 여건은 안정적이지 못하였다. 또한 1978년 미국의 항공산업 관련 규제완화법은 자국의 보호 하에 발전해 온 각국의 항공사에 많은 영향을 주었다.

1980년대 많은 항공사들은 운송수요 증가에 힘입어 항공기를 대량으로 구입하고, 이와 관련하여 적극적인 투자를 하였으나 1991년 걸프전쟁과 국제분쟁으로 인한 항공기테러 등으로 인하여 1990년대 초반 항공업계는 어려움을 겪게 되었다.

1990년대 중반 어려움을 극복하고, 냉전시대가 종식되는 동시에 WTO 체제의 등장으로 글로벌 시장경제가 시작되면서 다시 항공업계는 호황기를 누렸으나 2001년 9월11일 미국 뉴욕에서의 항공기 테러로 인해 항공여행의 수요가 전 세계적으로 격감하였다.

2001년 항공기 테러 이후 항공보안과 안전에 대한 관심이 매우 높아졌으며, 보안과 안전이 항공운송업에서 반드시 해결하고 보완해 나가야 하는 과제로 대두되었다.

6 저비용항공의 등장

저비용항공사(Low Cost Carrier; LCC)는 항공기 운영에 드는 비용을 최소화하여 고객에게 비교적 저렴한 수준으로 서비스를 제공하는 항공사를 말한다.

저비용항공사에 따라 차이가 있으나 일반적으로 식음료 서비스를 생략하고, 좌석 간 등급을 없애며, 기종을 통일하여 정비 비용을 낮추고, 또한 거대 공항이 아닌 도심 외곽에 있는 지방 공항을 거점으로 하여 운항한다. 이러한 저비용항공사는 1971년 미국의 사우스웨스트항공(Southwest) 설립으로 항공시장에 등장하였으며, 항공운송시장에서 사우스웨스트항공이 성공적으로 시장에 정착하면서 저비용항공사의 모델로 알려졌고, 이 모델은 세계의 많은 항공사로 확대되었다.

저비용항공사가 성장하게 된 주요 배경으로는 항공운송산업에 대한 규제 완화라고 할 수 있다. 초기 항공운송산업은 국가적 차원으로 관리하는 산업으로서 자국 보호적 측면이 강하여 국가소유의 국영사업으로 운영되기도 하였고, 비탄력적이고 고정적인 특성을 띄었다. 따라서 시장구조, 항공사의 운송력과 운임 등 다각적으로 국가적인 제약이 존재하였고, 자연적으로 소비자의 측면을 충분히 고려하지 못하면서 시장경쟁력이 떨어지게 되었다.

산업 초기에는 항공운송의 수요자가 고정적이었기 때문에 항공사의 일방적인 공급이 문제되지 않았으나, 기술이 발전하고 개인의 생활수준이 향상되면서 항공수요가 증가하였고 고객욕구 역시 다양해졌다. 즉, 고객의 수요가 여행목적이나 문화적 배경 등에 따라 다양해졌으며 항공운임에 민감한 여행자계층의 비중이 날로 증가함에 따라 가격 탄력성이 높은 고객을 대상으로 하는 항공시장의 필요성이 대두되었다.

따라서 시장과 사회의 변화에 따라 국제협약이나 기구들은 기존의 규제를 완화시키며 다양한 수요 계층의 확대된 시장을 개척하고자 노력하였고, 새로운 수요를 대응하기 위해 '저비용'을 통한 '낮은 가격'을 시장에 제시한 저비용항공사가 출현하게 되었다.

02 국내 항공운송산업의 발달

1) 민간항공의 발달 과정

① 태동기

우리나라 민간항공의 태동기는 일반적으로 1945년 해방기부터 1962년 2월 대한항공공사가 설립되기 까지를 말한다.

우리나라의 최초 정기 운송은 1948년 민간항공사인 대한국민항공사가 설립된 후 미국의 스티븐슨항공기 3대로 서울-부산, 서울-강릉, 서울-광주-제주, 서울-옹진 등 4개 노선의 정기적 운항을 말한다.

1953년 한국전쟁 직후에는 미국으로부터 성능이 향상된 DC-4 항공기를 도입하여 서울-홍콩-타이페이 국제공항 노선에 처음 취항하였고, 이 당시 영국과 잠정적인 항공협정을 체결, 국제운송의 발판을 마련하여 국제수지 측면에 많은 공헌을 하였다.

1958년에는 김포국제공항을 개항하여 여의도국제공항에서 운항하던 국제선과 국내선을 김포국제공항으로 이전하였다.

1962년에는 「대한항공공사법」을 제정하여 국영기업인 '대한항공공사'를 설립하였고, 경영난으로 어려움을 겪고 있던 대한국민항공사를 인수, 국영으로 운영하였다.

우리나라 민간항공 태동기의 주요 사건을 요약하면 다음과 같다.

- 1946년 3월 : 정기운송사업 면허 취득
- 1947년 7월 : 노스웨스트항공 서울취항
- 1948년 10월 : 대한국민항공사 설립, 최초의 민항운송
- 1949년 6월 : 한-미 잠정 항공협정 체결
- 1952년 7월 : 시카고조약(국제민간항공조약) 가입, ICAO 회원국으로 등록
- 1957년 4월 : 한-미 항공협정 체결
- 1957년 9월 : 김포국제공항 개항
- 1961년 3월 : 신항공법 공포(법률 제591호)
  : 대한항공공사법 공포(법률 제1040호)
- 1962년 12월 : 대한항공공사의 국내선 정기운송업 개시

② 정착기

대한항공공사는 대한국민항공사(KNA)를 인수하여 조직과 기구를 확장, 재정비하여 근대화된 민간하공의 체지를 갖추기 시작하였으며, 1964년에는 대한항공공사와 일본항공(JAL) 간에 상무 협정을 체결하여 서울과 동경 노선에 정기운송을 시작하였다.

1969년 3월 한진상사는 경영난에 처한 대한항공공사를 인수하여 항공사의 명칭을 대한항공으로 변경하였다. 이로써 민영화가 이루어졌으며 대한항공은 경영 정상화와 합리적인 운영으로 1970년대 도약기를 맞이하였다.

1972년 서울-도쿄-호놀룰루-로스엔젤레스 미주노선에 취항하였고, 1973년에는 서울-앵커리지-파리노선을 개설, 유럽항공운송시장에 진출하였다. 특히 1988년 서울올림픽을 개최함에 따라 대한항공은 세계 속의 항공사로 진출하게 되었고, 비약적인 발전의 발판을 마련하게 되었다.

우리나라 민간항공 정착기의 주요 사건을 요약하면 다음과 같다.

- 1964년 4월 : 대한항공공사 일본항공과 상무협정 체결 후 서울-동경 노선 취항
- 1967년 7월 : 우리나라 최초 제트여객기 DC-9 도입
- 1968년 2월 : 한국공항 설립
- 1969년 2월 : 대한항공공사 한진상사로 민영화
- 1972년 4월 : 대한항공 미주 정기노선 취항(서울-도쿄-호놀룰루-로스엔젤레스)
- 1979년 3월 : 한·미 항공협정 개정

③ 글로벌운송시대

1980년대 항공업에 대한 규제완화 추세에 따라 우리나라도 점진적으로 규제 완화가 시작되었다. 또한 우리나라 항공업에서 가장 중요한 사건인 아시아나항공의 설립으로 단일 국적항공사체제에서 복수항공사체제로 전환되어 항공운송업의 독점체제가 과점형태의 경쟁체제로 전환되었다.

1989년 실시된 해외여행 자유화로 국내 항공운송산업은 수요가 급격히 증가하였고, 다양한 국제행사들로 인해 외국관광객의 유입이 촉진되었다.

1990년대 이후 국내항공사의 세계시장 진출은 더욱 활발해져 대한항공은 1990년 모스크바에 정기노선을 개설하였고, 같은 해 서울-시드니 노선, 1993년 인도 봄베이 취항, 1994년에는 중국의 4개 도시에 취항함으로서 유럽과 남미, 아프리카

를 망라하고 글로벌네트워크를 구축하였다. 아시아나항공은 1990년 중반 이후 글로벌 시장에 본격적으로 진출, 특히 중국과 동남아 지역에 집중적으로 노선을 확장하기 시작했다.

2001년 인천국제공항이 개항하였고, 지속적인 항공운송산업의 발달과 함께 항공안전 및 환경, 보안 문제를 해결하고 시스템을 강화하기 위해 주력하였다.

국내 항공운송산업은 1997년 외환위기와 2001년 미국의 항공기테러사건, 2003년 이라크전쟁과 SARS, 2015년 MERS 등 위기가 있었으나, 그럼에도 불구하고 연평균 10%를 전후한 높은 성장률을 기록하였다. 또한 지속적인 규제완화정책으로 저비용항공사들이 시장에 대거 진입하여 치열한 경쟁을 벌이고 있다.

- 1998년 12월 : 아시아나항공 출범, 국내선 운항 개시
- 1989년 11월 : 해외여행 자유화
- 2001년 3월 : 인천국제공항 개항
- 2002년 8월 : 항공안전본부 설치
- 2005년 5월 : 국내 저비용항공사 취항 개시(한성항공 설립)
- 2014년 10월 : 인천국제공항 10년 연속 서비스 1위(ACI 평가)
- 2018년 1월 : 인천공항 제2여객터미널 개항

4 저비용항공의 시장 진입

1969년 대한항공이 민영화 되고 독점체제로 이어지다 1998년 아시아나항공의 설립으로 복점구조로 운영되던 항공시장에 2005년 한성항공이 설립되어 청주-제주노선에 취항함으로써 우리나라에도 저비용항공 시대가 시작되었다.

한성항공 설립 이후 2006년 제주항공이 첫 취항하였고, 2008년 7월 진에어, 2008년 10월 에어부산, 2009년 이스타항공, 2010년 티웨이항공 등이 연이어 취항하였으며 특히 2008년에는 대한항공의 자회사인 진에어와 아시아나항공이 대주주로 참여한 에어부산이 경쟁에 참여함으로써 대형네트워크 항공사, 대형항공사 계열의 저비용항공사와 순수저비용항공사 등이 혼재된 시장을 형성하였다.

새로운 시장을 개척한 저비용항공사는 중소형항공기를 중심으로 기종을 단일화하고, 서비스를 간소화, 기본적인 운항업무를 제외한 관련업무의 대폭적인 아웃소싱, 인터넷마케팅 등의 차별화된 전략으로 원가절감에 집중하여 시장 점유율이 지속적으로 증가하였다. 2019년 6월 기준 저비용항공사 분담률을 우리나라 전체 항공시장에서 국제선은 30%, 국내선은 56.5%를 기록하였다.

항공사별 국제선 여객 실적

표 1-3 ▸ 항공사별 국제선 여객 실적

구분		공급석			국제여객			탑승률		
		'19.6월	'20.6월	증감률	'19.6월	'20.6월	증감률	'19.6월	'20.6월	증감(%p)
대형 항공사	대한항공	2,076,948	218,272	-89.5	1,727,835	75,317	-95.6	83.2	34.5	-48.7
	아시아나항공	1,379,781	129,572	-90.6	1,177,656	47,004	-96.0	85.4	36.3	-49.1
	소계	3,456,729	347,844	-89.9	2,905,491	122,321	-95.8	84.1	35.2	-48.9
저비용 항공사	에어부산	415,481	-	-100.0	328,356	-	-100.0	79.0	0.0	-79.0
	에어서울	184,634	-	-100.0	165,580	-	-100.0	89.7	0.0	-89.7
	이스타항공	312,417	-	-100.0	247,130	-	-100.0	79.1	0.0	-79.1
	제주항공	831,411	8,505	-99.0	700,966	4,215	-99.4	84.3	49.6	-34.7
	진에어	528,000	7,854	-98.5	447,300	1,558	-99.7	84.7	19.8	-64.9
	티웨이항공	532,413	378	-99.9	431,953	181	-100.0	81.1	47.9	-33.2
	플라이강원	-	-	0.0	-	-	0.0	0.0	0.0	0.0
	소계	2,804,356	16,737	-99.4	2,321,285	5,954	-99.7	82.8	35.6	-47.2
우리항공사 계		6,261,085	364,581	-94.2	5,226,776	128,275	-97.5	83.5	35.2	-48.3
외국항공사 계		3,080,897	152,685	-95.0	2,500,819	53,778	-97.8	81.2	35.2	-46.0
총계		9,341,982	517,266	-94.5	7,727,595	182,053	-97.6	82.7	35.2	-47.5

출처: 항공정보포털

○ 저비용항공사 국제선 분담률(%)

13,5%(15년6월) → 18%(16년6월) → 26%(17년6월) → 28.7%(18년6월) → 30%(19년6월)

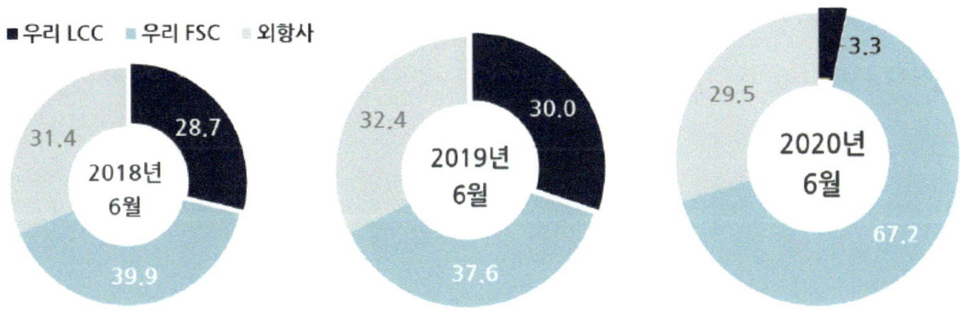

○ 저비용항공사 국내선 분담률(%):

57%(15년6월) → 55.4%(16년6월) → 55.5%(17년6월) → 58.9%(18년6월) → 56.5%(19년6월)

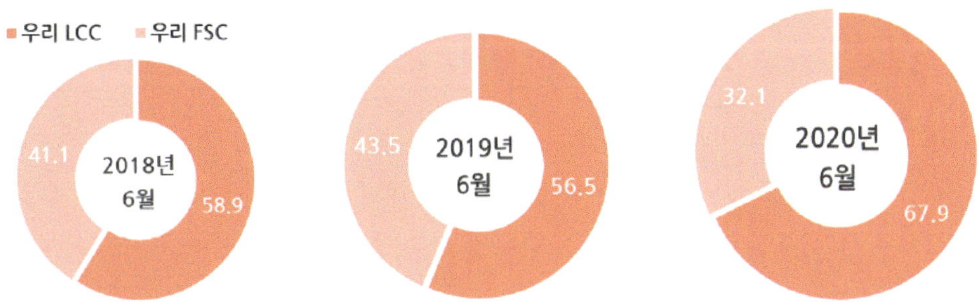

그림 1-8 ▸ 저비용항공사 국내선 여객 점유율 추이

출처: 항공정보포털

항공사별 국내선 여객 실적

표 1-4 ▸ 항공사별 국제선 여객 실적

구분		공급석			국내여객			탑승률		
		'19.6월	'20.6월	증감률	'19.6월	'20.6월	증감률	'19.6월	'20.6월	증감(%p)
대형 항공사	대한항공	800,934	437,180	-45.4	679,355	313,518	-53.9	84.8	71.7	-13.3
	아시아나항공	615,231	520,139	-15.5	545,286	381,268	-30.1	88.6	73.3	-15.3
	소계	1,416,165	957,319	-32.4	1,224,641	694,786	-43.3	86.5	72.6	-13.9
저비용 항공사	에어부산	427,540	442,445	3.5	363,864	344,477	-5.3	85.1	77.9	-7.2
	에어서울	-	81,700	순증	-	75,068	순증	0.0	91.9	91.9
	이스타항공	282,024	-	-100.0	259,038	-	-100.0	91.8	0.0	-91.8
	제주항공	442,638	457,380	3.3	412,753	388,775	-5.8	93.2	85.0	-8.2
	진에어	333,243	363,567	9.1	303,174	287,244	-5.3	91.0	79.0	-12.0
	티웨이항공	268,758	444,150	65.3	251,053	354,042	41.0	93.4	79.7	-13.7
	플라이강원	-	26,784	순증	-	16,755	순증	0.0	62.6	62.6
	소계	1,754,203	1,816,026	3.5	1,589,882	1,466,361	-7.8	90.6	80.7	-9.9
총계		3,170,368	2,773,345	-12.5	2,814,523	2,161,147	-23.2	88.8	77.9	-10.9

출처: 항공정보포털

CHAPTER 02

항공운송의 질서

SECTION ▸

01 SECTION

항공운송 질서의 이해

01 국제 항공시장의 초기 단계

1) 국제항공운송 질서의 성립 배경

초기 항공운송은 우편물 운송이나 긴급재난 구조 등의 비정기적인 운송활동에 국한되어 있었으나, 세계대전을 통해 항공기술은 비약적으로 발전하였고, 전문적인 항공 기술 인력의 양성과 함께 활발한 국제 교류로 민간항공이 지속적으로 발전할 수 있는 환경이 조성되었다.

하지만 항공운송산업이 발전할수록 국가 간 이해관계가 상충되어 갈등을 해결할 수 있는 상호교환수단에 대한 합의가 필요하게 되었으며, 동시에 운항·기상정보·공항시설·통신·보안시설 등에 관하여 국제적 표준화의 필요성이 대두되었다.

또한 영공주권주의의 개념이 대두되었다. 영공주권주의는 영공에 대하여 국가가 가지는 완전하고 배타적인 권리를 뜻하는 것으로, 우리나라에 들어오고자 하는 외국 항공기는 반드시 미리 허가를 득해야 한다는 것이다. 이러한 영공주권을 인정한 최초의 국제협약은 1919년의 파리협약으로서 "영공주권의 원칙은 확고히 보장되어야 한다"의 내용이 파리조약의 제1장 제1조에 기록되어 있다.

영공주권주의에 대한 협약은 파리협약 외에 1926년 10월 스페인 및 중남미 21개국이 체결한 마드리드조약과 1928년 2월 하바나에서 미국과 중남미 15개국(멕시코, 브라질, 쿠바, 칠레 등) 의 가입으로 발효된 하바나협약이 있다. 하지만 이러한 파리협약과 마드리드조약, 하바나협약 등은 국제적으로 통일된 항공질서를 형성하지 못하여 급속히 증가하는 항공수요를 효과적으로 충족시킬 수는 없었다.

2) 국제항공운송 초기질서 성립

국제항공운송 질서 확립의 계기가 마련된 것은 1944년 개최된 시카고회의라 할 수 있다. 시카고회의를 통해 '하늘의 자유'에 대한 개념을 정립하고, 유엔 산하 국제민간기구인 ICAO(International Civil Aviation Organization) 발족을 위한 초석을 마련할 수 있었다.

구체적인 내용으로 가장 중요한 것은 '영공주권의 원칙'을 재확인한 것이라 할 수 있다. 1919년 파리조약에서 영공주권주의를 인정하였으나, 시카고협약에서도 회원국마다 자국의 영공에서는 완전하고 배타적인 주권을 갖고 있음을 승인한다고 규정하여 영공주권의 원칙을 재확인하였다.

또한 민간항공기 이외의 항공기에 대해 규정한 예외적 조항으로서 '국가소유의 항공기'에 대한 항목이 있는데, 이는 국방, 세관 및 치안 등 공공업무의 수행을 목적으로 하고 있는 국가소유의 항공기는 특별한 허가를 받지 않으면 다른 국가의 영공을 통과하거나 영역에 착륙할 수 없도록 규정한 것이다.

이 외에도 '무상부정기운항', '유상부정기항공', '정기항공', '카보티지', '항공규칙'과 '공항사용' 등과 관련한 내용이 있다.

'무상부정기운항'은 정기국제항공업무에 종사하지 않는 항공기가 사전 허가 없이도 상대국의 영공을 통과(제1의 자유)하거나 운송 이외의 목적을 위한 기술착륙(제2의 자유), 다시 말하면 여객, 화물 등의 적하를 하지 않고 급유나 기체정비 등을 해야 할 기술적 필요성 때문에 착륙을 할 수 있는 권리를 상호 인정하는 내용이다.

'유상부정기항공'은 국제정기항공에 종사하지 않는 회원국의 항공기가 유상으로 여객, 화물, 우편물 등의 운송을 할 경우 원칙적으로 상대국의 사전 허가 없이도 영공을 통과하거나 영역 내에 착륙할 수 있다. 다만 상대회원국은 필요하다고 인정하는 규칙, 조건 또는 제한을 설정할 수 있는 권리를 갖는다는 내용이며, '정기항공'과 관련한 내용은 국제정기항공은 상대국의 특별한 허가를 받아야 하고 그 허가조건을 준수할 경우에 한하여 상대국의 영공을 통과하거나 상대국의 영토 내에 취항할 수 있다는 것을 말한다.

'카보타지(Cabotage)'는 항공기의 타국 내 구간 운송을 뜻하는 말로, 외국 항공기에 대해서 자국 내의 구간 운송을 금지하는 것을 'Cabotage의 금지'라고 말한다.

각국 정부는 운수권 보호를 위해 자국 항공사에게만 자국 내 지점 간 운송을 허용하고, 타국 항공사에게는 카보타지 금지 규정을 적용한다.

다시 말해 각국은 상대국의 항공기가 정기 또는 유상으로 임대하여 자국의 영역 내에 있는 국내지점 간 여객, 화물, 우편물 등을 탑승·탑재하여 운송하는 것을 금지할 수 있다고 규정(제7조 국내영업)하는 것으로, 자국 내 지점간의 국내운송을 자국의 항공기만이 운항할 수 있도록 운수권을 유보하는 데 목적이 있다.

'항공규칙'은 각국은 자국의 영공을 비행하는 국내·외의 항공기에 대한 교통관제를 위하여 국제표준에 일치되는 항공규칙을 설정하고 실시해야 한다는 것이며, '공항사용'은 각국은 자국항공기에 대해 허가하고 있는 공항을 타 국가의 항공기에 대하여도 균등한 조건하에서 사용을 허가해야 한다는 내용을 담고 있다.

02 하늘의 자유 성립 Freedoms of the air

'하늘의 자유'란 타국의 상공을 비행할 권리를 의미하는데 제1자유부터 제9자유까지 총 아홉 가지의 자유가 존재한다. 이는 여객운송시장과 화물운송시장 모두에 적용되고 있는데, 여객운송시장이 화물운송시장 보다 매우 폐쇄적인 내용을 담고 있다.

시카고회의에서 이루어진 국제항공업무통과협정에서는 정기국제항공에 있어서 각 회원국 간에 상대국가의 영역을 무착륙으로 횡단하는 권리인 영공통과의 자유(제1의 자유)와 운송이외의 목적으로 상대국의 영토 내에 착륙하는 기술착륙의 권리인 운송이외의 목적을 위한 기술착륙의 자유(제2의 자유) 등 두 가지 자유를 상호 인정하였고, 국제항공운송협정에서는 다섯 가지의 하늘의 자유 모두를 상호 인정하였다.

- **제1의 자유** : 영공통과의 자유를 말한다. 즉, 타국의 영공을 착륙하지 않고 횡단하여 비행할 수 있는 자유(fly-over right)로서 대체로 영공 통과 24시간 전 통보하면 문제없이 통과 가능하다.

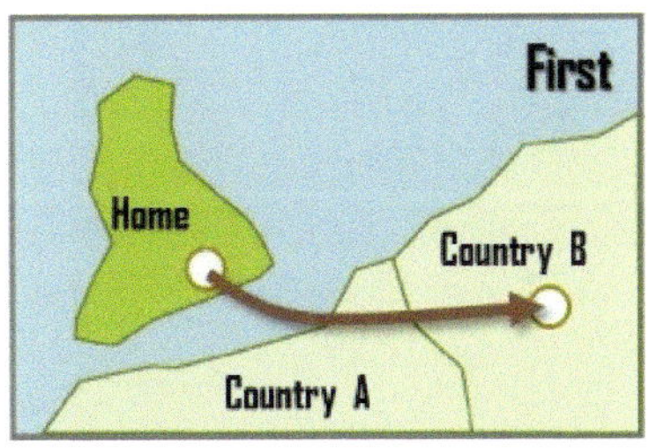

- **제2의 자유** : 기술착륙의 자유를 말한다. 즉, 운송이외의 급유 또는 정비와 같은 기술적 목적을 위해 상대국에 착륙할 수 있는 자유(technical-landing right)로서 주로 연료보급이나 긴급 수리 등의 기술적 이유로 활용된다.

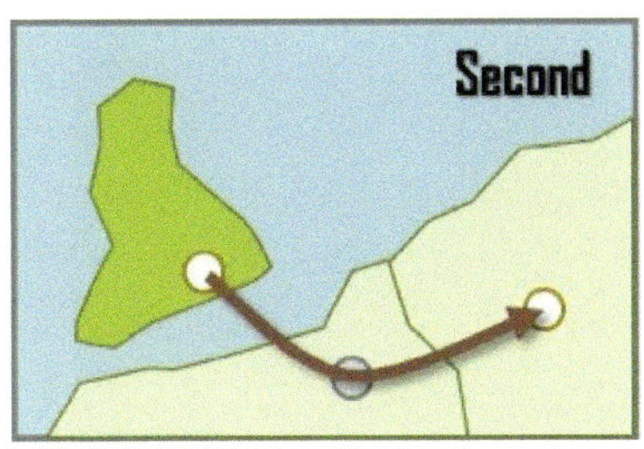

- **제3의 자유** : 자국의 영역 내에서 실은 여객과 화물을 상대국으로 운송할 수 있는 자유(set-down right)를 말한다.

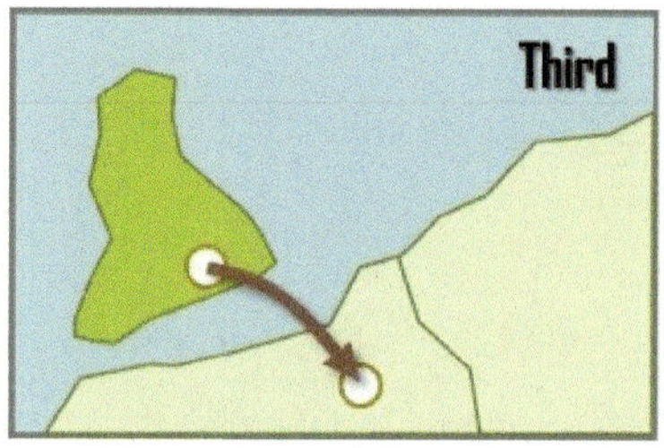

- **제4의 자유** : 제3의 자유와 반대로 상대국의 영역 내에서 여객과 화물을 탑승하고 자국으로 운송할 수 있는 자유(bring-back right)를 말한다.

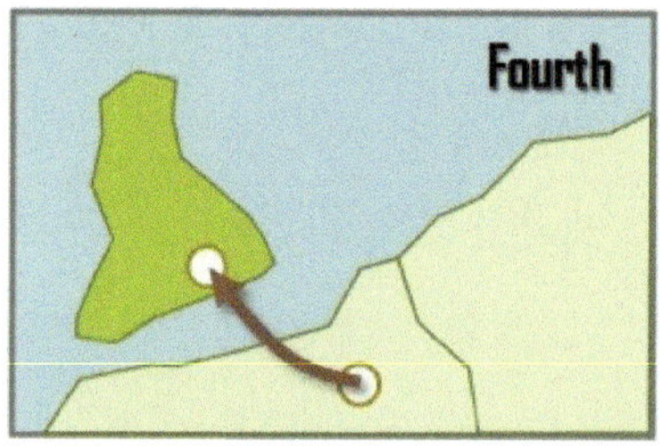

- **제5의 자유** : 상대국과 제3국간에 여객과 화물을 운송할 수 있는 자유(beyond right)를 말한다. 즉 자국에서 출발해 상대국에서 여객이나 화물을 싣고 제3국으로 가거나, 이와 반대로 제3국에서 상대국으로 추가적인 여객이나 화물을 운송할 수 있는 자유를 말한다.

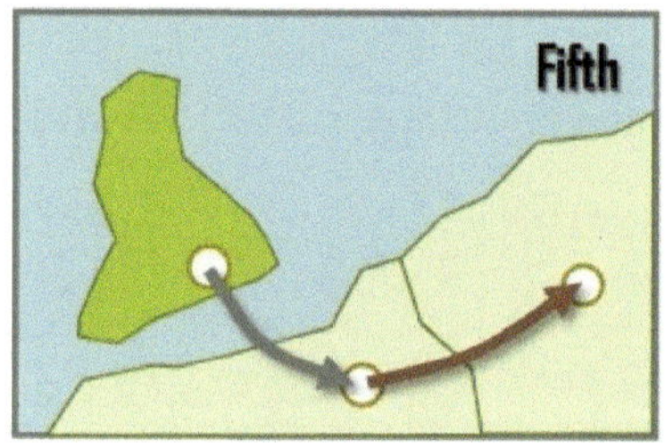

제1, 제2의 자유를 흔히 통과권이라고 하며, 제3, 제4, 제5의 자유를 운수권이라고 하며 제5의 자유까지는 ICAO 규약에서 다루고 있으나 제6의 자유부터는 국가간 필요에 의해 생겨난 자유들이다.

- **제6의 자유** : 두 외국지점간의 여객과 화물, 우편물 등을 항공사의 본국을 경유하여 수송하는 권리이다. 즉, 제3국으로부터 자국으로 비행하는 과정에서 상대국 영토에 착륙할 수 있는 자유를 말한다. 예를 들면 로스엔젤레스-인천 노선에서 도쿄에 내려 승객을 내리고 태울 수 있는 권리이다.

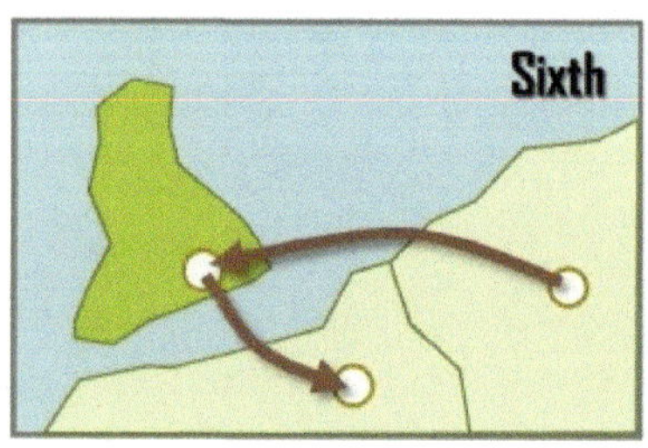

■ **제7의 자유** : 항공사가 본국을 완전히 벗어나서 허가국 (GRANTOR STATE)과 타 외국간의 운수권을 행사하는 권리로서 각국의 영공을 하나로 취급하는 유럽연합을 제외하면 매우 드문 경우이다. 미국 유나이티드항공이 운항하는 인천-나리타와 같은 노선이 이에 해당한다.

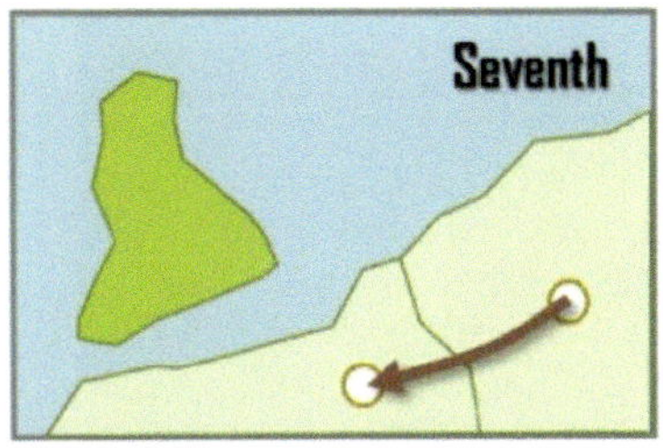

■ **제8의 자유** : 동일국가 내 한 지점에서 타 지점으로 운수권을 행사하는 권리이다. 다시 말해 국내에서의 항공운송에 외국항공기가 참여할 수 있도록 하는 것으로서 이를 카보티지 특권, 즉, 국내구간에 대하여 외국항공기가 운송할 수 있는 권리를 의미한다.

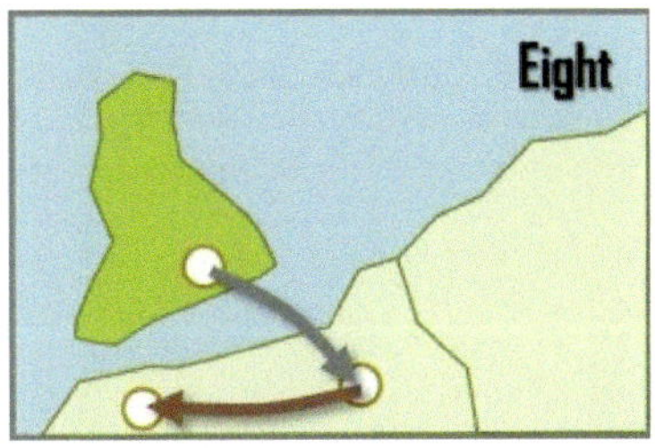

■ **제9의 자유** : 항공사가 본국을 완전히 떠나서 승인국 영역 내에서만 상대국 항공사에게 운송할 수 있도록 권리를 부여하는 것으로, 즉, 상대국의 국내선 노선을 온전히 운항할 수 있는 권리이다. 카보타지 권리를 주는 것으로 제8의 자유와 제9의 자유에 대해서 일반적으로 국가들은 매우 폐쇄적인 태도를 보인다.

한편 국내에서의 항공운송에 외국항공기가 참여할 수 있도록 한다면 이 외국항공기는 카보티지 특권, 즉 국내구간에 대하여 외국항공기가 운송할 수 있는 권리를 확보한 것을 의미하는데, 종종 이를 제8의 자유라고 한다.

이밖에도 허용국가의 자국 내 영역 내에서만 상대국의 항공사로 하여금 운송을 할 수 있도록 권리를 부여하는 것을 독립 카보타지 권리 또는 특권이라 하며, 이를 제9의 자유라고도 한다.

03 국제 항공협정

1) 의의

항공협정이란 항공운송협정 또는 항공서비스협정이라고 하며, 항공협상의 산출물로서 영공주권주의를 인정한 파리협약 이후 '항공운송의 권리'와 '하늘의 자유'에 대해 구체적인 범위와 상호 어떻게 인정할 것인가를 결정하기 위한 것이다.

즉 국가 간의 국제 항공 서비스의 허용 범위와 조건을 규정하여 국제항공 서비스 수행을 위한 법적 기반을 제공하는 것으로 일반적으로 항공사의 지정, 노선의 설정, 운항횟수, 항공운임 등에 관하여 규정하여 협정 국가 간의 정기 민간항공 노선개설과 운영을 보장하는 것이다.

2) 유형

① 시카고 유형

시카고 유형은 다국 간 협정으로서 운송력과 요금 등을 명시하지 않는 가장 간단한 형태로 3개국 이상의 참여에 의한 항공협약으로 기본적인 사항이 주로 다루어졌다. 이 방식의 대표적인 항공협정으로는 1947년에 체결된 캐나다와 아일랜드 간의 항공협정을 들 수 있으며, 오늘날에는 시카고타입의 협정가운데 유효한 것은 거의 남아있지 않다.

② 버뮤다 유형

버뮤다 유형은 양자 간 항공협정의 기본모델로서 1946년 미국-영국 간의 협정 이후 항공협정의 내용에 큰 변화를 가져왔다. 미국-영국 간의 협정 이후 버뮤다 협정의 기본적인 틀에 따라서 항공협정을 체결하였으며, 시카고 유형에서 볼 수 없었던 운송서비스의 공급 측면을 중시한 협정방식은 현재 항공협정에서 필수적인 사항으로 반영되고 있다.

표 2-1▸ 버뮤다 유형

구분	시카고 유형	버뮤다 유형
방식	다자 간 협정방식	양자 간 협정방식
핵심 내용	3개국 이상의 참여에 의한 항공협약으로 기본적 사항(운송력, 요금 등)이 주로 다루어짐. 현재 거의 이용되지 않고 있으나 국제협약의 기본 유형으로 꾸준히 논의됨.	다자 간 협정의 실패로 오늘날 국제항공협정에서 대표적인 형태로 활용되고 있음. 당사국 간 이해관계에 따라 다양하고 구체적인 협약 내용을 다룸.

3) 주요 내용

① 운항허가 및 특권부여

항공협정상 인정한 정기운송을 운항하기 위해서는 소속국가의 항공사와 협정 상대국으로부터의 운송영업에 대한 허가를 반드시 득해야 하며, 항공협정의 당사국은 상호 상대국의 지정항공사에 대하여 제1,2 및 특정노선에 있어서 제3, 제4, 제5의 자유를 행사할 수 있는 특권을 부여해야 한다.

② 노선지정

정기국제항공업무를 운영하는 노선을 지정하는 것으로 버뮤다방식에 따르면 노선 지정은 일반적으로 지점을 자국 내의 지점, 당사국 간의 지점, 상대국내의 지점 및 상대국에서 제3국내의 이원지점으로 도표화하거나 자국 내의 지점으로부터 순차로 연결하여 표시하는 등의 방식을 택한다.

③ 운송력(수송능력)

정기적인 국제운송 수행에 있어 지정항공사가 제공하는 운송서비스의 공급 규모를 말한다. 운송력을 결정하기 위한 기준으로서 항공협정은 일반적으로 공평하고 균등한 기회 제공을 기본으로 하며, 당사국의 시장보호 및 운송수요의 충분한 고려 등의 원칙을 설정한다.

④ 운임결정

정기운송에 있어 운임 결정은 지정항공사 간의 합의 후, 당사국 간의 승인을 전제로 한다. 항공협정에서는 원칙적으로 지정항공사 간의 운임에 관한 합의는 IATA가 결정하도록 정하고 있으나, 이것이 불가능한 경우에는 지정항공사 간의 결정에 따르도록 하고 있다.

⑤ 기타사항

항공권 판매, 영업사무소 설치, 현지인 고용, 공항슬롯, 지상조업 등 지정항공사의 전반적인 영업활동에 대한 권리와 안전운항의 확보, 분쟁의 해결 및 적용법률, 협의절차, 관세 및 조세, 시설사용료 등의 조항이 필요에 따라 항공협정 내용에 포함된다.

⑥ 공통사항

시카고 유형의 다자 간 협정, 버뮤다 유형의 양자 간 협정 모두 공통적으로 포함하고 있는 항공협정의 주요 내용은 다음과 같다.

- 항공시장에 대한 접근 : 협정 체결로 얻게 되는 제3,4 자유 및 협정 관련 국가 간 서비스
- 지정 항공사 : 협정에 속한 각 국가의 도시에서 서비스를 제공할 권리
- 운송력 : 협정 도시에서 권리를 얻게 되는 운항 횟수 및 공급 좌석 수
- 운임 : 여객과 화물운임 요율 결정 및 정부의 승인 방법

4) 우리나라 항공협정 체결 현황

우리나라의 항공협정 체결현황은 2020년 2월 기준 총 87개국과 체결(발효 83, 미발효 4)하였다. 구체적 현황은 다음과 같다.

표 2-2 ▸ 항공협정 체결 현황

	지역	국가	체결일자	발효일자
1	동북아시아 (6)	대만	2004.9.1.	2004.9.1.
2		마카오	1997.4.3.	1997.4.10.
3		몽골	1991.10.23.	1991.11.28.
4		일본	1967.5.16.	1967.8.30.
5		중국	1994.10.31.	1994.10.31.
6		홍콩	1996.3.29.	1996.7.9.
7	동남아시아 (10)	라오스	2010.4.13.	2010.6.16.
8		말레이시아	1967.3.2.	1967.6.29.
9		미얀마	1978.1.28.	1978.1.28.
10		베트남	1993.5.13.	1993.6.14.
11		브루나이	1992.8.5.	2003.7.30.
12		싱가포르	1972.2.2.	1972.2.2.
13		인도네시아	1989.9.27.	1989.9.27.
14		캄보디아	2001.4.10.	2001.5.10.
15		태국	1967.7.7.	1968.3.5.
16		필리핀	1969.7.22.	1969.8.11.
17	서남아시아 (6)	네팔	2004.9.21.	2005.3.18.
18		몰디브	1990.6.27.	1990.8.20.
19		방글라데시	1979.2.13.	1979.3.12.
20		스리랑카	1978.1.20.	1978.1.20.
21		인도	1992.3.16.	1992.3.16.
22		파키스탄	1996.7.22.	1996.8.7.
23	러시아·CIS (8)	러시아	2003.3.13.	2003.5.21.
24		벨라루스	2002.11.5.	2008.11.13.
25		아제르바이잔	2006.5.11.	2006.12.7.
26		우즈베키스탄	1994.6.6.	1994.6.6.
27		우크라이나	1996.12.16.	2003.3.6.
28		키르기즈스탄	2006.7.11.	2007.6.26.
29		투르크메니스탄	2008.11.6.	2009.1.5.
30		타지키스탄	2015.5.12.	2015.8.27.

	지역	국가	체결일자	발효일자
31	아프리카 (9)	남아프리카공화국	1995.7.7.	1995.7.7.
32		라이베리아	1978.6.13.	1978.9.27.
33		모로코	2000.6.1.	2003.4.10.
34		알제리	2005.1.18.	2009.7.13.
35		에티오피아	2016.5.26.	2017.11.06
36		케냐	1981.1.13.	1981.1.13.
37		튀니지	1994.11.24.	1995.2.6.
38		세이셸	2016.11.19.	미발효
39		가봉	1984.9.22.	미발효
40	미주 (9)	멕시코	1988.7.21.	1989.11.9.
41		미국	1998.6.9.	1998.6.9.
42		브라질	1992.8.11.	1995.5.31.
43		아르헨티나	1996.9.9.	2004.1.15.
44		에콰도르	2012.12.17.	2015.11.23.
45		칠레	1979.8.14.	1980.10.24.
46		캐나다	1989.9.20.	1989.9.20.
47		파나마	1979.12.28.	1982.10.14.
48		페루	2011.11.12.	미발효
49	유럽 (24)	그리스	1995.1.25.	1996.4.9.
50		네덜란드	1970.6.24.	1970.12.30.
51		독일	1995.3.7.	1998.7.19.
52		루마니아	1994.3.10.	1997.7.15.
53		룩셈부르크	2000.9.27.	2003.5.21.
54		몰타	1997.3.25.	1997.5.22.
55		벨기에	1975.10.20.	1975.10.20.
56		불가리아	1994.8.19.	1995.2.23.
57		스위스	1975.12.15.	1976.11.20.
58		스페인	1989.6.21.	1991.1.14.
59		영국	1984.3.5.	1984.3.5.

	지역	국가	체결일자	발효일자
60		오스트리아	1979.5.15.	1979.7.14.
61		유고슬라비아	1990.11.10.	1991.5.31.
62		체코	1990.10.26.	1990.10.26.
63		터키	1976.6.17.	1979.10.16.
64		폴란드	1991.10.14.	1992.4.3.
65		프랑스	1974.6.7.	1974.7.16.
66		핀란드	1996.11.12.	1997.2.1.
67		헝가리	1989.11.22.	1990.5.19.
68		크로아티아	2015.12.30	2016.9.15
69		세르비아	2016.2.24	2016.11.25
70		포르투갈	2018.5.25	2019.12.12
71		라트비아	2018.9.28	2019.2.27
72		이탈리아	2018.10.17	미발효
73	대양주 (5)	뉴질랜드	1993.5.10.	1993.8.20.
74		피지	1994.10.28.	1994.10.28.
75		팔라우	2009.7.30.	2009.8.29.
76		호주	1992.2.26.	1992.4.9.
77		파푸아뉴기니	2015.11.13	2016.11.1
78	중동 (10)	사우디아라비아	1976.11.12.	1984.1.21.
79		아랍에미리트	2005.11.22.	2010.7.4.
80		오만	1983.5.5.	1987.2.1.
81		요르단	1978.5.14.	1978.7.23.
82		이라크	1985.5.29.	1986.1.29.
83		이란	1998.10.31.	2001.3.12.
84		이스라엘	1994.12.15.	1997.7.22.
85		이집트	1979.7.30.	1988.6.1.
86		카타르	2005.11.27.	2009.2.15.
87		쿠웨이트	1981.10.13.	1982.1.12.

출처: 외교부

04 상무협정

1) 의의

나라와 나라 간의 항공교통 내용에 대한 협정인 항공협정이 체결된 이후, 양국 간의 특정 항공사 간 체결되는 항공기 운용에 관한 각종 규제와 협정을 상무협정이라고 한다. 다시 말해 넓은 의미에서 상무협정은 항공사 간 체결되는 모든 범위의 협약, 협정, 계약을 의미한다. 따라서 항공사간 협정, 특별정산협정, 지상조업, 기내식에 대한 협약 등 반드시 운송과 직접적인 관계가 없는 협약이라 하더라도 모두 상무협정의 범주에 속한다고 할 수 있으며, 좁은 의미로는 항공사 간 운송권을 행사하기 위한 구체적인 조건과 방법 등을 정한 협약이나 협정을 말한다. 비용의 공동관리, 공동운항, 운항편명의 공동사용, 좌석할당협정 등이 대표적인 예라고 할 수 있다.

2) 기능

① 항공협정의 대체기능

특정한 사유로 정부 간에 항공협정을 체결하는 것이 불가능한 경우, 양국의 항공사 간에 운송협정을 체결하여 항공노선을 개설할 수 있는데 이러한 경우 운송협정은 양국 간의 항공협정을 대신한다.

② 항공협정체결의 전제기능

자국의 항공사가 이미 취항하고 있는 노선에 외국항공사가 취항하려는 경우, 정부는 해당 외국항공사의 취항을 인정해야 하는데, 이러한 경우 자국 항공사가 타격을 입게 된다. 따라서 외국항공사의 취항으로부터 자국 항공운송산업을 보호하기 위해 항공협정 체결을 전제로 상무협정을 맺는다.

③ 항공협정의 보완기능

버뮤다협정에서는 운송력과 관련한 기본적인 원칙만이 합의되어 있고, 실제 항공협정을 위해 운송력의 규제에 대한 구체적인 대안이 제시되어 있지는 않다. 따라서 항공사 간에 현실적인 운송문제를 다루기 위해서는 정부 간 별도협의나 당사국의 항공사간 상무협정이 반드시 필요하다.

02 S·E·C·T·I·O·N

항공운송협약

01 국제항공운송 협약

국제항공운송 시장에 있어 가장 기본이 되는 항공 협약은 시카고 협약(1994년)으로 불리는 국제민간항공협약과 국제항공서비스통과협정, 국제항공운송협정이 있으며, 이와 함께 국제항공의 활동을 규제하기 위한 다자간 협정이 지역별로 체결되어 발효되고 있다. 또한, 항공운송인의 책임 및 손해배상 등의 문제들을 다룬 관련협약들은 바르샤바협약(1929년)을 시작으로 꾸준히 개정되거나 새로 제정되어 오고 있다.

02 항공인의 책임 관련 국제협약

1) 바르샤바체제

바르샤바협약은(Warsaw Convention)은 국제 항공화물, 여객 운송에 관한 항공운송인의 책임과 운송장의 기재 사항 등을 정한 조약으로, 정식 명칭은 '국제항공운송에 있어서 일부 규칙의 통일에 관한 협약(Convention for the Unification of certain Rule Relating to International Transportation by Air)'이다.

바르샤바협약은 헤이그의정서, 과달라하라협약, 과테말라의정서, 몬트리올 제1, 2, 3, 4의정서, 몬트리올협정 등 수차례 개정이 이루어졌는데, 이를 통틀어 바르샤바체제라고 한다.

1929년 바르샤바협약은 1920년대 당시 막 태동하기 시작한 항공 산업의 보호와 국제항공의 발전 촉진이라는 시대적 상황에 부응하기 위하여 국제항공운송인의 책임을 제한한다는 취지하에 출발하였다. 바르샤바체제에서의 당사국들은 국제항공으로부터 발생하는 손해배상청구의 처리에 대한 통일적 제도를 마련하는 것 그리고 사고로부터 손해가 발생한 경우 항공운송인의 책임을 제한하는 것 등 두 가지 사항을 목적으로 하였다. 즉 이 협약은 국제항공운송인의 민사책임에 관한 통일된 규칙을 마련한 것으로 항공운송인의 책임을 정한 최초의 조약이다.

바르샤바 협약의 책임원인은 과실책임주의와 유한책임주의로 요약할 수 있는데, 구체적으로 말하자면 사고보상에 대해 계약법의 입장에 기초한 '과실추정주의'와 '유한책임원칙'을 기본으로 하고 있다.

'과실추정주의'는 운송 중에 발생하는 모든 사고에 대하여 일단 운송인에게 과실이 있는 것으로 추정한다는 의미이다. 따라서 항공사가 책임을 면제받기 위해서는 스스로 무과실임을 입증하여야 한다는 것이다.

'유한책임원칙'은 책임 한도액이 설정되어 있음을 의미하며, 그 액수는 항공사고의 감소, 생활수준 및 물가상승 등의 요인으로 인해 계속 상향조정되고 있다. 2019년도 기준 여객기의 경우 12만5000프랑으로 한도가 정해져 있으며, 탁송수하물 및 화물 같은 경우 1kg당 250프랑으로 정해져있다. 다만 송하인이 물건 인도시에 가액을 신고하고 필요한 경우 할증금을 지급한 때에는 예외이고, 휴대용 수하물 같은 경우 승객 1인당 5000프랑으로 한도가 정해져 있다.

❶ 바르샤바협약 (Warsaw Convention 1929)

1929년 10월 4일부터 12일까지 개최된 바르샤바 국제회의에서 채택, 1933년 2월 13일 발효되었다. 처음으로 운송인의 책임 제도를 확립하였는데, 구체적인 내용은 다음과 같다.

「운송인은 여객운송에서 항공기내 또는 탑승과 하기를 위한 작업 중에 발생하는 여객의 사망, 부상 또는 기타 신체상의 상해에 대하여 그 손해를 배상할 책임을 지고(제17조), 화물운송에서는 운송 중 발생하는 수하물 또는 화물의 파손, 분실 및 훼손에 대해서는 그 손해를 배상하여야 하며(제18조), 여객·수하물·화물의 지연으로부터 발생하는 손해에 대해서도 책임을 져야 한다.」

❷ 헤이그의정서 1955(Hague Convention 1955)

헤이그의정서는 1955년에 헤이그에서 개최된 국제 외교회의에서 바르샤바 조약을 개정하여 성립된 것이다. 제2차 세계대전 후 항공운송시장의 비약적인 발전과 1950년대 화폐가치의 지속적인 하락으로 바르샤바협약의 책임한도액이 비현실적이라는 주장을 바탕으로 개정되었다.

운송인의 책임한도는 운송인, 그 고용인 또는 대리인이 가해할 의사로써 또는 부주의하게 또는 손해가 발생할 것 이라는 인식으로서 행한 작위나 부작위로부터 손해가 발생하였다고 증명되는 한 적용되지 아니한다고 수정하였다.

또한, 운송인에 대한 수하인의 이의제기기한을 수하물의 경우 수취일로부터 7일 이내, 화물의 경우 14일 이내, 연착의 경우 수하물이나 화물을 처분할 수 있는 날로부터 21일로 연장하였다.

이 의정서는 조약이나 다를 바 없으나 바르샤바 조약을 개정한 조약이라는 의미로 의정서라고 명명하였다.

❸ 과달라하라협약 1961(Guadalajara Convention 1961)

과달라하라에서 1961년 9월 18일 채택, 1964년 5월 1일 발효된 바르샤바협약을 보완하는 협약이다. 이 협약에서는 여객 및 화주와 계약을 체결한 계약운송인과 실제운송인에 대한 운송책임을 규정하였는데, 운송인의 범주에는 여러 구간에 걸쳐 다수의 항공사가 있을 경우 최초의 계약운송인뿐 아니라 후속운송인을 포함하였으며, 계약운송인에게 부여하는 바르샤바체제의 권리와 의무를 실제 운송인에게도 동일하게 부여하였다.

또한, 실제운송인에 의한 운송에서 손해가 발생한 경우 피해자는 자기의 선택에 따라 실제운송인이나 계약운송인 어느 쪽에 대해서도 소송을 제기할 수 있고 또는 양쪽에 다 같이 혹은 분리하여 소송을 제기할 수 있다고 명시되어 있다.

즉 과달라하라 협약은 계약운송인과 실제운송인 중 누구에게 조약이 적용되는가에 대해 논의한 것이다.

❹ 몬트리올협정 1966(Montreal Agreement 1966)

1966년 5월 4일 몬트리올에서 개최된 IATA(국제항공운송협회)회의에서 채택되었고, 1966년 5월 16일 발효되었다. 몬트리올협정은 미국을 출발지와 목적지, 경유지로 하는 여객기를 운항하는 항공사 간의 손해배상에 대한 협약으로서, 회원항공사는 여객의 사망이나 부상의 경우, 법률비용 포함 미화 75,000달러, 비용을 제외하고 미화 58,000달러의 책임한도를 규정하였다. 또한 피해자보호를 위하여 항공사, 여객, 하주들이 보험회사에 기체, 여객, 화물 등을 항공보험에 부과하게 하였다.

❺ 과테말라의정서 1971(Guatemala Protocol 1971)

1971년 2월 9일부터 3월 9일까지 과테말라시에서 개최된 국제외교회의에서 채택되었고, 아직까지 발효되고 있지 않고 있다. 과테말라의정서 의정서는 세계 최대 항공운송국인 미국이 가입하지 않는 한 실효성이 없다는 판단 하에 미국의 가입을 전제로 한 발효규정을 두고 있으며, 여객의 사상시 배상한도액을 1,500,000프랑으로 크게 인상하고, 여객운송의 지연에 대한 배상한도액은 625,000프랑으로 명시하였다.

또한, 여객사상에 대한 손해배상책임한도액은 5년마다 또는 10년 마다 정기적으로 증액, 여객사상에 관한 조약에 기초하여 지급되는 배상을 보완하는 국내적 보조조치를 도입하였다.

⑥ 몬트리올 제1, 제2, 제3 추가의정서 및 제4 의정서 1975 (Montreal Additional Protocol No.1, No.2, No.3, No.4)

1975년 9월 몬트리올에서 개최된 ICAO(국제민간항공기구)회의에서 채택되었고, 몬트리올 제1 및 제2 추가의정서는 1996년 2월 15일 발효되었다. 제4의정서는 1998년 6월 14일 발효, 제3추가의정서는 아직도 발효되지 않고 있다.

몬트리올 제1추가의정서는 바르샤바조약상의 인적 또는 물적 손해에 대한 배상책임한도액에 대한 화폐단위 금프랑(gold franc)을 특별인출권의 계산 단위(SDR)로 변경시키고, 여객에 대한 책임 한도액은 8,300 SDR, 탁송 수하물 및 화물에 대한 책임한도액은 매 킬로그램 당 17 SDR, 휴대수하물에 대한 책임한도액은 여객 1인 당 332 SDR로 규정하였다.

몬트리올 제2추가의정서는 헤이그의정서 상의 항공운송인의 책임 한도액에 대한 화폐단위 금프랑 특별인출권의 계산단위(SDR)로 변경시키고, 인적 손해에 대한 책임한도액은 16,600 SDR, 물적 손해에 대한 책임한도액은 17SDR, 휴대수하물에 대한 책임한도액은 332 SDR로 규정하였다.

몬트리올 제3추가의정서는 과테말라의정서상의 항공운송인의 책임한도액에 대한 화폐단위 금프랑을 특별인출권의 계산단위(SDR)로 변경시키고, 운송인의 책임한도액은 여객사상의 경우 100,000 SDR, 연착의 경우 4,150 SDR, 수하물의 경우 1,000 SDR, 화물의 경우 1 킬로그램당 17 SDR로 규정하였다.

몬트리올 제4의정서는 항공물건운송인의 책임에 관한 바르샤바조약, 헤이그의정서, 과테말라의정서의 내용을 대폭 수정하고, 항공화물의 물적 손해에 대하여 항공운송인의 무과실책임주의 채택하였으며, 아울러 영·미법 상의 기여과실제도를 수용하였다.

⑦ IATA 항공사간 협정 1995(IATA Intercarrier Agreement 1995)

1995년 10월 30일 콸라룸푸르에서 개최된 IATA(국제항공운송협회)연례총회에서 회원항공사들은 여객책임에 대한 항공사간 협정(ILA)의 체결을 통하여 항공여객운송인의 책임제한 제도를 자발적으로 철폐하기로 결의하였다.

⑧ 몬트리올조약 1999(Montreal Convention 1999)

1999년 5월 28일 몬트리올에서 개최된 외교회의에서 채택되어 2003년 11월 4일부터 발효되었다. 몬트리올협약은 1929년 바르샤바조약과 7개의 발효 내지 미발효된 국제 조약과 의정서 및 추가의정서의 내용을 하나로 통합하였고, 그 내용을 현대화시킨 새로운 통합조약이라 할 수 있다.

몬트리올에서는 그동안 지속적으로 제기되어 온 바르샤바체제에 대한 변화의 요구에 부응하여 121개국 체약국과 11개 국제항공운송 관련기구 등이 ICAO 국제회의에 참석하여 항공운송책임에 대한 새로운 제도를 채택하는데 합의하였고, 이는 바르샤바협약과 기타 의정서 등을 대체하여 여객들과 관련 있는 무한책임에 대한 단일 협약이다. 즉 몬트리올협약은 바르샤바체제의 개혁과 통일된 국제사법의 탄생이라는 점에 큰 의의가 있다.

무한책임을 특징으로 하는 몬트리올협약은 여객의 사망이나 부상에 대한 배상을 다음과 같이 규정하고 있다.

운송인의 책임한도액에 대하여 여객사상의 경우 2단계 책임 제도를 도입하여 100,000 SDR까지의 손해에 대하여는 책임을 배제하거나 제한할 수 없는 무과실책임원칙을 채택하였고, 2단계로 이를 상회하는 손해에 대하여는 운송인이 자신의 과실 없음을 입증하여 면책되는 과실추정책임주의를 채택하였으며, 여객의 연착의 경우 여객 1인당 4,150 SDR로 규정하였다.

또한 운송인의 책임한도액에 대하여 수하물(위탁수하물과 휴대수하물 구별하지 않음)의 파괴·멸실·훼손·연착의 경우 여객 1인당 1,000 SDR, 화물의 파괴, 멸실, 훼손, 연착의 경우 1킬로그램 당 17 SDR로 규정하였다.

2) 복합운송에 관한 유엔협약

① 복합운송협약의 배경

국제복합운송은 해상운송, 육상운송 또는 항공운송 등이 결합되어 하나의 운송계약이 완성되는 국제간의 운송이기 때문에 운송을 실행하는 운송인들도 최소한 둘 이상 존재한다. 따라서 국제복합운송을 인수하는 운송인과 구간별(해상, 육상, 항공) 운송을 이행하는 실제운송인은 각기 다른 국가의 법규에 적용되므로 이들의 의무와 권리, 책임도 국가별 그리고 운송구간별로 상이하다. 따라서 이렇게 상이한 복합운송 중 화물이 파손된 경우에는 발생지를 명확히 알 수 없기 때문에 어느 구간의 법을 적용하여 복합운송인의 책임을 결정할 것인가가 문제로 제기될 수 있다. 따라서 화물운송이 발달한 오늘날에는 화물의 복합운송에 대한 통일된 국제협약이 필요하게 되었으며, 특히 전 구간에서 발생된 손해에 대해 국제복합운송인의 책임체계를 명확히 해야만 했다. 이에 1980년 전문 40개조로 구성된 유엔국제복합운송조약이 성립되었다.

② 국제복합운송인의 책임체계

국제복합운송인의 책임에 대해 학자들은 일반적으로 세 가지 유형으로 구분한다.

- 단일책임형

화물이 훼손된 경우 복합운송 도중 어느 구간에서 발생하였는가를 구분하지 않고 복합운송인 모두 동일한 책임을 지는 체계이다.

- 분할책임형

손해발생구간이 확인된 경우와 그렇지 않은 경우로 구분하여 각기 다른 책임을 적용하는 체계이다. 예컨대 해상운송구간이 포함된 복합운송에서 손해발생구간이 밝혀지지 않은 경우라면 해상운송 구간에서 발생한 것으로 추정하여 헤이그규칙을 적용하고, 손해발생구간이 밝혀진 경우는 해당하는 국내법 혹은 국제조약을 적용하는 체계이다.

변형 단일책임형

화주에 대해서 운송인이 인수한 전 운송구간에 걸쳐서 동일책임을 지는 것을 원칙으로 하되, 책임한도액은 분할책임형 체계에 의거하여 각 구간에 적용되는 법률이 정한 바에 따르는 체계이다.

즉 화물의 손해가 발생한 구간의 명확한 인지와 상관없이 책임액수를 균일하게 적용하는 것을 원칙으로 하는데, 단 손해발생구간이 확인되어 그 구간에 적용될 국내법이 이 보다 높은 경우에는 그 법의 적용을 인정하므로 단일책임형과 변형단일 책임형 체계가 혼합된 체계라고 할 수 있다.

3 복합운송인의 책임기간 및 책임사유

유엔의 국제복합운송조약에서 정한 복합운송인의 책임기간과 책임사유는 다음과 같다.

책임기간

복합운송조약 제 14조 1항에 의거, 화물이 복합운송인의 관리 하에 '수령된 때부터 인도되기 까지'의 전 기간을 책임기간으로 한다.

책임사유

복합운송조약 제 16조 1항에 의거, 화물이 복합운송인의 관리 하에 있는 동안 멸실, 훼손되었거나 또는 지연으로 인해 화물의 이해관계인에게 손해가 발생한 경우 복합운송인은 그에 대한 배상책임이 있다.

지연인도

복합운송조약 제16조 2항에 의거, 지연인도는 당사자 간 명시적으로 합의된 기한 내에 화물이 인도되지 않은 경우에 발생한다. 그러나 명시적 합의가 없는 경우에는 당시의 상황을 고려하여 성실한 복합운송인에게 합리적으로 요구되는 기한 내에 화물이 인도되지 않는 경우에 발생한다.

03 항공사의 제휴

1) 개요 및 전략적 제휴 분야

제휴(alliance)란 동종 사업을 하는 기업끼리 특정 사업이나 업무 분야에 대해 서로 협력관계를 맺는 것을 말하며, 일반적으로 기업 간 상호보완적인 제품의 생산이나 시설, 장비, 기술 등을 공유하기 위해 수행된다.

항공운송시장에서의 제휴는 본래 국내운송을 하는 항공사들이 국제항공운송시장에서의 운항 및 마케팅 등과 관련한 운송활동을 촉진할 목적으로 국내항공사와 국제항공사 간의 협정에 의해 시작되었는데, 이후 항공사 간 협력과 제휴 범위가 확대되면서 다양화되기 시작하였다. 즉 항공사의 제휴는 항공사가 자신들이 보유하고 있는 자산의 활용능력을 극대화시키기 위해 취하는 정책으로서, 자신들이 취항하는 운항지역을 제휴를 통하여 확대시킴으로써 항공사의 경쟁력을 향상시키는 것이다.

항공사 간의 제휴는 '상업적 제휴'와 '전략적 제휴'로 나뉘는데, '상업적 제휴'는 마케팅 제휴로서 항공사가 자산을 독립적으로 운영하고 경영하면서 마케팅과 관련한 분야에 있어 제휴를 맺는 것을 말한다. 예를 들면 항공기의 공동운항, 항공기 좌석의 공동 판매, 코드쉐어링, 좌석 할당, VIP 고객 프로그램 등의 공동 운영이 이에 해당되며, 이를 통해 상호 간 시너지 효과를 높이는데 목적을 둔다.

항공사 전략적 제휴는 제휴 항공사들 간 공동의 기업목표를 수립하고 목표 달성을 위해 각기 소유하고 있는 공항 시설이나 정비, 지상조업장비, 항공사의 인력과 운송권한 등을 제휴 형태로 비용 절감을 도모하는 것을 말한다.

항공사 간의 전략적 제휴의 구체적인 내용은 다음과 같다.

❶ 공동 지상조업

제휴 항공사들은 상호 간 지상조업 관련 계약을 체결하여 효율성을 추구하고 있다. 예를 들면 에어 캐나다와 에어 프랑스는 토론토와 파리에서 각각의 지상조업을 서로 가까운 곳으로 이동시켜, 지상조업에 관련한 상호 협력을 꾀하고 있으며, 아시아나항공과 전일본공수는 인천과 나리타공항에서 화물 및 승객지원, 항공기 입·출항 시 램프 서비스, 기내식과 급유 등 지상조업 관련에서 협력하고 있다.

❷ 시설의 공동이용

제휴 항공사들은 상호 간 탑승수속 카운터와 공항 라운지 등의 시설을 공동으로 사용함으로써 비용을 절감할 수 있다.

예를 들면 카타르항공이 인천국제공항에서 아시아나항공 라운지를 사용하고, 나리타공항에서 아시아나항공과 전 일본 공수가 출국수속 카운터와 라운지를 공동으로 사용하고 있는 경우가 이에 해당된다.

❸ 코드공유 협정

코드공유란 운항편명을 공동으로 사용하는 것으로서 2개의 항공사가 1개의 항공기를 운항하는 것을 말한다. 즉 항공사가 자사의 항공기를 직접 운영하지 않고도 좌석수요가 많은 구간에 대하여 이미 해당 구간을 운항하고 있는 다른 항공사와 제휴를 맺고, 그 항공사의 좌석 중 일부를 구입한 후 자사의 항공편명을 사용하여 승객을 운송하는 것을 의미한다.

항공사는 자사 승객이 타 항공편을 이용하여 계속 여행을 할 경우, 항공편 연결의 편의성을 제공한다는 측면에서 가능한 한 자사 항공편을 이용하도록 권유하는데, 코드공유협정을 맺게 되면 제휴 항공사는 상호 항공사 간 노선을 공동 사용함으로써 연계수송을 효율화시킬 수 있다.

또한, 국제항공 여행에서 타 항공사 구간예약을 통한 복합노선을 갖는 경우가 많기 때문에 대부분의 항공사는 온라인 예약에서 승객들에게 다양한 연계 항공편을 제공하기 위해서 노력하고 있다. 이러한 측면에서 코드공유는 항공협정 상대국뿐 아니라, 제3국 시장 확장에도 용이하기에 항공사 간 적극적인 협력이 이루어지고 있다.

④ 운항 스케줄 조정

제휴 항공사 간 운항스케줄을 조정하여 연결효과를 높이는 것은 매우 중요한 사항이다. 상호 항공사 간 운항편 연결을 통한 노선망 확대는 환승 승객들에게 시간을 절약할 수 있게 해주고, 연결편 선택에 있어 다양한 기회를 제공할 수 있기 때문에 고객 만족과 직결 되는 부분이다.

⑤ 수입금 풀 협정

수입금 풀 협정은 한쪽의 항공사가 상대적으로 경쟁력이 약하거나 규모가 작은 경우에 시장지배력이 강하고 거대한 경쟁사로부터 적정 수입을 보장 받는 방법으로 운항노선, 운항횟수, 투입 기자재, 비용 등을 항공사 간에 공유하는 내용을 담고 있다.

제휴 항공사 간의 경쟁력이 비슷할 경우 항공기 운항횟수 경쟁을 제거함으로써 적정하게 설정하여 탑승률을 높이는 방법이 된다. 이러한 제도가 없다면 항공사들은 항공수요가 집중되는 시간대에 항공기를 배치하여 상대적으로 탑승률 저조현상을 초래하게 될 것이다.

⑥ 승무원 교환

항공사들은 승무원 교환을 통하여 제휴 항공사와 협력관계를 공고히 함은 물론 상호간 공급해준 승객에 대한 서비스를 강화한다. 예를 들면 아시아나 항공과 동방항공은 서울-상해 노선에서 캐빈 승무원을 교환하여 각각의 운항 편에서 한국인 승객과 중국인 승객에 대한 기내서비스를 강화한 적이 있다.

2) 목적 및 효과

항공사 간의 제휴는 항공운송시장에서 강화된 경쟁력으로 마케팅 측면에서 우월적 지위를 차지하게 하고, 특정 항공노선을 여러 항공사가 분할하여 수송하던 수요를 제휴 항공사가 통합하여 운송할 수 있도록 한다. 따라서 항공기 탑승률을 향상시키며 공항의 사무실, 라운지, 항공사 출국 수속 카운터와 각종 시설 등, 즉 인적·물적 자산의 공동 사용으로 비용 절감 및 위험 감소로 국제항공 운송시장에서 과도한 경쟁을 피하도록 해준다. 또한 가국 정부의 규제는 자국의 항공 운송산업을 보호하고 불공정한 시장경쟁이나 독점적 시장지위를 막기 위한 산업정책에서 실시되는데, 외국항공사와의 제휴는 이러한 국가적 규제를 피할 수 있으며, 2개 국가 이상의 항공사들이 제휴를 할 경우 국제 항공운송시장에서의 독점 혹은 과점적 지배의 논의에서 벗어날 수 있다. 따라서 해당 정부나 국제 항공기구로부터 각종 규제나 제약을 벗어날 수 있도록 하는 효과를 지니기에 각국의 항공사들은 지속적으로 제휴를 넓혀나가고 있다.

① 노선망 확장

타 항공사와의 제휴를 통해 상대 항공사가 기존에 확보하고 있는 운송노선을 자사의 항공노선과 연계시켜 노선을 다양화하고, 새로운 지역으로 노선망을 확대하고 운항빈도를 증대시켜 항공사의 경쟁력을 강화한다.

② 운항편 수 증가

자사가 별도의 증편 없이 제휴사가 이미 취항하고 있는 항공노선의 운항실적을 공유하여 이를 이용하여 항공사 인지도를 높일 수 있다.

③ 비용절감 효과

제휴 항공사와 공동으로 판촉 활동을 하고 라운지 등의 공항시설을 공동으로 사용하면 관리 비용을 절감할 수 있기 때문에 이러한 비용을 수익개선, 수요증대 등을 위해 사용할 수 있어 효율적인 경영관리에 기여하게 된다.

④ 선진 운영기법 습득

전략적 제휴를 통하여 상대 항공사의 공항운영 시스템과 항공기 정비 및 관리, 타 항공사만의 마케팅 전략 및 체계화된 운송능력을 벤치마킹하여 자사의 경쟁력을 강화시킬 수 있다.

3) 세계적인 추세

국제 항공운송업계는 거대한 제휴를 중심으로 항공사들이 그룹을 지어 움직이고 있다. 항공운송업계 최초의 제휴 그룹인 스타얼라이언스의 등장 이후, 개별 항공사 간 혹은 지역적인 파트너 관계에서 벗어나 함께 나아갈 수 있는 글로벌 제휴를 지속적으로 추진하고 있다.

즉, 제휴 항공사 간에는 CRS의 공동사용, 항공권 공동발권, 위탁수하물의 자동연계, 운항편명 공동 사용 등을 통하여 고객서비스를 향상시키고 비용을 절감하고 있다.

또한, 글로벌한 항공 노선망 구축을 통한 항공사의 세계화는 항공사들의 그룹화 및 항공사들 간의 제휴 또한 가속화시키고 있다.

한편, 세계화와 상반되는 지역주의가 확산되고 있는데, 유럽지역의 EU가 거대 경제블록으로 등장하여 세계경제의 중요한 핵심이 되고 있으며, 북미지역의

NAFTA와 아시아·태평양지역 국가의 이익을 대표하는 APEC의 결성이 그 대표적인 예이다.

4) 제휴의 현황 및 형태

① Star Alliance

- 1997년 5월 설립되어 본부는 독일 헤센주 프랑크푸르트암마인에 있다.
- 최초의 글로벌 항공 동맹체로 총 26개의 회원사가 있다.
- 창립 회원사 : 유나이티드항공, 루프트한자, 에어캐나다, 스칸디나비아항공, 타이항공

AEGEAN	AIR CANADA	AIR CHINA	AIR INDIA
AIR NEW ZEALAND	ANA	ASIANA AIRLINES	Austrian
Avianca	brussels airlines	CopaAirlines	CROATIA AIRLINES
EGYPTAIR	Ethiopian	EVA AIR	LOT POLISH AIRLINES
Lufthansa	SAS	Shenzhen Airlines	SINGAPORE AIRLINES
SOUTH AFRICAN AIRWAYS	SWISS	TAP AIR PORTUGAL	THAI
TURKISH AIRLINES	UNITED		

그림 2-1 ▸ 스타얼라이언스 회원 항공사

② One World

- 1998년 9월 설립되어 본부는 미국 뉴욕에 있다.
- 총 13개의 회원사가 있다.
- 창립 회원사 : 아메리칸항공, 영국항공, 캐세이퍼시픽, 콴타스항공, 에어캐나다.

American Airlines	BRITISH AIRWAYS	CATHAY PACIFIC	FINNAIR
IBERIA	JAPAN AIRLINES	malaysia airlines	QANTAS
QATAR AIRWAYS	[illegible]	ROYAL JORDANIAN	S7 Airlines
SriLankan Airlines			

그림 2-2 ▸ 원월드 회원 항공사

③ Sky Team

- 2000년 6월 설립되어 본부는 네덜란드 스히폴 국제공항에 있다.
- 총 20개의 회원사가 있다.
- 창립 회원사: 델타항공, 에어프랑스, 대한항공, 아에로멕시코

AEROFLOT	AerolineasArgentinas	AEROMEXICO	AirEuropa
AIRFRANCE	DELTA	Garuda Indonesia	Kenya Airways
KLM	KOREAN AIR	MEA	Alitalia
CHINA AIRLINES	CHINA EASTERN	中国南方航空 CHINA SOUTHERN AIRLINES	CZECH AIRLINES
SAUDIA	TAROM	Vietnam Airlines	XIAMENAIR

그림 2-3 ▸ 스카이팀 회원 항공사

④ U-FLY Alliance

- 2016년 1월 설립되어 본부는 홍콩에 있다.
- 세계 최초의 저비용항공사 동맹으로 총 5개의 회원사가 있다.
- 회원사 : 이스타항공, 홍콩 익스프레스항공, 럭키에어, 우루무치항공, 웨스트에어

EASTAR JET	HK express	Lucky Air 祥鹏航空
乌鲁木齐航空 Urumqi Air	West Air 西部航空	

그림 2-4 ▸ 유플라이 회원 항공사

⑤ Value Alliance

- 2016년 5월 설립되었다.
- 아시아·태평양 지역 저비용 항공사 동맹으로 총 6개의 회원사가 있다.
- 회원사 : 제주항공, 세부퍼시픽, 세브고, 녹에어, 녹스쿠트항공, 스쿠트항공

nok	JEJUair	scoot
nokscoot	cebu pacific	cebgo

그림 2-5 ▸ 밸류얼라이언스 회원 항공사

03 SECTION

국제항공운송 협력기구

01 주요 항공운송 협력기구

1) 국제민간항공기구(ICAO)

① 설립배경

국제민간항공기구(international Civil Aviation Organization; ICAO)는 1944년 시카고회의에서 체결된 국제민간항공협약을 근거로 설립된 기구이며, 현재는 UN의 전문기구 가운데 하나이다.

시카고조약의 제2부는 ICAO의 설립 및 운영에 관하여 규정하고 있으며, ICAO의 가입 및 탈퇴는 모두 시카고조약의 가입·탈퇴를 전제로 이루어지는 등 시카고협약과는 불가분의 관계에 있다. 당초 시카고회의에서는 ICAO의 성격에 대하여 국제항공을 관리·감독하는 강력한 관리기준으로 해야 한다는 미국 측의 주장이 대립되었으나, 결국 미국의 주장이 대폭적으로 반영되었다. 그 결과 ICAO는 국제항공의 안전 및 발전을 목적으로 하여 각국 정부의 국제협력기관으로서 설립되었다.

② 설립목적

- 국제민간항공의 안전 및 건전한 발전의 확보
- 평화적 목적을 위한 항공기의 설계 및 운항기술의 개선
- 국제민가항공을 위한 노선, 공항 및 항공보안시설의 개선
- 안전, 정확 능률, 경제적인 항공운송활동에 대한 회원국들의 요구수용
- 불합리한 경쟁으로 인한 경제적 낭비의 방지
- 회원국권리의 반영 및 국제항공에 대한 공정한 기회부여와 보장
- 회원국간 차별대우의 지양
- 국제항공의 운항안전의 증진
- 국제민간항공의 모든 부문에서의 협력과 발전의 촉진

③ 주요임무

- 항공기에 관한 기술적인 기준을 확립한다. 즉, 항공기, 항공종사자, 노선과 공항, 항공교통관제 등에 관한 안전측면에서의 국제적인 기준을 설정하고 있다.
- 국제민간항공법규 등을 단일화하고 이를 법제화한다. 즉, 항공운송인의 책임에 대한 바르샤바조약, 헤이그의정서, 제3자 손해책임에 대한 로마조약, 공중납치방지에 관한 조약 등을 주로 다루고 있다.
- 국제민간항공의 경제문제, 즉 운임체계 및 운임수준의 설정, 부정기항공의 문제, 운송활동에 대한 규제문제 등을 폭넓게 취급한다.

2) 국제항공운송협회(IATA)

① 설립배경

국제항공운송협회(International Air Transport Association; IATA)는 세계 32개국의 61개 항공사가 참여하여 1945년 쿠바의 하바나에서 세계항공사회의를 개최함으로써 설립되었다.

IATA는 2차 세계대전 후의 항공운송의 비약적인 발전에 따라 예상되는 여러 문제들을 해결하고 국제항공사 간의 협력을 강화할 목적으로 설립한 순수민간의 국제협력기구로서 운임의 결정, 운송규칙의 제정 등이 주된 역할이며, 공공기구로서의 성격을 지닌다. 본래 1919년 헤이그에서 설립된 구IATA를 계승한 국제기구이다.

② 설립목적

IATA의 목적은 안전하고 경제적인 국제항공운송의 발전을 촉진함과 동시에 이와 관련되는 문제들을 해결하고, 국제민간항공운송에 종사하고 있는 민간항공사의 협력기관으로서 협력을 위한 교류의 장을 제공하고, ICAO등 국제기관과의 협력을 도모하는 것이다. 이 중 특히 국제운송에서 중요한 것은 항공사 간의 협력으로서 이러한 목적에 따라 항공사 간에 통일적으로 사용해야 하는 각종의 표준방식을 설정하는 성과를 남겼다. 그 가운데에는 표준운송약관, 항공권, 화물운송장, 복수항공사 간의 연대운송협정, 판매 대리점과의 계약, 지상업무에 대한 위탁계약 등이 포함되어 있다.

③ 조직구성

IATA의 회원은 ICAO회원국의 국적을 가진 항공사만이 IATA의 회원이 될 수 있다. 국제항공에 종사하고 있는 항공회사는 정회원, 국내항공에 종사하고 있는 항공사는 준회원이 될 수 있다. IATA는 원래 정기항공사의 기구로 설립되었지만 1975년에 개최된 캐나다회의에서 특별법 및 정관을 개정함으로써 당시 급속히 성장하고 있던 부정기항공사도 IATA의 회원이 될 수 있도록 하였다. IATA의 조직은 최고기관인 연차총회의 실질적인 운영을 맡고 있는 집행위원회, 각 분야에서 활동하고 있는 4개의 상설위원회(기술, 재무, 법무, 운송), IATA의 가장 중요한 기능인 항공운송에 관한 조건(여객운임, 화물요율 등)을 가입항공사가 협의하여 결정하는 운임회의, 항공사 간의 거래에 따른 대차관계의 정산을 하는 결제사무소 및 사무국 등으로 구성된다.

4 주요임무

운임관련 업무

IATA의 가장 중요한 기능은 여객운임, 화물요율, 기내서비스의 내용 등 항공운송에 관한 조건들을 결정하는 것이다. 운송조건은 IATA조직의 하나인 운송회의에서 회원사간의 협의에 의해 결정되며, 3개 지역별로 나누어 운영된다. 지역별로는 북미, 중미, 남미를 관할하는 제1지구, 유럽, 중동, 아프리카를 관할하는 제2지구 및 동남아, 극동, 오스트레일리아 및 남태평양 지역을 관할하는 제3지구로 나누어진다. 운송회의에서 결정된 사항은 회원국정부의 인가를 얻어 정식으로 발효된다. 특히 양자협정은 당사국정부의 인가를 국제항공운임의 발효조건으로 규정하고 있으며, 대부분의 국가가 IATA의 운임결정기능을 공식적으로 인정하고 있다.

기타 각 위원회 업무

- 법률위원회 : 공법 및 사법조약, 다국간 협약, 국제항공에 영향을 주는 현행 및 입법과정에 있는 국내법, 배상문제, 기타 항공운송활동의 확대에 따라 발생할 수 있는 여러 가지 법률문제를 관장한다.
- 기술위원회 : 항공기, 운항, 의료, 기재의 통일화, 통신, 기상, 감항성 및 정비, 공항, 노선, 항행지원, 안전, 소음, 공해, 기다 제반기술사항을 관장하며, 사안에 따라 또는 지역별로 소위원회를 운영한다. 또한 항공기 및 각종 설비의 제조업자, 공항당국, 정부 등을 포함한 회의를 개최한다. 주사무국은 몬트리올과 제네바에 두고 있으며, 지역사무소는 암만, 산티아고, 싱가포르 및 워싱턴에 있다.
- 재무위원회 : 회원항공사의 회계규칙의 통일, 통화, 조세, 보험, 감사, 통계, 환율, 수입금 결제 등과 항공운송활동에서 발생하는 잠재적인 재무 및 경제문

제를 관장한다. 사무국은 몬트리올에 두고 있으며, 문제별로 소위원회를 설치하지만 특히 중요한 것은 수입회계절차의 표준화와 제네바에 있는 결제사무소의 역할이다. 각 항공사는 항공사간 운임협정을 체결하여 상호 항공권과 화물운송장의 대리판매를 하지만 운송회사로부터 발매회사에 대한 수입금이 청주는 표준절차에 따라서 제네바의 결제사무소에서 매월 정산한다.

- 운임위원회 : 항공운송업계의 장기적 및 단기적 상업활동에 관한 사항, 운송회의 권한에 관한 사항, 운송영업절차의 통일, 기타 이사회가 위촉하는 영업 및 운송에 관한 사항을 담당한다. 사무국은 제네바에 있으며, 각 위원회는 25명으로 구성되고 그 임기는 2년이다.

02 기타 국제항공협력기구

1) 국제공항협회(ACI)

① 설립배경 및 목적

국제공항협회(Airports Council International; ACI)는 공항과 관련된 국제기구로서 국제공항운영협의회(AOCI)와 국제민간공항협회(ICAA), 공항협회 조정위원회(AACC) 등 3개의 공항 관련 기구를 1991년 통합한 것으로 세계 각국 공항의 대변인과 같은 역할을 하고 있다.

국제공항협회(ACI)의 주요 설립목적은 다음과 같다.

- 공항과 관련된 국제기구의 효율성 강화
- 국제민간항공기구(ICAO), 국제항공운송협회(IATA) 등과의 항공 관련 국제기구와의 긴밀한 업무협조
- 회원 공항의 발전에 도움이 되는 프로그램 및 서비스 개발

- 회원 공항의 안전과 운영효율성, 재정적 자립 및 환경보전정책 기여
- 회원 공항의 이익을 도모할 수 있는 법규 및 국제협약 확립
- 국·내외 공항개발에 대한 정보 및 분석 자료 제공

② 주요임무

- 공항 상호간 협력 강화
- 세계총회 및 지역별 총회 연례 개최
- 개발도상국 공항에 대한 공항시설 및 공항기술, 공항운영과 관련한 지원 업무
- 국제민간항공기구(ICAO), 국제항공운송협회(IATA) 등 항공관련 국제기구와의 유기적인 협조 업무

2) 국제운송중개인협회(FLATA)

국제운송중개인협회(Internatinal Federation Freight Forwarders Association; FLATA)는 복합운송을 취급하는 운송중개인협회의 국제연맹으로서 전 세계적인 우송 주선인(Freight Forwarder)의 연합체이다. 1926년 3월 설립되어 스위스 취리히에 본부가 있으며, 한국은 1977년 9월에 가입하였다.

FLATA는 전 세계에서 운송 분야의 가장 큰 비정부 기구이다.

3) 국제항공화물협회(TIACA)

국제항공화물협회(The International Air Cargo Associations; TIACA)는 항공화물관련 국제규제완화 및 법령제안 등을 통해 항공운항을 활성화하고 업계의 우호를 증진하고자 설립된 비영리 법인이다. 미국 마이애미 주 플로리다에 본부가 있고, 가입대상은 항공사, 공항, 물류기업, 정부기관, 지자체 등이다.

CHAPTER 03

항공운송 서비스

SECTION ▸

01. 항공운송 서비스의 이해

02. 항공예약 및 발권 업무

01 SECTION

항공운송 서비스의 이해

01 항공운송 서비스의 정의 및 절차

1) 정의

여객과 화물을 유상으로 출발지에서 원하는 목적지까지 편안하고 안전하게 이동시키는 서비스로서 항공기의 안전하고 신속한 운항을 통해 여객과 화물을 정해진 목적지까지 이동시킴으로써 상품의 가치를 만들어 낸다. 고객의 욕구를 파악하고 이에 맞는 상품을 개발, 생산, 판매하여 이윤을 창출한다는 것이 일반 기업의 영업 활동과 유사하지만 생산하고 판매하는 상품이 '운송 서비스'란 무형의 상품이라는 것이 크게 다른 점이다.

항공사의 생산, 판매하는 상품은 고정적인 면과 유동적인 면을 모두 지니고 있는데 고정적이라는 것은 서비스공간인 좌석과 화물칸이 서비스에 제공되는 물리적인 측면을 의미하며, 유동적이라는 것은 출발 과정부터 도착 순간까지 고객에게 제공되는 모든 인적 서비스를 의미한다. 즉, 예약과 발권, 탑승수속, 항공기운항, 각종 기내서비스, 수하물 처리 등이 대표적인 유동적 상품의 구성요소이다.

2) 절차

항공운송서비스는 개별적으로 나누어진 상품이 아닌, 전체 과정이 유기적으로 연결된 하나의 상품으로 고객에게 제공된다. 따라서 고객의 만족도는 항공권을 구매하고 목적지 공항에 도착하여 수하물을 찾는 순간까지 전 과정의 서비스가 영향을 미친다고 할 수 있다. 즉, 항공사는 전체 과정 중 한 번의 실수가 고객의 불만을 초래할 수 있다는 사실을 인지하여 전 과정에 있어 고정적인 상품과 유동적인 상품 모두 최상의 컨디션을 유지할 수 있도록 해야 한다.

일반적인 항공운송서비스의 절차는 다음과 같다.

- 마케팅, 항공권 판매
- 좌석 예약·발권
- 공항 탑승 수속
- 항공기 탑승
- 기내 서비스

- 하기
- 입국 수속
- 수하물 수취

02 항공예약 기초 지식

1) 항공예약의 개념

항공예약은 항공사의 상품인 좌석 혹은 화물공간을 판매하는 것으로서 항공기를 이용하는 고객에게 좌석을 공급하고 여행과 관련한 각종 정보 등을 제공하는 과정을 말한다. 즉, 고객이 항공사로부터 경험하게 되는 최초의 서비스라 이야기 할 수 있으며, 항공상품의 특성인 한시성과 소멸성으로 인해 재고 보존이 불가능한 항공상품을 관리하기 위해 예약업무는 사전 예약방식으로 운영되고 있다.

항공예약을 고객 측면에서 본다면 여행계획에 필요한 항공편의 예약과 발권, 운송은 물론 항공 운임 및 기타 여행과 관련한 종합적인 서비스를 제공하여 여행객이 원하는 시간대로 편리하게 여행할 수 있도록 항공여행 일정을 작성해 주는 등 여행사의 보다 편리하고 정확하게 업무를 수행할 수 있도록 해주는 기능이다. 항공사 측면에서 항공예약은 앞서 언급한 바와 같이 제한된 좌석공급량의 범위 내에서 항공좌석의 정확한 운용관리 및 효율적인 판매, 이용률을 극대화 시켜 항공사의 수입을 증대하는데 가장 큰 목적이 있다.

2) 항공예약시스템(CRS)

CRS는 컴퓨터 시스템을 이용하여 항공편의 예약, 운임계산, 발권, 운송 등 여행과 관련한 종합적인 서비스를 제공하는 항공사 전산예약시스템을 말한다. 항공예약시스템은 아메리칸 항공사에서 최초로 도입하여 항공사 예약업무에 있어서 서비스 질 향상에 획기적인 발판을 다졌으며, 그 이후 지속적으로 많은 항공사들이 해당 시스템을 도입하여 항공산업 뿐 아니라 관광산업에 지대한 공헌을 하였다.

① CRS의 기능

CRS는 항공업무의 자동화를 위해 개발되었으나 항공업무 뿐 아니라 다양한 분야에 활용되고 있다. 대표적으로 항공예약 발권 기능 외에 렌터카, 호텔 등의 부대 예약 기능 서비스를 제공하고 있으며, 버스·철도, 공연, 다양한 스포츠 활동 등과 여행·레저와 관련한 모든 분야에서 종합적인 정보를 제공하는 전산 시스템으로 발전해 나갈 것이다.

- 항공스케줄, 운항정보 조회, 잔여좌석상태 조회, 좌석예약
- 운항구간의 운임조회
- 호텔 및 렌터카 정보조회 및 예약
- 여행사 지원업무: 고객관리, 손익계산, 청구서 발행 등 여행대리점의 각종 업무를 예약관리용 단말기를 통하여 처리할 수 있도록 지원한다.
- 다양한 정보제공 기능: 관광지의 기상관련 정보, 여행지의 외환시세와 세관관련 정보 등의 제반 관광정보 및 일반적인 생활정보를 제공한다.

2 CRS의 발전

- 항공사의 내부자동화 시스템 운영 단계: American Airlines(AA)에서 사내 예약 업무의 전산화를 위해 SABRE(Semi Automated Business Research Environment)를 보급하여 항공사의 판매활동의 대체수단으로 자리 잡게 되었으며, 이를 시작으로 CRS를 소유한 항공사가 판매 우위를 가지게 되었다.
- 대리점 예약시스템 운영 단계: 초기의 CRS는 항공사의 예약 사무소에 컴퓨터 단말기를 설치하여 고객이나 여행 대리점의 예약전화 등을 통한 예약 요청을 접수, 항공사 직원이 직접 컴퓨터에 입력하는 형태로 업무를 처리하였으나 아메리칸항공(AA)이 1976년 최초로 여행대리점에 CRS를 설치하였다.
- 본격적인 CRS 사업시대 단계: 여행대리점에 단말기를 제공한 항공사의 편중된 업무로 인하여 여러 문제가 제기되었고, 이에 CRS는 본사와 분리되어 별도의 회사로 독립하여 항공사와 대리점을 중계하는 중립적인 시스템으로 전개되었다. 이는 항공편 관련 업무 외에 호텔과 렌터카의 예약, 항공운임 자동산출, 항공권의 자동발권, 여행정보검색 등의 업무에 사용되며 정보통신 서비스의 혁명이라고 불릴 만큼 큰 변화를 이루었다.
- 컴퓨터 예약시스템의 합작 단계: 아메리칸항공(AA)의 세이버(SABRE), 유나이티드항공(UA)의 아폴로(APOLO), 노스웨스트항공(NW)과 트랜스월드항공(TW)의 파스(PARS) 등의 미국 거대 CRS들이 구주 및 아시아 각 지역으로

진출과 확대를 모색하였다. 이에 구주·아시아지역의 중소규모의 항공사들은 미국의 거대 CRS에 대응할 시스템을 단독으로 개발하는 것이 불가능하여 다자간 협력을 통한 지역연합 항공예약시스템을 구성하였다. 이를 GDS(Global Distribution System)라고 한다.

세계 4대 GDS로는 SABRE, AMADEUS, WORLDSPAN, GALLIEO가 있으며, 현재 한국에서 운영되고 있는 GDS로는 SABRE, TOPAS, GALLILEO, WORLDSPAN이 있다.

02 SECTION

항공예약 및 발권 업무

01 항공예약

1) PNR(Passenger Name Record)의 뜻

PNR이란 항공 여행을 원하는 승객의 항공 여정을 비롯하여 호텔과 렌터카 등의 부대서비스 예약 등을 포함한 항공편 탑승정보가 저장되어 있는 여객 예약기록을 말한다. 즉, 승객의 항공운송과 관련된 모든 업무는 승객의 예약 기록인 PNR에 근거하여 이루어지며, PNR이 존재해야 실제로 항공편을 탑승할 수 있다.

2) PNR의 구성

PNR의 구성요소는 필수 입력사항과 선택 입력 사항이 있다. 필수 입력사항은 한 가지 사항이라도 누락 될 경우 시스템 상에서 PNR을 저장시키지 않기 때문에 모든 내용이 반드시 정확히 입력되어야 한다. 또한 선택 입력사항은 승객이 추가로 요청하는 서비스 혹은 항공 여행에 필요한 정보들을 선택적으로 입력하는 사항으로서 PNR 완성을 위해 필수적인 요소는 아니나 실제 여행을 하는 승객을 위해 필요한 정보이므로 사용자가 반드시 확인 후 입력해야 하는 사항들이다.

기본 지시어는 각 항목의 구성요소 입력 시 가장 처음 시작하는 공통 지시어이며, PNR 작성을 위해 입력되는 각각의 내용을 Field(필드)라고 칭한다. 즉, 여정은 Itinery Field, 이름은 Name Field, 전화번호는 Phone Field라고 할 수 있다.

PNR 구성요소는 다음과 같다.

표 3-1 ▸ PNR 구성요소

구분	기본 지시어	입력 내용	입력 지시어
필수입력사항	N(0)	여정 작성(Itinery)	N2Y1 (02Y1) N2Y1LL (02Y1LL) 0OZOPENY11NOVICNHKGDS2
	-	이름 입력(Name)	• JUNG / TAEYEONMS (성인) • MOON / JUNGHYUKMSTR*C04 (소아) 3CHLD / 01MAR16-2.1 (소아정보 추가입력) • I / MOON / YERIMISS*I10 (유아) 3INFT / MOON / YERIMISS / 06JUN19-1.1 (유아정보 추가입력)
	9	전화번호 입력(Phone)	9T*02-123-4567 SEOWON SEO/HYOWON 9M*010-1234-5678 JUNG/TY
선택입력사항	3	특별서비스 신청(SSR)	3VGML1-1.1
	3OSI	기타 승객정보 입력(OSI)	3OSI OZ VIP CEO OF SEOWON COMPANY-1.1
	4G	사전좌석배정(PRS)	4G1/30AB-1.1
	FF	마일리지카드 입력	FFOZ12345678-1.1
	5	참고사항(Remarks)	5PAX WL PAY C/C
	6	예약 작성자 및 변경 의뢰자(Received from)	6JUNG/TAEYEON
	7	항공권정보 입력	7TAW/

3) 예약기록(PNR) 작성하기

예약기록(PNR)의 필수 구성요소(여정, 이름, 전화번호)를 이용하여 다음과 같이 PNR을 작성한다.

① 여정(예약가능편) 조회한 후 여정작성하기

```
>A05MAYSELHKG@OZ  ──▶ 예약가능편 조회하기
 -05MAY+ TUE    SEL/Z#10    HKG/-2
OZ RESPONSE ** DIRECT CONNECT PARTICIPANT **
** ASIANA AIRLINES - AN **                   7 TU 05MAY 0000
13OZ*    9297 BL ML HL EL QL KL SL VL    ICNHKG    0655 0930    320 0
14OZ      721 C9 D9 Z9 U9 PL Y9 B9 M9 H9 ICNHKG    0900 1150    333 0
              E9 QL KL SL VL LL GR
15OZ*    9293 B4 M4 H4 E4 Q4 K4 S4 VL    ICNHKG    1645 1930    332 0
16OZ      745 C9 D9 Z9 U8 PL Y9 B9 M9 H6 ICNHKG    1935 2230    333 0
              EL QL KL SL VL LL GR
>N2Y14 ──▶ 2명의 승객에 대한 여정작성하기
   OZ 721Y   05MAY ICNHKG SS2  0900  1150  /DCOZ   /E
SURNAME CHG NOT ALLOWED FOR OZ-Y FARECLASS
```

② 이름 입력하기 및 유·소아정보 추가 입력하기

```
NO NAMES
 1 OZ 721Y 05MAY 2 ICNHKG SS2  0900  1150  /DCOZ /E
OZ ECONOMY CLASS
Z60D.Z60D*AED 2017/27APR20
>-JUNG/TAEYEONMS * 성인 이름입력
>-MOON/JUNGHYUKMSTR*C04 * 소아 이름입력
>3CHLD/01MAR16-2.1 * 소아정보 추가입력
>-I/MOON/YERIMISS*I10 * 유아 이름입력
>3INFT/MOON/YERIMISS/06JUN19-1.1 *유아정보 추가입력
```

③ 전화번호 입력하기

```
 1.1JUNG/TAEYEONMS  2.1MOON/JUNGHYUKMSTR*C04
 3.I/1MOON/YERIMISS*I10
 1 OZ 721Y 05MAY 2 ICNHKG SS2  0900  1150  /DCOZ /E
OZ ECONOMY CLASS
 2 OZ 746Y 08MAY 5 HKGICN SS2  0030  0450  /DCOZ /E
OZ ECONOMY CLASS
PASSENGER DETAIL FIELD EXISTS - USE PD TO DISPLAY
GENERAL FACTS
  1.SSR CHLD OZ HK1/01MAR16
  2.SSR INFT OZ NN1 ICNHKG0721Y05MAY/MOON/YERIMISS/06JUN19
  3.SSR INFT OZ NN1 HKGICN0746Y08MAY/MOON/YERIMISS/06JUN19
Z60D.Z60D*AED 2031/27APR20
>9T*02-123-4567 SEOWON SEO/HYOWON *  여행사 전화번호
>9M*010-1234-5678 JUNG/TAEYEON *  승객의 핸드폰번호
```

④ PNR 최종 저장화면

```
 < PNR - EJPLAF >
 1.1JUNG/TAEYEONMS  2.1MOON/JUNGHYUKMSTR*C04
 3.I/1MOON/YERIMISS*I10
 1 OZ 721Y 05MAY 2 ICNHKG HK2  0900  1150  /DCOZ*R43E7Q /E
 2 OZ 746Y 08MAY 5 HKGICN HK2  0030  0450  /DCOZ*R43E7Q /E
TKT/TIME LIMIT
  1.TAW/
PHONES
  1.SELT*02-123-4567 SEOWON SEO/HYOWON
  2.SELM*010-1234-5678 JUNG/TAEYEON
PASSENGER DETAIL FIELD EXISTS - USE PD TO DISPLAY
GENERAL FACTS
  1.SSR CHLD OZ HK1/01MAR16
  2.SSR INFT OZ KK1 ICNHKG0721Y05MAY/MOON/YERIMISS/06JUN19
  3.SSR INFT OZ KK1 HKGICN0746Y08MAY/MOON/YERIMISS/06JUN19
  4.SSR OTHS 1B OZ RSVN IS 1296-6107
  5.SSR ADTK 1B TO OZ BY 29APR 1100 OTHERWISE WILL BE XLD
RECEIVED FROM - P
Z60D.Z60D*AED 2036/27APR20 EJPLAF H
```

4) PNR 취소화면

```
 < PNR - EJPLAF >
 1.1JUNG/TAEYEONMS   2.1MOON/JUNGHYUKMSTR*C04
 3.I/1MOON/YERIMISS*I10
NO ITIN
TKT/TIME LIMIT
  1.TAW/
PHONES
  1.SELT*02-123-4567 SEOWON SEO/HYOWON
  2.SELM*010-1234-5678 JUNG/TAEYEON
PASSENGER DETAIL FIELD EXISTS - USE PD TO DISPLAY
GENERAL FACTS
  1.SSR CHLD OZ HK1/01MAR16
  2.SSR OTHS 1B OZ RSVN IS 1296-6107
  3.SSR ADTK 1B TO OZ BY 29APR 1100 OTHERWISE WILL BE XLD
RECEIVED FROM - P
Z60D.Z60D*AED 2036/27APR20 EJPLAF H
```

5) 여정표 전송(TRIP CASE)

5 월 5 일, 2020 ‣ 5 월 8 일, 2020 여행 국가: **HONG KONG, HONG KONG S A R**

이름:
JUNG/TAEYEONMS
MOON/JUNGHYUKMSTR
MOON/YERIMISS

예약 코드 EJPLAF
항공사 예약 코드 R43E7Q (OZ)

출발: 화요일 5 월 5 일 출발시간을 꼭 확인하세요.

ASIANA AIRLINES **OZ 0721**	ICN SEOUL INCHEON INT, KOREA REPUBLIC	‣ HKG HONG KONG, HONG KONG S A R	항공기: AIRBUS INDUSTRIE A333 JET
비행 시간: 3시 50분 객실: 이코노미 / Y 상태: 예약됨	출발 시각: 9:00am 터미널: TERMINAL 1	도착 시각: 11:50am 터미널: TERMINAL 1	비행거리(Distance): 1279 경유: 0 기내식: 스낵

승객 이름:	좌석:
» JUNG/TAEYEONMS	체크인 시 지정
» MOON/JUNGHYUKMSTR	체크인 시 지정
» MOON/YERIMISS	

OZ ASIANA AIRLINES 연락처 (HONG KONG, HONG KONG S A R) - 852-2523-8585

출발: 금요일 5 월 8 일 출발시간을 꼭 확인하세요.

ASIANA AIRLINES **OZ 0746**	HKG HONG KONG, HONG KONG S A R	‣ ICN SEOUL INCHEON INT, KOREA REPUBLIC	항공기: AIRBUS INDUSTRIE A333 JET
비행 시간: 3시 20분 객실: 이코노미 / Y 상태: 예약됨	출발 시각: 12:30am 터미널: TERMINAL 1	도착 시각: 4:50am 터미널: TERMINAL 1	비행거리(Distance): 1279 경유: 0 기내식: 스낵

승객 이름:	좌석:
» JUNG/TAEYEONMS	체크인 시 지정
» MOON/JUNGHYUKMSTR	체크인 시 지정
» MOON/YERIMISS	

OZ ASIANA AIRLINES 연락처 (SEOUL INCHEON INT, KOREA REPUBLIC) - 1588 8000

02 항공발권

1) 전자항공권(Electronic Ticket)의 정의

Electronic Ticket(전자항공권)이란 승객의 발권된 항공권 정보를 발권항공사의 Data Base를 통해 저장을 하고 승객의 탑승 또는 항공권 환불 등의 업무는 전산을 통하여 자유롭게 조회하고 처리하는 방식을 의미한다.

전자항공권은 실물항공권과 달리 분실이나 도난을 방지할 수 있고 항공권이 승객의 FAX나 이메일로 전달이 가능하여 도난이나 분실의 위험을 방지할 수 있다. 또한 시스템으로 발권여부를 확인하기 때문에 항공권을 소지하지 않아도 되나 특정 국가를 출입할 경우 전자 항공권 발행확인서를 소지할 필요가 있다.

2) 항공권의 종류

① 여객항공권(Passenger Ticket and Baggage Check)

- 대부분의 항공권이 전자항공권으로 사용이 되고 있으나 실물항공권이 공항에서 일부 사용되기도 한다.
- 발행주체가 항공사이며 항공사의 로고 및 항공사 코드(Numeric Code)를 이용하여 항공권 번호가 구성되고 기본적으로 4개의 구간이 하나의 항공권으로 발행하도록 구성이 되어 있다.

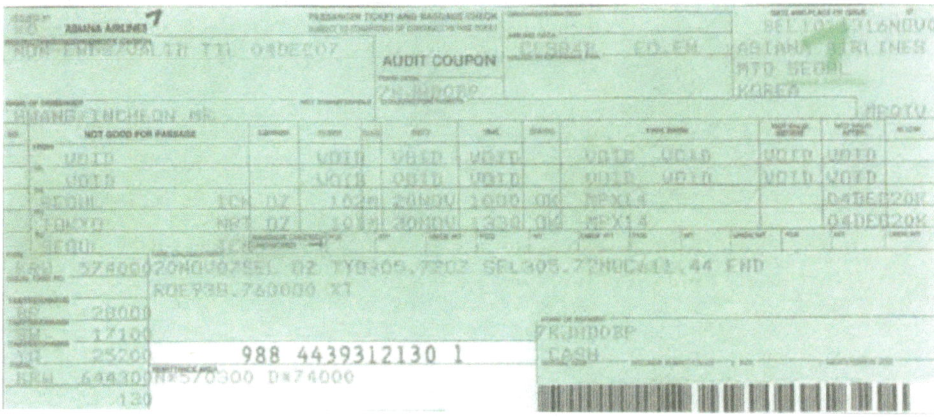

출처: 아시아나 세이버 항공운임과 발권의 기초

그림 3-1 ▸ 항공사용 실물 항공권

```
TKT-9882472377764        RCI-                              1A LOC-ZKYKSU
 OD-SELSEL  SI-       FCMI-N   POI-SEL  DOI-15AUG15  IOI-17894355
   1.CHOI/DAEYANG MR             ADT          S I
 1 O ICNHKG      OZ    721 K 28AUG 0900 OK O      EKEE4KR/AP7
                                                  28AUG 28AUG 20K
 2 O HKGICN      OZ    724 Q 30AUG 1350 OK O      EKEE4KR/AP0
                                                  30AUG 30AUG 20K
FARE    N KRW        396500      P KRW        396500
TOTALTAX KRW          58100
TOTAL     KRW        454600        KRW        454600 .
/FC SEL OZ HKG170.37OZ SEL Q5.80 179.34NUC355.51END ROE1115.1990
00
FE NON-ENDS*3MONS/NO EXTN/OB CHNG NOT PERMITTED*NO-MILES UG
FP CCAXXXXXXXXXXXX3216/1149/N308403
FT 5KSDD09B
FOR TAX/FEE DETAILS USE TWD/TAX
NET REPORTING IT/BT
FREQUENT FLYER OZ-0025353341
```

출처: 아시아나 세이버 항공운임과 발권의 기초

그림 3-2 ▸ 항공사용 전자 항공권

❷ MCO(Miscellaneous Charges Order)

항공사용으로 여행 도중에 발생하는 항공 요금과 부대비용을 징수한 경우 발생하는 증표라고 할 수 있다. 다시 말해, 승객의 항공여행 중 발생하는 부대 서비스를 위한 비용을 항공사에서 징수하는 경우 또는 항공요금의 추가징수와 항공요금의 환불을 위한 증서로 사용되는 운송증표를 말하며, 경우에 따라 항공사에서 보상 및 서비스 제공 차원에서 현금 대신 승객에게 지급하기 위한 목적으로 항공운임이나 호텔 비용 등의 부대 서비스 비용의 지불 용도로 발급하기도 한다.

그러나 현재는 EMD로 발행을 하는 경우가 대부분이고 일부 공항에서만 소지를 하고 있고 쓰이는 경우는 극히 미미하다 할 수 있다.

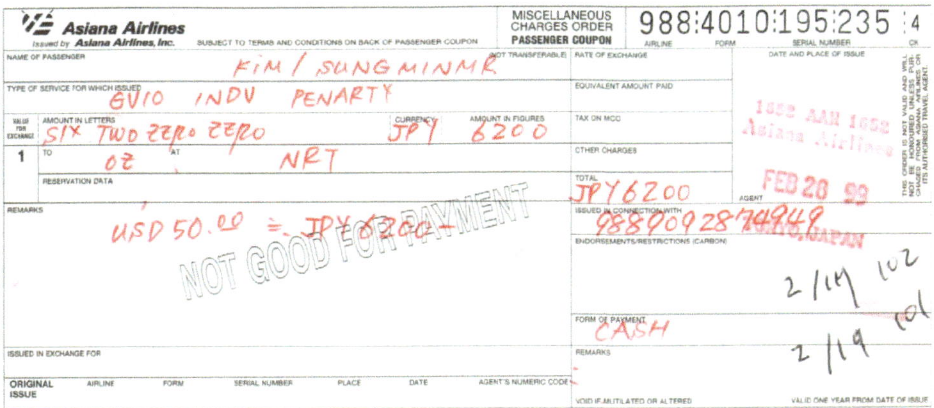
Asiana Airlines
Issued by Asiana Airlines, Inc.
SUBJECT TO TERMS AND CONDITIONS ON BACK OF PASSENGER COUPON
MISCELLANEOUS CHARGES ORDER
PASSENGER COUPON
988 4010 195 235 4
NAME OF PASSENGER: KIM / SUNGMINMR
TYPE OF SERVICE FOR WHICH ISSUED: GV10 INDV PENARTY
AMOUNT IN LETTERS: SIX TWO ZERO ZERO　CURRENCY: JPY　AMOUNT IN FIGURES: 6200
TO: OZ　AT: NRT
TOTAL: JPY6200
REMARKS: USD 50.00 = JPY 6200-
NOT GOOD FOR PAYMENT
FORM OF PAYMENT: CASH
ORIGINAL ISSUE

그림 3-3 ▸ 항공사용 MCO

❸ EMD(Electronic Miscellaneous Document)

MCO와 동일한 기능을 지닌 운송증표로서 2014년 초부터 보급되기 시작하여 여행사에서 보편적으로 이용하고 있으며, 주요 기능으로는 여정변경으로 인한 차액 징수와 환불 및 항공사별 기내, 운송 서비스 관련 비용 징수 등에 주로 사용이 되며 추가수하물에도 EMD를 발행하고 있다.

그러나 항공사별로 사용목적이 다르게 설정이 되어 있으므로 항공사별로 반드시 체크를 해보아야 한다.

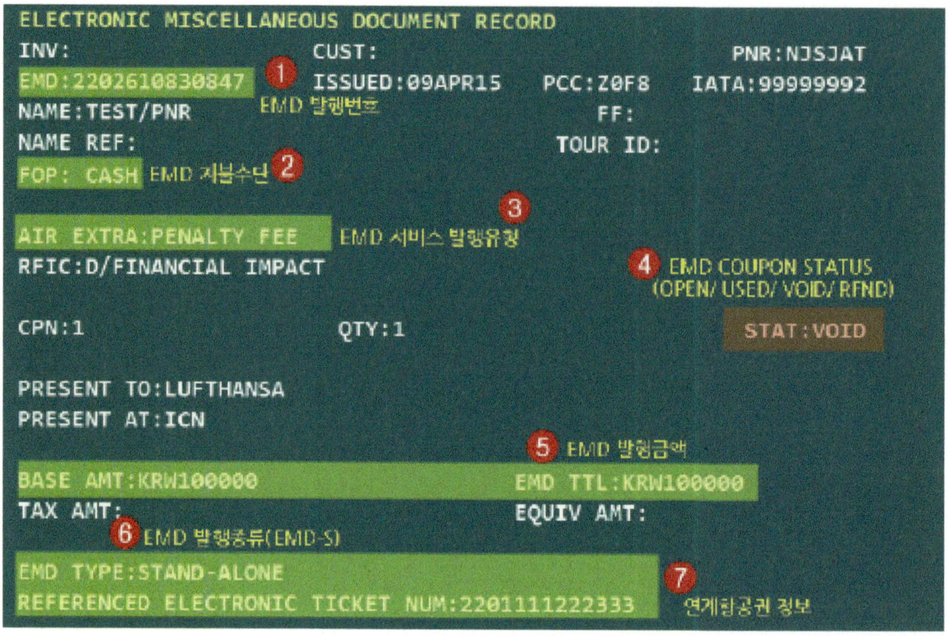

출처: 아시아나 세이버 REISSUE / AUTH EXCHANGES / EMD

그림 3-4 ▸ 항공사용 EMD

④ 초과 수하물 운임표(Excess Baggage Ticket)

여객항공권을 구입한 승객의 무료 탑재 허용 중량 또는 수량을 초과하는 경우 해당 초과 수하물을 소지한 승객의 경우 초과 수하물 운임을 부담해야 한다.

이러한 경우 항공사 좌석 배정 시 카운터에서 초과 수하물 운임을 부과하기 위해 발행하는 운송증표로서 항공사와 탑승노선 및 탑승등급에 따라 다르게 책정되어 있으며 항공사에 따라 EDM로 발행되는 경우도 있다.

⑤ 전세기용 항공권(Collective Ticket For Passenger)

특정 단체 및 기업, 여행사 등과 항공사가 운송에 대한 계약을 별도로 체결하는 경우를 말한다.

전세기 운항을 계약한 경우에는 일반적인 항공예약 절차를 통해 접수된 항공사

고객은 탑승시킬 수 없고, 운송계약을 체결한 해당 단체가 별도의 절차를 통해 탑승객을 정하여 탑승시킬 수 있는데, 이때 계약 당사자와 항공사의 운송계약에 관련하여 발행되는 운송증표를 말한다.

03 항공운임

1) 항공운임의 정의

항공운임을 간단히 정의하면 항공여객 혹은 항공화물의 의뢰인으로부터 수령하는 금액으로서 국제선 항공운임의 경우 각 국가의 항공사가 제안한 내용을 근거로 IATA 운임 조정회의의 결의에 의해 결정된다. 국제선 항공운임 결정 과정에서 특정 국가의 정부가 해당 운임을 승인하지 않을 경우 IATA의 운임으로서의 효력은 효용성을 잃게 되며, 결의된 운임을 사용할 수 없다.

2) 항공운임의 결정요소

① 운항거리

운항거리는 항공운임 설정에서 가장 기본적으로 고려되는 요소로서 일반적으로 두 도시간의 운항거리를 기초로 하여 출발지부터 먼 곳의 운임이 가까운 곳 보다 높게 책정된다.

② 출발지 국가의 사회 및 경제적 수준

항공운임은 일반적으로 출발지 국가의 화폐 단위로 결정되기 때문에 출발지 국가의 통화가치 및 경제적·사회적 수준과 기타 운송수단의 운임 등을 고려하여 결정한다.

③ 노선 및 지역의 수요와 탑승실적

기존 운항하고 있는 도시 간의 운임을 설정하는 경우 해당 노선의 탑승실적과 항공편의 수 등이 고려될 수 있으며, 새로운 노선에 대한 운임 설정의 경우에는 향후 그 지역 및 노선, 계절에 따른 수요까지도 예상하여 운임을 결정한다.

④ 각 국가 정부 및 항공사의 정책

운항 국가 정부의 대내외적인 교통정책 및 해당 항공사의 판매정책 등도 운임을 설정하는 요소에 반영된다.

⑤ 운송 소요비용

해당 노선 운항 시 소요되는 유류비용 혹은 해당 도시 및 공항에 적용되는 세금이나 추가 비용 등 도시간의 항공운송에 소요되는 비용 등이 결정 요소에 포함된다.

3) 항공운임의 분류

① 정상운임(Normal Fare)

일반적으로 항공사가 항공운임 결정 시 가장 먼저 만드는 것이 정상운임의 형태이다. 편도운임 및 왕복운임을 여정의 형태에 맞게 사용하도록 설정되어 있으며 여행일자, 체류횟수, 예약변경, 발권시점 및 환불 등에 대한 제한이 없는 것이 특징이다. 유효기간은 첫 구간은 발행일로부터 1년이며, 나머지 구간은 첫 구간 사용일로 부터 1년 유효하다.

② 특별·판촉 운임(Special Fare/Promotional Fare)

승객의 여행 형태에 따른 차별화된 판매 정책에 부합하여 개발된 운임이다. 유효기간이 1년에서 6개월, 3개월, 1개월 등 다양하게 책정되고, 여행 도중 특정 도시에서 체류하는 횟수 및 예약 변경, 발권시점 등에 따른 규정을 만들어 정상운임

보다 제한요소가 있는 반면 저렴한 운임을 사용할 수 있도록 설정하였다. 신혼부부나 이민자와 같은 여행의 특정목적을 가진 승객들을 위한 운임 역시 이에 포함된다.

③ 할인 운임

승객의 나이나 신분에 따라 할인이 제공되는 운임으로, 주요 할인 운임의 경우는 다음과 같다.

유아운임(IN: Infant)

최초 여행일을 기준으로 만 14일 이상~만 2세 미만의 좌석 비 점유승객 성인동반자 1명에 1명의 유아가 할인 가능하며 운임수준은 성인운임의 10%이다.

유아가 2명인 경우 나머지는 child의 운임을 적용하며, 운임수준은 성인 운임의 75%이다.

소아운임(CH: Child)

최초 여행일을 기준으로 만2세 이상~12세 미만 승객으로 성인동반자가 동반하는 승객에 한하며 운임수준은 지역별 차이가 있으나, 대체로 성인요금의 75% 수준이다.

비동반 소아운임(UM: Unaccompanied Minor)

항공여행을 하는 어린이들에게 공항에서부터 목적지 공항의 최종 보호자에게 인계될 수 있도록 제공하는 서비스로 UM의 경우 우리나라 항공사는 만5세~만12세 미만을 대상으로 하지만 항공사에 따라 한두 살의 나이차이가 있을 수 있으므로 이용하는 해당항공사에 문의를 하는 것이 좋다.

항공요금은 일반적으로 성인요금의 100%를 징수하나 항공사의 규정에 따라 부가요금을 징수하는 금액이 다를 수 있고 국내선 또는 국제선에 따라서도 상이 할 수 있으니 해당 항공사의 규정을 따르는 것이 좋다.

4) 항공권의 발행

전자 항공권 발행 확인서

E-Ticket Passenger Itinerary & Receipt

abacus

담당자 : SABRE 교육 TEL : 02-2127-8933 FAX : 000-0000 2020 / 04 / 28

승객 정보 (Passenger Information)

- 승객 성명 (Passenger Name) : JUNG/TAEYEONMS
- 항공권 번호 (Ticket Number) : 9883745280261
- 예약 번호 (Booking Reference) : 1B-EJPLAF

여정 정보 (Itinerary Information)

OZ 721 ASIANA AIRLINES

	도시/공항	일자/시각	클래스	상태	운임	NVB	NVA	Baggage
출발	SEOUL INCHEON INT	05MAY 09:00	Y	OK	YLKS		05MAY21	1PC
도착	HONG KONG							

OZ 746 ASIANA AIRLINES

	도시/공항	일자/시각	클래스	상태	운임	NVB	NVA	Baggage
출발	HONG KONG	08MAY 00:30	Y	OK	YLKS		05MAY21	1PC
도착	SEOUL INCHEON INT							

항공권 정보 (Ticket Information)

- Issue Date / Place (IATA No.) : 28APR20 / Z60D (99999992)
- Restriction (Endorsement) : MILE UG J/C/D/Y/B/M ONLY/NONENDS
- Form of Payment / Tour Code : CASH
- Fare Calculation : SEL OZ HKG396.54OZ SEL396.54NUC793.08END ROE1191.04222
- Fare Amount : KRW944600
- Tax / Fee / Charge : 28000BP 19100HK 14400G3 800015
- Total Amount (Fare + Tax) : KRW1014100

드리는 말씀 (Remarks)

즐거운 여행되세요. 감사합니다.

- 본 전자항공권 발행확인서는 탑승수속/ 입출국/ 세관 통과시 요구될 수 있으므로 전 여행기간 동안 소지하시기 바랍니다.
- 본 전자항공권 발행확인서의 이름과 여권상의 이름은 반드시 일치해야 하며, 위/변조시 법적인 책임이 따를 수 있습니다.
- 일반적으로 공항 탑승 수속 마감은 항공편 출발 1시간전이므로, 최소 2시간 전에 공항에 도착하시기 바랍니다. 단, 항공사에 따라 탑승수속 마감시간이 다를 수 있으니 반드시 재확인하시기 바랍니다.
- 공동 운항편의 탑승 수속은 운항 항공사에서 이루어지며, 운항사의 규정에 따라 탑승수속 마감시간이 다를 수 있습니다.
- 무료 수하물 허용량을 초과하는 경우, 초과 수하물 요금이 부과될 수 있으며, 일부 항공사의 경우 탑승수속시의 수하물 규정이 전자공권 발행확인서의 무료 수하물 규정과 다를 수 있습니다.
- '사전좌석배정'을 완료한 경우, 항공기 출발 70분 전까지 수속하지 않으면 예약(사전 배정 좌석)이 취소될 수 있습니다.
- 항공사 사정 및 써머타임 적용 등 운항시각의 변경을 대비하여, 여정의 출국 및 귀국 탑승일 기준 72시간 전에 항공기 출발/ 도착 운항시각의 재확인을 권고 드립니다. 미 확인 시 발생되는 문제로 인해 고객 본인 부담이 발생할 수 있습니다.
- 개인정보 보호정책 공지: 고객의 개인정보는 각 항공사의 개인정보정책에 의거하여 처리되며 항공편 예약이 예약시스템 서비스 제공업체 (GDS)를 통하는 경우 해당업체의 개인정보정책을 따릅니다. 자세한 정보는 http://www.iatatravelcenter.com/privacy 혹은 해당 항공사나 서비스 제공업체를 통해 확인할 수 있습니다. 고객의 항공편 예약과 관련하여 개인정보가 어떻게 수집, 저장 및 이용되고,(공동운항의 경우) 제휴사에 제공 및 위탁되는지에 대한 안내문을 참조하시기 바랍니다.

외교부 해외안전여행

대한민국 국민이 이라크, 아프가니스탄, 소말리아, 시리아, 예멘을 여행하는 것은 법에 의해 금지되어 있습니다.
안전한 해외여행을 위해 여행목적지 여행경보단계를 꼭 확인하세요 (www.0404.go.kr)
여행 전 해외여행자 사전등록제 '동행'에 가입하시면 여행국가의 안전정보를 이메일로 받아 보실 수 있습니다.
스마트폰 앱 스토어에서 '해외안전여행'을 검색! 해외에서의 긴급연락처도 받아가세요.
해외여행 중 사건&사고로 인해 도움이 필요한 상황에 처하시면 영사콜센터에서 유용한 안내를 받으실수 있습니다. (+82-2-3210-0404)

CHAPTER 04

항공기

SECTION ▸

01. 항공기의 이해

02. 항공기의 구조

01 S·E·C·T·I·O·N

항공기의 이해

01 항공기의 정의 및 분류

1) 항공기의 정의

국제민간항공기구에서 항공기란 공기의 반작용으로 안전하게 하늘을 날 수 있는 비행기, 비행선, 글라이더, 회전익 항공기 등으로 정의하고 있으며, 항공법 제2조에서는 비행기, 비행선, 글라이더, 회전익 항공기라 하며, 그 밖에 대통령령으로 정하는 것으로서 항공에 사용할 수 있는 기기를 항공기"라고 정의내리고 있다.

항공기에는 기구, 비행선 등의 경항공기가 속한다. 기구 같은 경우는 자체적인 추진 장치가 없어 바람의 흐름이 기구의 방향에 큰 영향을 미치고, 비행선은 엔진 및 프로펠러로 이루어진 추진장치가 있어 기구와 같이 바람 방향에 따라 움직이지 않고, 자유로이 날 수 있으며 비행기, 글라이더, 헬리콥터 등 중항공기가 이에 속한다.

비행기나 글라이더는 날개가 고정되어 있는 고정익 항공기이므로, 일정 속도 이상으로 비행해야만 기체를 들어 올릴 수 있는 양력을 얻을 수 있다. 고정익인 비행기와 글라이더 사이에도 큰 차이점이 있는데, 비행기에는 추진장치가 있으나 글라이더에는 추진장치가 존재하지 않는다는 것이다.

헬리콥터의 경우에는 회전익을 가지고 있어, 제자리에 일시적으로 떠있는 비행이 가능하며, 현재 널리 이용되는 드론도 같은 원리이다.

항공기의 탄생과 발전과정은 다음과 같다.

표 4-1 ▸ 항공기의 탄생과 발전과정

구분	내용
인류 최초비행	인력에 의한 날개치기 비행기 최초 설계(레오나르도 다빈치)
기구 이용비행	18세기 말 프랑스인이 기구를 발명하여 파리상공 비행
최초 동력비행	1903년 라이트형제가 가솔린엔진을 장착한 복엽 글라이더로 12초 동안 400m 비행
근대항공기 개발	1908년 근대항공기의 원형인 단엽식 비행기를 개발하여 영·불해협 횡단
민간여객기 개발	1933년 B247 쌍발기를 완성하여 본격적인 여객수송 개시
제트여객기 등장	1952년 여객기 Comet가 등장하여 시속 780km, 비행거리 2,400km 비행, 여객정원 36명
B707 등장	1954년 미국 최초의 제트여객기 B707 등장
초음속기 등장	1969년 영국과 프랑스 합작으로 최초의 초음속(마하 2.2) 콩코드 등장

출처: 정상천(2002), 기내구조 및 비행안전, 기문사

2) 비행원리의 이해

공기는 비행을 가능하게 하는 필수요건으로 공기의 흐름을 이용하는 것은 항공기가 나는데 매우 중요한 요소이다. 기본적으로 '중력, 양력, 항력, 추력'은 항공기

에 미치는 중요한 힘이기 때문에 비행원리를 제대로 이해하려면 이러한 힘의 작용을 정확하게 파악해야 한다.

① 중력(gravity)

중력이란 '질량이 있는 모든 물체 사이에는 서로 끌어당기는 만유인력이 작용하는데, 특히 지구가 물체를 잡아당기는 힘(두산백과)' 이라고 정의할 수 있다. 즉, 모든 사물은 만유인력의 법칙으로 지구 중심으로 떨어지려는 성질을 가지고 있다. 따라서 비행기가 날기 위해서는 물체를 잡아당기는 중력을 이겨낼 수 있는 양력이 필요하다.

② 양력(Lifting force)

양력은 '고체와 유체 사이에 움직임이 있을 때 그 움직임에 수직한 방향으로 발생하는 힘으로, 비행기나 새의 날개에 작용하여 하늘을 날 수 있게 하는 힘(두산백과)' 이라고 정의할 수 있다. 즉, 양력은 다시 말해 물체를 위로 상승하게 하는 힘으로, 비행기 날개에 속도가 가해졌을 때 비행기 날개의 위쪽 공기가 아래쪽 공기보다 더 빠르게 움직이면서 발생하는 기압차가 비행기를 공중으로 상승시키는 힘을 말한다.

③ 항력(Drag force)

항력이란 '물체가 유체 안에서 상대적으로 움직일 때 움직이는 방향의 반대 방향으로 작용하여 물체의 운동을 방해하는 힘을 말하며, 저항력 혹은 끌림 힘(두산백과)' 이라고 정의할 수 있다. 즉, 비행기나 선박처럼 어떠한 물체가 기체나 액체 내에서 운동할 시 유체의 운동방향과 반대방향으로 발생하는 저항을 항력이라 말한다.

항력이 발생하는 원인은 여러 가지가 있는데, 유체(기체, 액체)의 종류와 운동하는 물체의 형태 그리고 크기 및 속도에 따라 다르게 나타난다. 또한, 속도가 커지면 물체 뒤에 와류(vortex; 유체의 회전운동에 의하여 주류와 반대방향으로 소용돌이치는 흐름으로 강하게 회전하면서 흐르는 유체의 형태를 소용돌이 혹은 와류라고 함)가 발생하여 항력을 증대시킨다. 일반적으로 비행기나 자동차, 열차, 선박 등의 외관은 항력의 최소화를 고려하여 설계된다.

④ 추력(Thrust)

추력은 '추신제가 주위의 유체를 밀어내거나 연료를 연소하여 분사함으로써 그에 대한 반작용으로 받는 추진력(두산백과)'을 말하는 것으로, 프로펠러가 회전하거나 제트엔진이 연소가스를 분사하여 반동에 의해 생기는 추진력을 일컫는다.

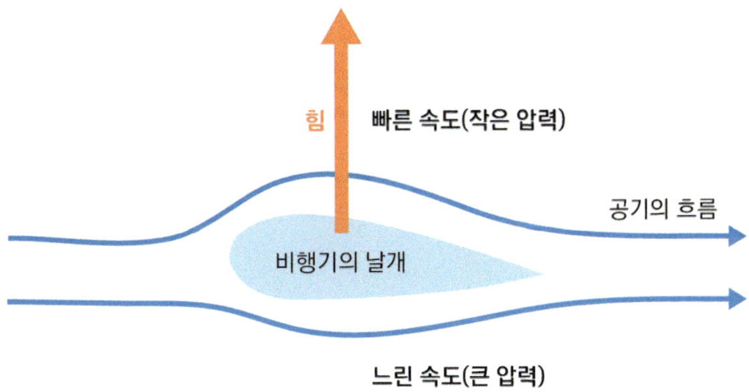

그림 4-1 ▸ 비행의 원리

3) 항공기의 분류

항공기 분류 기준에는 크게 성능과 항공기의 용도가 있다. 성능은 항공기의 무게와 양력을 발생시키는 방법, 항공기의 날개 및 엔진 수와 속도 등에 따른 장치가 이에 속하며, 성능으로는 항공기 엔진의 추력방식, 운송대상 및 항공기와의 연계여부 등이 이에 속한다. 구체적인 분류는 다음과 같다.

◎ 동력장치의 유무에 따른 분류

글라이더가 무동력기의 대표적인 예이며, 동력기는 날개의 형태에 따라 고정익과 회전익 비행기로 분류할 수 있다.

그림 4-2 ▸ 활공기(Glider)

그림 4-3 ▸ 헬리콥터(Helicopter)

◎ 무게에 따른 분류

무게에 따른 분류는 공기를 기준으로, 공기보다 가벼운지 혹은 무거운지에 따라 분류하다. 기구와 비행선 같은 경우 공기보다 가벼운 항공기에 속하며, 공기보다 가벼운 항공기는 기구와 비행선 등이 있다.

그림 4-4 ▸ 기구(Balloon)

출처: https://www.scienceall.com

그림 4-5 ▸ 비행선(Airship)

날개 위치와 모양에 따른 분류

날개가 장착된 위치와 모양에 따라 분류되며 날개가 비행기 동체에 수직으로 결합되는 위치에 따라 고익기(High wing), 중익기(Mid wing), 저익기(Low wing)형 비행기로 구분된다.

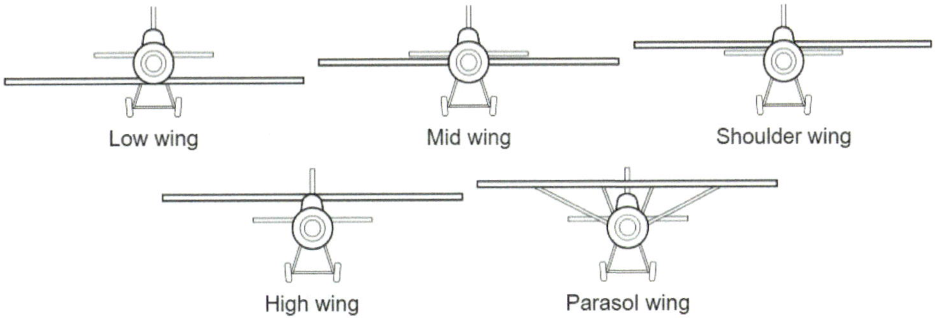

출처: https://groupidea.com

그림 4-6 ▸ 날개모양에 따른 분류

고익기의 경우에는 비행기의 무게중심인 동체보다 양력이 발생되는 날개의 위치가 위에 있어서 양력이 효율이 높으며, 안정성도 좋은 편이다. 따라서 수송기와 같은 안정성을 중시하는 비행기에서 볼 수 있는 유형이다.

저익기의 경우에는 동체 아래쪽에 날개가 있기 때문에 기동성이 특출 나지만 양력과 안전성은 고익기에 비해 떨어진다. 이에 날개가 바깥으로 이어지면서 위로 들려지는 형태로 설계하여 안전성을 보완하고 있다.

중익기는 고익기와 저익기의 중간 형태로 전투기에 사용되는 형태이다. 양력이 좋은 고익기의 장점과 기동성이 좋은 저익기의 장점을 갖춰, 날개 밑에 미사일과 폭탄 등을 신도록 설계하였다.

날개 위치에 따른 분류 외에 날개의 평면 모양에 따라 직선익, 타원익, 삼각익, 후퇴익, 전진익 등으로 나눌 수 있다.

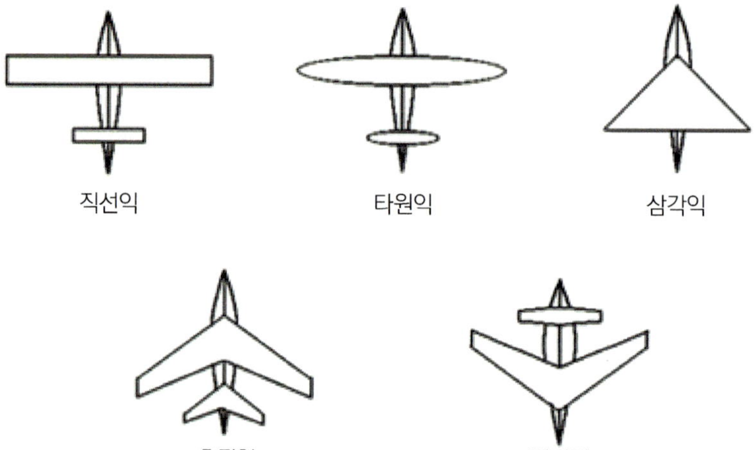

출처: http://seohaeair.com

그림 4-7 ▸ 날개모양에 따른 분류

○ 엔진의 수와 종류에 따른 분류

항공기 기관의 수에 따라서는 단발, 쌍발, 다발로 나뉘며, 기관의 종류에 따른 분류에는 왕복기관 항공기, 제트기관 항공기가 있다.

왕복엔진의 경우 기본적인 원리는 열에너지를 기계적 에너지로 바꾸는 것이다. 즉, 연료와 공기가 혼합된 가스를 실린더 속으로 주입, 압축하여 스파크 플러그(Spark Plug)로 점화, 연소, 폭발시켜 강한 팽창력을 얻는 것이다. 항공기에 사용되는 왕복엔진은 이처럼 흡입 → 압축 → 폭발 → 배기의 4단계를 거치게 된다. 왕복엔진은 추력이 낮고 진동이 많아 지속적인 연구 끝에 1950년대 가스터빈엔진이 상용화되기 시작하였다.

출처: Aviation stack exchange

그림 4-8 ▸ 프로펠러 장착 항공기 왕복기관

제트엔진의 경우 대부분이 가스터빈엔진으로 만들어지기 때문에 가스터빈과 동일한 의미로 쓰인다. 가장 먼저 개발된 항공기용의 가스터빈엔진은 터보엔진인데, 이는 구조가 매우 간단하고, 왕복엔진처럼 왕복운동을 회전운동으로 변환하지 않아도 되기 때문에 진동이 적다. 터보팬 엔진은 터보제트 엔진의 구조에 엔진을 통과하는 공기량을 늘려 출력을 높이기 위해 팬을 추가한 엔진이다. 이외에도 터보팬과 비슷하나 팬 대신 프로펠러를 설계하여 추력의 대부분을 프로펠러에서 얻는 터보프롭 엔진이 있다. 이는 구조가 간단하여 가벼운 동시에 큰 추력을 낼 수 있는 장점이 있다.

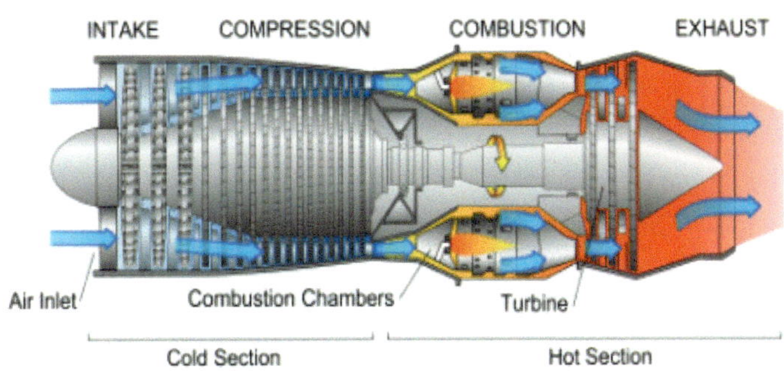

출처: http://www.kaupress.com

그림 4-9 ▸ 가스터빈엔진

○ 항공기의 용도에 따른 분류

크게 군용기와 민간항공기로 구분할 수 있고, 군용기에는 정찰기, 전투기, 훈련기 등이 있다.

그림 4-10 ▸ 수송기

출처: http://www.aviation.co.kr

그림 4-11 ▸ 전투기

○ 운송대상에 따른 분류

운송대상에 따라 민간용 항공기는 여객기와 화물기로 구분할 수 있다. 여객기는 운송가능 인원수에 따라서 100석 이상의 경우에는 대형 여객기, 100석 이하(51~75석) 리저널 제트기(Regional Jet), 10명 내외의 비즈니스 제트기(Business Jet) 등으로 분류한다.

02 항공기의 발달과정

1) 항공기의 발달과정

1505년 레오나르도 다빈치가 비행기의 기본원리와 구조를 발표하였고, 1810년 영국의 과학자인 조지케일리가 논문에서 날개에 작용하는 양력(Lift), 항력(Drag), 추력(Thrust), 중력(Weight)의 네 가지 힘으로 비행이론을 정립하였다.

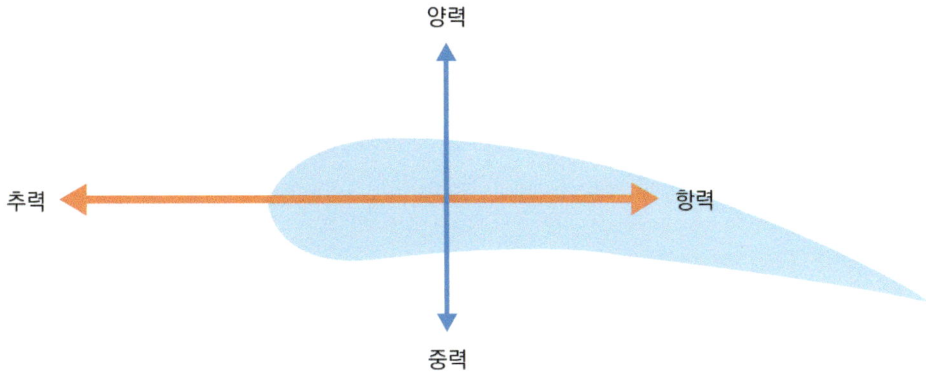

그림 4-12 ▶ 항공기 날개에 작용하는 힘

그 후 1903년 12월 미국의 라이트 형제는 항공이론을 기반으로 가솔린 기관이 장착된 플라이어(Flyer)호를 이용하여 12초간 36m 동력 비행에 성공하였다.

1914년 제1차 세계대전 중 성능이 급속도로 향상된 항공기는 1919년 종전 직후, 전 세계적으로 비행기를 이용한 여객수송의 정기항로가 개설될 정도로 성능이 매우 향상되었다. 이 시기 각국에서는 경쟁적으로 비행의 거리를 늘이고 속도를 증가시키기 위해 연구하고 도전하여, 미국의 찰스 린드버그 2세는 Spirit of St. Louis를 이용하여 1927년 5월, 비행거리 5,809km에 이르는 뉴욕과 파리 사이의 대서양 무착륙 횡단을 성공하였다.

그림 4-13 ▶ Spirit of St. Louis

1937년 영국의 프랭크휘틀(Frank Whittle)이 최초로 제트기관을 개발하였고, 1939년 독일의 하인켈 사(Heinkel Flugzeugwerke)가 He-178이라는 제트 비행기를 최초로 제작하면서 본격적인 제트 비행시대가 시작되었다. 제2차 세계대전 이후 항공기 성능은 더욱 발전하여, 종전 후 본격적인 상업용 여객기의 시대가 시작되었다.

그림 4-14 ▸ He-178

2) 여객기의 발달과정

1913년 12월 러시아에서 승객 16명을 태우고 비행한 시코르스키 일리야 무로메츠(Sikorsky Ilya Muromets)가 세계 최초 여객 항공기로 기록되고 있으나, 1914년 제1차 세계대전으로 인해 상업용 여객기로 사용되지는 못하였다.

이후 제1차 세계대전이 끝나고 1919년 프랑스 군용기로 사용되었던 파르망 F60 골리앗(Farman F60 Goliath)을 여객기로 개조하여 이용함에 따라 유럽에서 상업용 여객기 시대가 열렸다.

그림 4-15 ▸ Farman F60 Goliath

또한 1919년 8월, 4명의 승객이 탑승할 수 있는 에어코 DH,16(Airco DH,16)는 AT&T(Aircraft Transport & Travel Limited)사에 의해 런던-파리 구간에서 세계 최초의 정기 국제노선을 운항하게 되었다.

그림 4-16 ▸ Airco DH16

1930년대는 대형 항공사들이 설립되는 등 여객기 산업이 괄목할만한 성장을 이룬 시기이다. 이 시기 설립된 항공사는 대표적으로 영국의 Imperial Airways, 독일의 Lufthansa 및 네덜란드의 KLM, 미국의 United Airlines 등이 있다. 이외의 역사적으로 중요한 금속항공기인 Boeing 247과 14인승 Douglas DC-2가 비행을 시작하면서 속도와 안전성 측면이 모두 보완되었다는 것이다.

그림 4-17 ▸ B-247

그림 4-18 ▸ DC-2

1943년에는 여압조절이 가능한 여객기가 발명되었고, 1949년에는 세계 최초의 제트 여객기인 Comet(코메트)의 발명으로 본격적인 제트 여객기의 시대가 시작되었다.

이후 미국의 Boeing 707, Douglas DC-8 및 Convair 880 등의 제트여객기 등장에 이어 1960년대에는 Douglas DC-9, Boeing 727 등의 제트 여객기가 상용되었다. 또한 보잉사의 베스트셀러 항공기인 Boeing 737이 1967년 4월 비행을 시작하였으며, 1969년 영국·프랑스 합작의 초음속 여객기인 콩코드(Concorde)가 첫 비행에 성공한 후 1976년 상업 비행을 시작하여 27년간 운용되었다.

그림 4-19 ▸ Concord

1970년대에는 유럽, 미국 등지에서 다양한 종류의 제트 여객기가 제작되었고, Boeing 747과 같은 광동체(wide-body) 항공기가 개발되어 여객기 시장을 확대시켰다.

1980년대에는 유럽의 항공기 제작 회사인 Airbus사가 항공여객기 시장에 뛰어들어 현재까지 Boeing사와 함께 경쟁하며 시장을 양분하고 있다. Airbus사는 보잉 등 미국 기업이 오랜 기간 독주하던 민간 여객기 시장에 유럽 연합 형식으로 설립되었으며, A-300으로 시작하여 A-320, A-330, A-340, A-350, A-380 등 다양한 시리즈를 생산하고 있으며, 일부기종은 생산이 중단되었다.

3) Boeing사의 항공기

① B-737

Boeing 737은 미국의 Boeing사에서 최초로 중단거리 90인승 제트엔진 여객기를 개발하여 130인승까지 확대 개량되었으며, 737-900 같은 경우 200명 이상 탑승이 가능하다. 보잉 737 시리즈는 1968년 처음으로 상업 운항을 시작한 후 현재까지 생산 중인 보잉의 최장수 모델이며, 전세계에 가장 많이 판매된 모델이다.

그림 4-20 ▸ Boeing 737-100

1980년대 엔진과 날개 모양을 보완하여 동체가 더 긴 B737-300, B737-400, B737-500(Boeing 737 Classic Series)을 출시했다.

그림 4-21 ▸ Boeing 737-300

1990년대에는 Boeing 737 Next Generation(NG)을 출시하였고, 동체 길이에 따라 B737-600, B737-700, B737-800 및 B737-900 TYPE으로 구성하여 현재 우리나라 대한항공과 저비용항공사에서 사용하고 있다.

그림 4-22 ▸ Boeing 737-600

그림 4-23 ▸ Boeing 737-900

2010년대에는 윙렛이 장착된 737 MAX 시리즈가 출시되어 2017년에 서비스를 시작하였으나 조종석 내 시스템의 중대한 결함으로 2018년 10월 라이온에어, 2019년 3월 에티오피아항의 737 MAX-8 항공기가 연이어 추락하며 737 맥스 기종의 운항이 중단되었다.

그림 4-24 ▸ Boeing 737-MAX

② B-767

Boeing사가 개발한 최초의 중형 광동체 쌍발 제트 여객기로, 보잉사의 최초 국제적 개발 프로젝트로서 일본의 기업들이 참여하였다. B-767은 연료 절감을 위해 2개의 터보 팬 엔진을 사용하고, 항력 감소를 위해 공기 역학적인 날개가 설계되었다. 약 181~375명을 수용할 수 있고, 항속 거리는 7,130~11,825km이다.

B767-200 항공기는 1978년에 생산이 되면서 1981년부터 1994년까지 생산된 보잉 767 항공기의 최초 모델로, 1982년에 유나이티드 항공(United Airlines)이 운항을 시작했다. 또한 767-200에 연료 용량 증가 등의 개량을 더해 항속 거리를 늘린 B767-200ER은 1984년에 상용화 되었고, 1986년에는 B767-300, 1988년에는 B767-300ER과 화물기인 B767-300F, 2000년에는 B767-400ER이 운항을 시작하였다.

그림 4-25 ▸ Boeing 767-200

그림 4-26 ▸ Boeing 767-300

두 개의 엔진을 사용하여 연료가 절약되고, 기내 통로가 2개인 광동체인 만큼 많은 승객을 수송하고 신뢰성이 향상되어 북미대륙-유럽을 연결하는 대서양 횡단 비행에 가장 많이 사용된다.

③ B-777

Boeing 777은 Boeing사에서 개발한 쌍발 대형 광동체 장거리용 제트 여객기이다. 쌍발기(twin-engine jet)중 가장 크며, 세계에서 가장 큰 쌍발 제트엔진을 갖추어 314~396명의 승객을 수용할 수 있다.

트리플 세븐(Triple Seven) 이라는 별칭을 가지고 있는 Boeing 777은 최대 크기의 터보팬 엔진, 레이크 날개로 이루어져 있고, 단면이 완전 원형인 동체를 특징으로 한다.

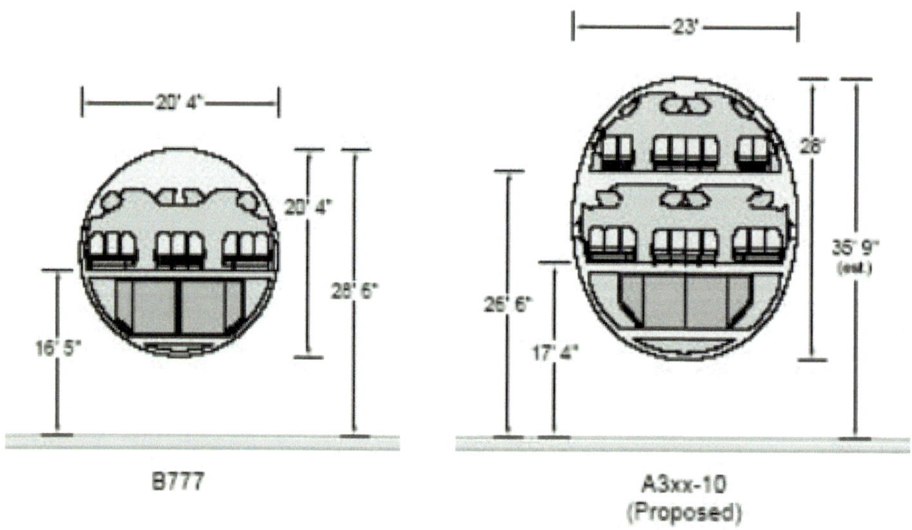

B777 동체 횡단면 A380 동체 횡단면

그림 4-27 ▸ B777, A380 동체 단면 비교

또한 Boeing 777의 큰 특징 중 하나는 Boeing사 최초로 컴퓨터에 의해 비행이 제어되는 Fly-by-wire 기술이 적용되어 완전한 컴퓨터 프로그램으로 설계된 상업용 항공기라는 점이다.

B777-200은 1994년 취역한 보잉 777 시리즈의 최초 모델의 기본형으로 미국 본토 내에서 국내선 운항을 위해 제작되었으며, 9,700km를 순항하여 대서양 횡단 노선에도 운용할 수 있도록 제작되었다. 1995년 5월 유나이티드 항공에 최초로 인도되었다. 1997년 B777-200ER이 출시되었는데, 이는 777-200의 연료 탱크를 증설, 항속거리를 증가시킨 모델이며, 세계 최장의 항속 거리를 두고 전 세계 대부분의 공항 사이를 맺을 수 있는 능력에서 보잉이 파생 형식을 월드 라이너(영어: Worldliner)라는 이름을 붙이고 있다. 최대 항속 거리는 17,446km로 2005년 11월 10일, 홍콩~런던 사이 21,600km를 중간 기착지 없이 비행하면서 에어버스 A340-500을 추월하여 민간 항공기의 최대 항속 거리 세계 기록을 경신했다. 이 기종은 2006년 2월 26일 현재 파키스탄 국제항공에 최초로 인도되었으며 이후 이라크 항공, 에어 오스트랄, 투르크메니스탄 항공, 에어 인디아, 에어 캐나다가 운영하고 있다.

그림 4-28 ▸ Boeing 777-200

그림 4-29 ▸ Boeing 777-300

1998년에는 동체 길이가 더 늘어난 B777-300이 생산되었는데, 이 기종은 기존의 보잉 747 Classic과 동일하게 최대 좌석수를 550석으로 설치할 수 있어 국내선 같은 단거리 대규모 수송에 적합하도록 설계되었다. 최대 항속 거리는 11,140km로 1998년부터 2006년까지 생산되고 있다. 이 기종은 주로 고수요 중·단거리 노선에 가장 적합한 기종이기도 하다. 이 기종은 1998년 5월 21일, 캐세이퍼시픽항공에 최초로 인도되었으며 에어버스의 에어버스 A340-600에 대항기종이다.

B777F는 777-200LR을 기반으로 만든 화물기 기종으로 2009년 2월에 비행을 시작하였다. B777-200LR은 세계에서 가장 긴 거리를 비행할 수 있는 항공기 중 하나로 2005년 11월 10일 홍콩에서 런던까지 동쪽으로 21,602km를 22시간 42분간 비행하여 상업용 항공기로서 최장거리 비행기록을 세웠다.

④ B-747

Boeing 747은 장거리용 대형 여객기며 장거리용 대형 여객기의 베스트 & 스테디셀러로 국제선 여객기의 상징과 같은 존재이다. 1960년대 장거리 항공여행의 수요 증가에 따라 큰 항공기가 필요하게 되어 1965년 B747을 설계하기 시작하였다. B747은 항공기의 앞부분에 Upper Deck, 항공기 앞쪽은 Double Deck으로 구성하여 2층 구조로 설계하였고, 좌석을 제거하고 화물기로 전환을 용이하도록 구성하였다. B747은 4개의 엔진이 장착되어 있으며, 각 Main Landing Gear에 4개의 바퀴가 장착된 이중구조로써 2개의 Main Landing Gear만으로 착륙이 가능하도록 하였다.

B747 최초의 모델은 B747-100로서 PanAm 항공사에서 1970년 1월 최초로 인도하여 서비스를 시작하였다.

B747SR은 Economy Class 단일 좌석으로 최대 498명의 승객을 수용할 수 있고, 착륙 장치를 강화한 모델로 1973년 10월 일본의 JAL 항공사에서 서비스를 시작하였다.

그림 4-30 ▸ Boeing 747-100

또한, B747SR을 변형하여 강력한 기체 및 착륙 장치를 유지하며 연료탱크 용량을 증가시킨 B747-100B를 개발하여 1979년 8월 Iran 항공과 Saudi Arabia 항공에서 서비스를 시작하였으며, 2014년 Iran항공에서 마지막 비행을 하였다.

B747-200은 탑재량이 늘어난 장거리 항공기에 대한 수요가 빠르게 증가하여 11,000km 비행할 수 있으며, 상황에 따라 여객기와 화물기로 변환이 가능한 B747-200C, 객실 뒤쪽을 화물칸으로 변형하여 승객과 화물을 동시에 실을 수 있는 B747-200M으로 추가 개발하였다.

B747-300은 Upper Deck을 더 길게 만들고, 1층인 Lower Deck에 First Class를 배치하고, Business Class는 Upper Deck으로 구성하였으며, 직선 계단 도입으로 좌석을 위한 여유 공간을 만들었다.

그림 4-31 ▸ Boeing 747-200

B747-400은 B747 항공기 중 가장 많이 생산된 모델로 날개 길이가 더 늘어났고, 주 날개 끝에 항력을 줄이기 위한 윙렛(Winglet)을 설치하여 연료효율이 향상되었다.

B747-400은 여객기(B747-400), 화물기(B747-400F), 콤비(B747-400M) 항공기 등으로 제작되었다.

그림 4-32 ▸ Boeing 747-400

Boeing사는 2005년 11월 친환경적인 B747의 새로운 모델을 출시하였으며, B747-8 Intercontinental(B747-8I)는 여객기 버전으로 최대 467명의 승객을 태우고 15,000km 이상 비행할 수 있도록 설계하여 2012년 5월 루프트한자(Lufthansa) 항공사에서 첫 서비스를 시작하였다.

그림 4-33 ▸ Boeing 747-8I

5 B-787

B-787 Dreamliner는 중형 장거리 쌍발 광동체 여객기로 보통 242~335명의 승객을 수용할 수 있다. 또한, 기체와 날개가 복합재료로 제작되어 연료효율이 20% 더 높게 설계되었다.

이외에도 전기 비행 시스템으로 항공기를 조종할 수 있도록 하여 무게를 줄이고 신뢰성을 향상시켰으며, B777과 마찬가지로 Fly-by-wire 제어시스템을 갖추어 조종사의 비행편의와 안전도를 높였다.

B787-8의 객실 창은 기타 여객기 보다 훨씬 크고, 플라스틱 차양 대신 5단계로 투명도를 조절 가능한 전자식 스마트 차양을 채택하여 승무원이 원격으로 전체를 동일하게 조절할 수 있도록 하였다.

또한, 세균, 바이러스, 오염물질 등을 제거할 수 있는 기체 여과시스템인 HEPA 필터를 기본적으로 장착하였고, 엔진 소음과 내부 소음을 감소시켜 승객의 편의성을 향상시켰다.

그림 4-34 ▸ Boeing 787-8

B787-9은 B787-8보다 동체가 약 6m 더 길고 Three-Class 운영 시 280명의 승객을 수용할 수 있는 항공기로 2013년 9월에 처음 비행하였다. 그 후 보잉사는 B777-200, A330과 A340을 대체하고 A350-900/1000과 경쟁할 수 있는 동체가 더 길어진 B787-10을 개발하여 2018년 3월 싱가포르(Singapore) 항공에서 처음으로 서비스를 시작하였다.

그림 4-35 ▸ Boeing 787-10

4) Airbus사의 항공기

① A320

Airbus 320 시리즈는 중·단거리용 쌍발 협동체 제트 여객기로 A318, A319, A320 및 A321을 포함하며, 각 기종마다 크기는 다르지만 성능은 거의 비슷하다. A320 항공기는 Airbus사가 B727, B737 등과 경쟁하기 위해 개발한 항공기로 유럽의 여러 나라에서 부품을 만들고 난 후 최종 조립은 프랑스와 독일, 중국 천진 등에서 완성품으로 만들어진다.

1970년대의 유류 파동 이후, 항공기의 연료 소비를 최소화하기 위해 에어버스는 플라이 바이 와이어(fly-by-wire) 비행 제어 시스템과 글래스 칵핏(Full Glass Cockpit)을 도입하고, 복합 소재의 기체를 설계하였으며, 항공기관사가 필요 없이 기장-부기장의 2명으로만 조종되는 시스템을 실현했다. 이러한 결과 A320은 B727의 연료 소모의 절반 정도만 소모되는 효과를 가져왔다.

A320 항공기 제품군은 최대 236명의 승객을 수용할 수 있으며 기내 시스템도 많은 부분 보완되어 기존 보다 넓은 오버헤드 빈을 장착, 큰 짐을 보관할 수 있게 되었고, 편리한 기내 엔터테인먼트 시스템과 소음 감소 및 얇은 PSU(passenger service unit)를 제공하여 공간을 확보하였다.

그림 4-36 ▸ Airbus A320

A321의 경우 동체는 A320에 비해 약 7m 더 늘어났으며, 보다 높은 추력의 엔진이 장착되었고 연료 용량이 증가되었다. A321의 주 경쟁 항공기는 B737-9000/900ER이다.

그림 4-37 ▸ Airbus A321-200

A319는 A320의 단축된 동체 변형으로 축소 버전이라 할 수 있으며, A320보다 약 4m 짧으며 124~156명의 승객을 태우고 최대 범위는 6,900km; 4,300 마일이다.

그림 4-38 ▸ Airbus A319

A318은 Airbus 320 시리즈 중 가장 작은 여객기로써 에어버스 A320 파생형이다. 107~132명의 승객을 수용할 수 있고 최대 범위는 5,700km; 3,600 마일이다. A318은 2003년 7월 프론티어(Frontier) 항공과 함께 서비스를 시작하였으며, 다른 모든 Airbus 320 제품군과 동일한 시스템을 적용하여 기존 A320 시리즈 조종사가 별도의 교육을 받지 않고 항공기를 조종할 수 있다.

그림 4-39 ▸ Airbus A318

2010년 12월에 발표된 A320Neo(신형 엔진 옵션)는 에어버스에서 개발한 차세대 협동체 제트 여객기로, Neo는 New Engine Option을 뜻한다. 개선된 Winglet과 효율적인 엔진을 장착하여 최대 15%의 연료 절감 효과를 얻었다.

그림 4-40 ▸ Airbus A320 Neo

② A330

Airbus 330은 에어버스가 보잉 767에 대항하기 위해 개발한 중형 쌍발 광동체 기로, 1987년에 A340과 같이 개발이 시작되었다. 중장거리 광동체 쌍발 제트 여객기로 335명의 승객과 70톤의 화물을 적재한 상태에서 5,000~13,430km 비행이 가능하다.

에어버스의 전통에 따라 A300의 동체를 개량하여 만들었고, 플라이 바이 와이어 시스템을 채택하여 안전성을 증대시켰으며, 항속거리와 연비가 뛰어나 현재 대한항공, 델타 항공, 에어 프랑스를 비롯한 많은 항공사에서 다수 운용하고 있다.

A330-300은 보잉777과 맥도널 더글러스 MD-11의 경쟁 기종으로 대부분의 유럽 국가에서 운용 중이며, 동체 길이가 약 64m에 이르며, 295~400석의 구조를 가지고 10,500km를 순항할 수 있게 만들어졌다.

그림 4-41 ▸ Airbus A330-300

A330-200은 기존의 동체를 줄이고 항속거리를 늘린 파생형으로, 최초 발주 운용 항공사는 대한항공으로 1998년에 인도되었다. 기존 A330-300의 동체에서 약 5m 축소된 59m의 전장과 항속거리가 13,400km로 태평양 횡단이 가능해졌다.

그림 4-42 ▸ Airbus A330-300

③ A350

Airbus사의 A350 XWB는 에어버스의 중형 쌍발 광동체로서 에어버스 기종 중 처음으로 동체와 날개의 대부분이 강화 탄소 섬유로 제작되었다.

A350의 기내 습도는 약 20%를 유지할 수 있으며 기내 압력고도가 6,000ft 이내로 조절되고 창문도 넓어졌다. 또한 100% LED 조명을 사용하여 무드 조명 시스템을 도입하였고, 소음도 기존의 항공기보다 1/4 수준으로 낮추었다.

A350-900은 약 310명의 탑승 인원에 최대 항속거리는 15,000 km 정도로, 주문한 항공사들 중에서 가장 많이 주문한 기종으로 알려져 있다.

그림 4-43 ▸ Airbus A330-300

A350-1000은 약 366명의 탑승 인원에 최대 항속거리는 14,800 km 정도로, A350 기종 중 길이가 가장 길다(약 74m). 약 366명의 승객이 탑승할 수 있고, 14,800km를 비행할 수 있다. Airbus 340-600을 대체하고 B777-300ER 및 B777-9과 경쟁하도록 설계되었으며, B777-300ER에 비해 좌석 당 연료소모율을 약 25% 절감했다.

그림 4-44 ▸ Airbus A350-1000

④ A380

Airbus380은 에어버스가 개발한 2층 구조의 초대형 4발 항공기로 세계에서 가장 큰 여객기이고, A380을 수용하기 위하여 다수의 공항이 접현(Bridge) 시설을 추가로 설치하였다. 대형 항공기 시장을 독점하고 있는 보잉 747에 대항하기 위해 2000년 12월 개발에 착수하여 2005년 4월 에어버스의 본사가 있는 프랑스 오트가론주 툴루즈에서 첫 비행을 하였다. A380은 항공기에 면세점, 운동시설, 카지노 등의 여러 가지 편의 시설을 설치하는 것에 기반을 두었으며, 이전 세대의 항공기에 비해 소음이 적고 높은 기내 압력이 유지되어 승객의 피로도를 줄일 수 있다.

A380 출시 전까지의 가장 큰 여객기는 B747이었다. B747의 최신 기종은 A380보다 길이가 더 길지만 폭은 A380이 12미터 더 길고, 전체가 2층 구조로 되어 있어 동체 중 앞쪽만이 2층인 보잉 747에 비해 높기 때문에 좌석을 많이 놓을 수 있는 장점이 있다.

A380은 2007년 10월 싱가포르항공에서 첫 상용 서비스를 시작하였으며 Emirates 항공사는 A380의 가장 큰 고객으로 100대 이상의 A380을 운용하고 있다.

그림 4-45 ▸ Airbus A380

02 SECTION

항공기의 구조

01 항공기의 외부구조

항공기 기체는 다양한 부분으로 구성되어 있으며 크게 동체, 주날개, 착륙장치, 조종면 엔진 장착부 등으로 나눌 수 있다. 조종면은 보통 날개의 뒤쪽에 보조날개의 형태로 장착되며 에일러론(Aileron), 승강타(Elevator), 방향타(Rudder), 플랩(Flap) 등이 포함된다.

그림 4-46 ▸ 항공기의 외부구조

1) 동체

동체는 항공기의 중심부분으로 날개와 엔진착륙장치가 장착되며, 조종실과 객실, 화물칸 등의 공간을 구성하며 항공기의 외형을 결정하는 부분이다.

2) 날개

날개는 항공기 동체의 위쪽, 중간 혹은 아래쪽에 장착되며, 날개의 장착 위치에 따라 각각 고익(High-wing), 중간익(Mid-wing), 그리고 저익(Low-wing) 항공기라 하며, 항공기 날개의 개수에 따라 단엽기와 복엽기로 분류할 수 있다.

날개는 크게 주익(Main Wing), 미익(Tail Wing), 보조익(Aileron), 플랩(Flap), 스포일러(Spoiler), 꼬리날개(Tail Wing)로 이루어져 있다.

① 주익(Main Wing)

항공기 동체 중심 부분의 좌우에 달린 큰 날개를 지칭하며, 비행 중 공기로부터 양력을 받아 비행기를 뜨게 하고 연료 수용공간으로 사용된다.

② 미익(Tail Wing)

이·착륙 시 방향 조작과 기수를 상·하로 조작하는 역할을 하며 수평 안정판과 수직 안정판으로 구성되어 있다.

③ 보조익(Aileron)

보조익은 비행 방향을 전환하는 역할을 하는 장치로서, 이체의 좌·우 안정을 유지하고 항공기 선회운동(Rolling)을 가능하게 하는 장치이다.

④ 플랩(Flap)

플랩은 비행기의 주익에 장착된 보조 조종 장치로, 이·착륙 시 양력을 증가시키는 역할을 한다. 플랩은 주익 뒤쪽에 장착된 고양력 장치(High Lift Device)의 일

종으로 이·착륙 시 양력 증가 역할을 할 뿐 아니라, 항력도 증가되어 활주로 접근과 착륙 시의 감속에도 기여한다.

⑤ 스포일러(Spoiler)

공기의 흐름을 변형시킬 수 있는 변형기로, 공기의 흐름을 방해하고 에어포일에서 발생하고 있는 양력을 제거시키는 역할을 한다. 또한 비행기 속도를 감소시키는 등 브레이크의 역할을 한다.

⑥ 꼬리날개(Tail Wing)

항공기의 안정성을 위한 부분으로 '미익부'라 불리기도 하며, 수평 안정판과 수직 안정판으로 구성되어 있다.

3) 착륙장치(Landing Gear)

항공기의 착륙 및 지상 활주를 위한 장치로써 착륙 시에는 항공기에 전달되는 충격을 최대한 줄이고, 활주 시에는 원하는 방향으로 활주할 수 있도록 돕는 역할을 한다. 장착방법에 따라 분류할 수 있는데, 날개나 동체에 고정시켜 동체나 날개 안쪽으로 접어 넣을 수 없는 고정식 그리고 날개나 동체 안에 집어넣을 수 있는 접이식 착륙장치로 분류된다.

랜딩기어는 착륙 시 발생하는 충격을 흡수하기 위한 완충장치, 지상 활주를 위한 바퀴, 방향전환을 위한 조향장치, 제동장치로 구성되어 있다.

4) 도어(Door)

항공기 도어는 일반적인 상황에서는 출입구로 사용되고, 비상상황 시에는 탈출구로 사용한다. 따라서 항공기의 도어에는 비상탈출 시 사용하는 슬라이드(Slide)가 장착되어 있다. 보통 항공기 Main deck의 경우 좌·우 각각 4~5개씩 도어가 있고, B-747 Upper Deck의 경우 좌·우 2개의 도어가 있다. 일반적으로 L1, L2 도어를 승객 탑승 시 사용하며, 기내 케이터링(Catering) 작업 시에는 L Side 후방의 맨 끝 도어를 사용한다.

02 항공기의 내부구조

1) 조종실(Cockpit)

조종실은 운항승무원(Flight Crew)이 여객기를 통제하고 조종하는 공간으로 항공기의 최전방에 위치하고 있다.

조종실의 도어는 운항승무원의 허락 없이 절대 출입이 불가하며, 잠금장치가 되어 있고, 일부 항공기는 장거리 비행을 위해 조종실 안쪽에 운항 승무원의 휴식을 위한 휴식 공간(Flight Crew Rest Area)이 설치되어 있다.

그림 4-47 ▸ B767-400 조종실의 내부 모습

2) 객실(Cabin)

객실은 승객의 탑승 공간으로, 일반적으로 도어를 기준으로 구역별로 나눠지는데, 일반적으로 대형기는 5~6개의 구역, 중형기는 3~4개의 구역, 소형기는 2개의 구역으로 나뉜다.

통로가 1개인 항공기를 협동체(B737, A320 등), 통로가 2개인 항공기는 광동체(B777, A380 등) 여객기라고 한다. 각 구역별로 비상구, 갤리(galley), 화장실(Lavatory), 승객의 짐과 옷을 보관하는 코트룸(Coat room), 그리고 승객 좌석과 승무원 좌석(Jump seat) 등으로 구성된다.

일반적으로 좌석 등급에 차등을 두어 운항하며, 보통 일등석, 비즈니스석, 일반석으로 구성된다.

3) 화장실(Lavatory)

화장실은 벌크헤드 또는 갤리(galley) 근처, 항공기 전·후방에 위치하고 있으며, 항공기의 크기와 기종에 따라 화장실의 수가 상이하다. 화장실의 변기는 두 가지 타입으로 Water Flushing 타입과 Air Vacuum 타입이 있는데, Water Flushing 타입은 변기의 물을 내리는 방식이며, Air Vacuum 타입은 기내압력과 외부압력차를 이용하여 화물칸에 장착된 탱크에 버리는 방식이다.

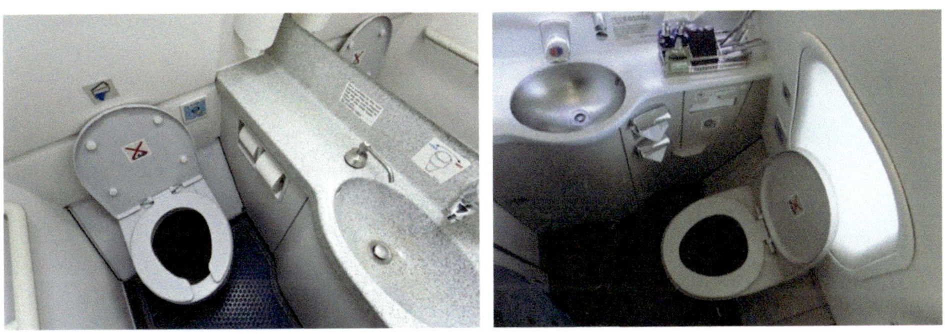

그림 4-48 ▸ 기내화장실

기내의 모든 화장실은 금연구역이며, 연기감지용 Smoke Detector가 설치되어 있다.

4) 벙크

장거리 비행 시 승무원들의 휴식을 위한 공간으로 간이침대 형식으로 장착되어 있으며, 기종에 따라 위치와 침대 수가 상이하고, 이·착륙 시에는 사용이 금지된다.

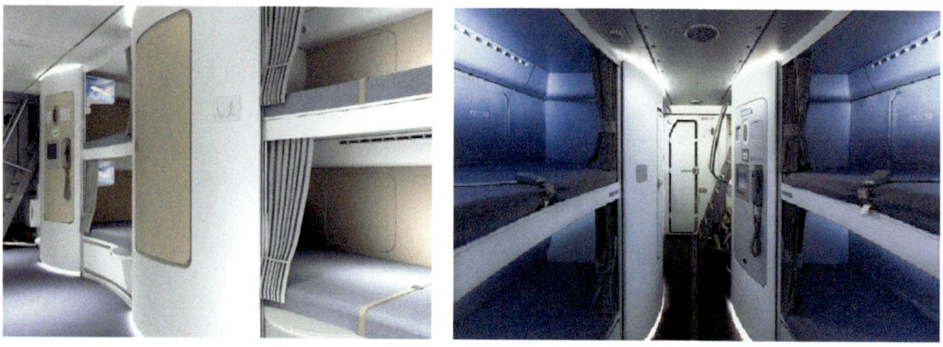

그림 4-49 ▸ 벙크

5) 화물실

승객의 위탁 수화물, 일반화물 및 우편물 등이 항공기 동체 하단의 화물간으로, 탑승수속 시 승객이 위탁한 수화물을 단위 탑재용기(Unit Load Device)를 이용하여 탑재함으로써 화물실 공간의 효율성을 확보하고 있다.

CHAPTER

05

공항

SECTION ▸

01. 공항의 이해

02. 공항별 운항·여객 실적

01 S·E·C·T·I·O·N

공항의 이해

01 공항의 정의 및 기능

1) 정의

항공운송산업의 비약적인 발전과 함께 각 국, 각 도시의 공항 역시 많은 발전을 이루고 있는데, 공항은 점차 대형화 되는 항공기가 안전하게 이·착륙할 수 있는 공간의 필요성에 의해 만들어져, 일반적으로 민간 항공기의 이·착륙이 가능하고 항공운송 수송에 필요한 시설과 다양한 기능을 갖춘 공간을 말한다.

국제민간항공기구(ICAO)에서 공항을 Aerodrome으로 표기하고, '항공기 도착과 출발 혹은 지상 이동을 위하여 일부 또는 전체가 사용되는 건물, 시설물, 장비 등이 포함된 육지나 수상의 일정 구역'으로 정의하고 있다.

또한 우리나라 항공법에 의하면 '공항이란 항공기의 이·착륙 및 여객·화물의 운송을 위한 시설과 그 부대시설 및 지원시설 등 공항시설을 갖춘 공공용비행장으로서 국토교통부 장관이 그 명칭·위치 및 구역을 지정·고시한 지역'으로 규정하고 있으며, 미국 연방항공청에서는 '여객이나 화물을 항공기에 싣거나, 내리기 위해

정기적으로 이용되는 착륙지역'으로 정의하고 Airport로 표기하고 있다.

공항은 위에서 정의한 물리적인 공간으로서 중요한 역할을 하고 있는 동시에, 21세기 공항은 사전적으로 정의하고 있는 단순한 운송기지 기능에서 벗어나 국제업무와 정보 및 통신의 거점 기능을 공항 주변에 배치하고 중간기착지로서의 역할을 하고 있다.

2) 기능

공항은 항공운송의 가장 중요한 기반시설로서 핵심적인 기능을 수행하는데, 구체적인 내용으로는 활주로, 계류장, 여객청사, 화물청사, 공항 내 건물 및 도로, 주차장 등 일반 지역에 대한 관리 및 운영 등이 있다. 공항의 기능은 크게 운항지원, 공항시설의 관리와 운영, 안전과 보안업무 등으로 구분할 수 있다.

① 운항지원 업무

운항지원 업무에는 운항과 관련된 안전업무와 계류장운영 업무, 운항정보 및 통신시설 운영 등과 관련된 정보통신업무, 계기착륙, 관제통신 등의 항행지원업무 등 항공기 이·착륙을 위한 운항지원과 주기장배정 등이 있다.

운항지원 업무 중 핵심을 이루고 있는 교통관제소 업무의 내용은 다음과 같다.

○ 교통관제소 업무

- 지역관제 : 인천지역관제소(Incheon ACC)는 우리나라 비행정보 구역 내에서 운항하는 모든 계기비행항공기 항공교통관제업무를 제공하고 있다.
  - 비행경로, 비행고도, 속도 등 항공로 비행을 위한 계기비행 허가 발부
  - 항공기간 공중충돌방지를 위한 표준분리 확보
  - 교통, 기상 및 항행안전시설 정보 제공
  - 피아식별을 위한 군 관계기관과의 비행정보 교환
  - 인접ACC 및 국내 항공교통관제기관과의 비행정보 및 항공기 관제권 인수

■ 항공정보업무

- 항공고시보(NOTAM; Notice to Airman) : 항공고시보의 수집과 발행 및 국제적 교환 업무를 이행하고, 외국 항공고시보 접수 및 관리, 유효 항공고시보 그래픽 서비스를 제공한다.

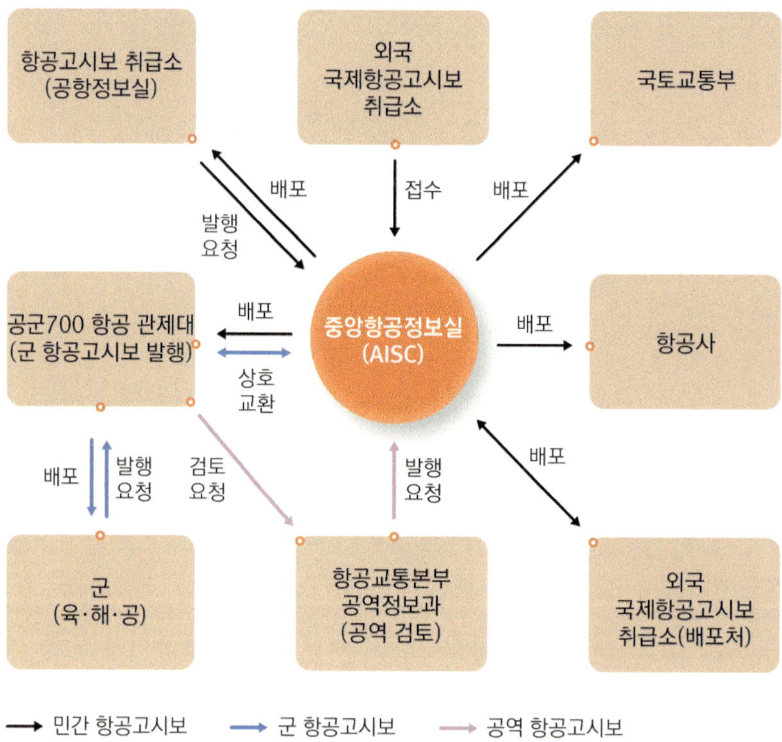

출처: 인천항공교통관제소

그림 5-1 ▸ 항공고시보(NOTAM: Notice to Airman)

- 항공정보간행물(AIP : Aeronautical Information Publication) : AIRAC 주기에 따른 수정판, 보충판, 회람 발간·배포하고, 전자항공정보간행물(CD AIP)을 제공하며, 외국 항공정보간행물 정보 관리한다.
- 항공지도업무(Aeronautical Chart) : 국제민간항공기구(ICAO)권고 항공지도 제작, 배포 및 판매하고 GIS DB 기반 항공지도 제작 시스템을 구축한다.

■ 항공통신 업무 : 전 세계적으로 구축된 항공고정통신망(AFTN)을 이용하여 국내외의 항공관련 부서들과 항공기 운항에 필수적인 비행계획서, 항공기상 및 항공고시보 전문 등을 송수신 처리하며, 항공관제에 필요한 정보를 관제시스템에 입력하는 업무를 수행한다.

- 취급정보 : 비행계획 전문, 공항기상 및 항로기상, 항공기상 관측 및 예보 전문, 항공고시보전문, GPS전파 감시 및 예측, 항공행정 전문 등이 있다.
- 항공고정통신망(AFTN; Aeronautical Fixed Telecommunication Network) : 항공고정통신국들 사이에 항공정보를 교환하기 위하여 국제민간항공기구(ICAO)의 기술기준에 의거 전 세계적으로 구축된 통신망이다.

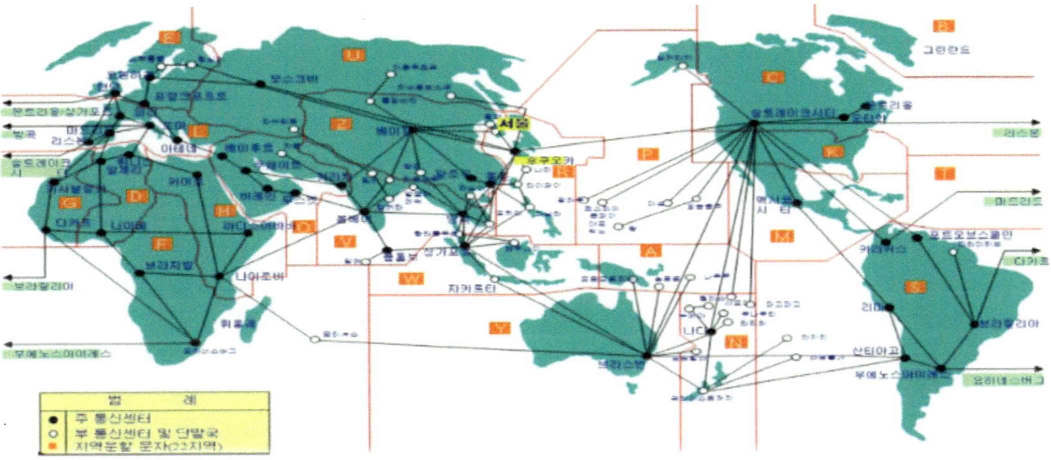

출처: 인천항공교통관제소

그림 5-2 ▸ 항공고정통신망 구성도

- GPS전파 감시 및 예측 업무 : ICAO에서 제공하는 기준에 대한 GPS의 이상신호 발생여부를 감시하고, 절대오차를 측정하며, 필요시 항공고시보를 발행한다.
- 항공고정통신망(AFTN) 운영업무 : 항공통신실에 설치되어 항공고정통신국 간 또는 국내외 항공교통, 기상, 군 관련 기관 및 항공사 간 전문을 교환한다.

▪ 항공교통관제시설 : 인천항공교통관제소에 설치된 항공교통관제시스템과 항공교통관제통신시스템으로 전국의 공항·레이더기지·항공무선표지소 등에 설치된 항행안전시설과 연계하여 우리나라 비행정보구역(FIR)내 항공기의 항공교통관제 수행을 돕기 위한 시설이다.

- 항공교통관제시스템(ATC SYSTEM) : 항공기가 출발공항에서 이륙한 후 항공로를 운항하여 도착공항에 착륙하기 까지 항공기의 비행정보(항적, 고도, 속도, 목적지 등)를 관제화면에 현시하여 항공교통관제를 지원해주는 시설이며, 인천항공교통관제소는 항공로 관제를 지원하는 기관으로 전국 15개 항공로 레이더와 전국 공항 및 군비행장 등 총 73대의 비행자료 단말기(FDT)와 연동 운용되고 있다.
- 항공교통관제통신시스템(ATC COMMUNICATION SYSTEM) : 인천항공교통관제소와 대한민국 비행정보구역(FIR)에서 비행중인 항공기 간에 교신할 수 있도록 지원하고, 국내·외 항공관제기관, 항공사 등과 통화할 수 있도록 통신을 지원해 주는 시설이다.

그림 5-3 ▸ 항공교통관제시스템

출처: 인천항공교통관제소

그림 5-4 ▸ 항공교통관제통신시스템

② 시설관리 및 운영 업무

공항건설과 유지관리, 항행 및 공항터미널시설운영, 수하물 등의 운송설비, 통신전자 및 전산시설 등의 운영, 지상조업시설의 관리, 공항상주기관 및 업체선정,

공항시설의 사용료결정관리업무 등이 있다.

인천공항 시설관리의 구체적 업무는 다음과 같다.

- **운항 기반 시설** : 운항 기반 시설 점검 및 유지보수
- **전력 계통 시설** : 인천국제공항 전력 공급 시설 유지보수
- **토목 시설** : 토목시설 및 교통안전시설의 유지보수
- **공항통신 시설, 운항통신 시설** : 인천국제공항 공항통신시스템 유지관리
- **중수도 시설** : 중수도 개인하수처리시설 유지관리
- **보안 시설** : 인천국제공항 보안시설 유지관리

인천공항운영서비스의 구체적 업무는 다음과 같다.

- **여객터미널 운영** : 안내데스크, 헬프데스크, 방송실, 유실물관리소 등 여객터미널 내 고객서비스 제공
- **자료관리 운영** : 문서접수실 운영 및 사업 자료 관리
- **교통관리 운영** : 주차장 관리 운영 및 구내 도로 질서 유지
- **버스터미널 운영** : 승차권 판매 및 안내 서비스
- **탑승동 환경미화 운영** : 탑승동 각종 시설물 청소 및 정돈
- **인재개발원 운영** : 인재개발원, CS아카데미 시설 운영
- **탑승동 탑승교 운영** : 여객터미널 이동 탑승교 운영

③ 안전·보안 관련 업무

여객 및 화물의 보안검색, 공항경비, 보안시설의 운영, 소방 및 비상상황 관리, 비상계획업무 등이 있다.

○ 인천국제공항 안전관리시스템(SMS: Safety Management System)

안전관리를 위한 능동적이고 통합적인 활동을 다루며, 조직의 경영관리시스템의 일부로 통합, 관리되고 있으며, 조직의 구조, 가용자원, 직원들의 책임분장, 권한/임무, 의사결정 및 관리절차가 포함되어 있다.

○ 인천국제공항 안전 목표 항목 및 관리대상

표 5-1 ▸ 인천국제공항 안전 목표 항목 및 관리대상

구분	내용
지상안전사고	1. 주기(駐機) 중인 항공기와 차량(장비) 또는 물체 등이 충돌한 경우(운항 중인 항공기는 제외한다) 2. 이동지역 내에서 차량과 차량, 장비, 사람, 시설이 충돌하거나 장비와 사람이 충돌하여 사람이 다치거나또는 차량 · 장비 · 시설이 손상된 경우
비행장시설 기능장애	1. 활주로, 유도로 및 계류장이 항공기 운항에 지장을 줄 정도로 중대한 손상을 입은 경우 2. 항공기 이동지역 내에서 항공기 운항에 지장을 줄 정도의 화재가 발생한 경우 3. 항공기 이동지역에서 운항 중인 항공기의 안전에 지장을 준다고 판단되는 항공기의 부품·구조물 또는 위험물 등이 발견된 경우 4. 항공기 급유 중 항공기 정상 운항을 지연시킬 정도의 기름이 유출된 경우 5. 항공등화시설의 운영이 중단된 경우

02 공항의 구역 및 시설

1) 공항의 구역

① 에어사이드

항공기 운항과 직접적으로 관련이 있는 즉, 항공기 이·착륙을 지원하는 활주로, 유도로, 착륙대, 격납고 등의 시설을 갖춘 곳 전체가 에어사이드에 속하며 항공기에 대한 관제업무가 이루어지기 때문에 보통 일반인의 출입이 엄격하게 통제되는 구역이다. 운항업무구역이라고 부르기도 한다.

에어사이드의 세부 시설은 다음과 같다.

- 지상조업시설 : 항공기정비, 급유, 지상전원공급, 냉난방, 식수공급 등
- 기내서비스시설 : 기내청소, 기내식제공, 기내오락물제공 등
- 램프장비 : 기내서비스용품, 기내식탑재, 우편물탑재 등
- 기타 : 항공기보호, 항공기유도, 항공기시동, 항공기이동, 항공정보제공 등

② 랜드사이드

공항에 도착하면 처음 접하게 되는 청사 전면 호텔, 주차장, 항공사 탑승수속 카운터, 식당, 상업시설 등으로서 공항터미널을 중심으로 하는 공항의 일반관리 업무, 항공사의 운송서비스, 출·입국관리 등에 대한 서비스업무가 수행되는 지역이다.

항공기이동지역과 구별하여 비운항업무구역이라고 한다. 주차장, 여객 및 화물 청사, 접근교통시설, 공항이용객의 편의시설, 기타 부대시설 등이 여기에 속한다.

랜드사이드 세부 시설은 다음과 같다.

- 항공사업무시설: 탑승안내, 예약 및 발권, 체크인, 수하물인도 및 인수, 항공사라운지운영 등

- 정부시설: 세관검사, 출·입국심사, 검역 등
- 여객서비스 시설: 주차장, 면세점, 은행, 호텔 및 카렌트예약, 운항안내, 휴게실, 통신수단 등

2) 공항의 기본시설

공항의 기본적인 기능을 유지하기 위해 필요한 시설 중 항공기의 이·착륙과 직·간접적으로 관련이 있는 시설을 공항의 기본시설 이라고 한다. 공항의 기본시설은 활주로와 유도로, 주기장, 항공보안시설 등이 포함된다.

① 활주로

항공기의 이·착륙 시 가속과 감속을 위해 필요한 지상 활주용 노면으로서 항공운송에 가장 중요한 기본시설이다. 활주로는 이를 이용하는 항공기의 기종 즉, 이륙 거리와 가속정지거리 및 착륙거리 등 항공기의 이·착륙성능에 따라 결정되며, 공항이 보유하고 있는 활주로의 규모와 수에 따라서 공항의 등급이 결정된다.

일반적으로 활주로는 이용하는 항공기의 이·착륙성능과 중량, 공항주변의 풍향, 활주로 이용 빈도 등을 종합적으로 고려하여 규모와 강도 등이 설계되며 항공기의 안전한 착륙을 위하여 운영등급을 각 공항의 활주로의 방향별로 설정하여 5단계로 분류한다.

② 유도로

항공기가 공항의 활주로에 착륙한 후 안전하게 지상이동이 가능하도록 설치되는 항공기 이동 통로이다. 즉, 항공기가 활주로, 주기장, 정비지역 등으로 이동할 때 사용되는 지상 통로를 말하는데, 여기에는 비행장 내 한 지역과 다른 지역을 연결해주는 고속탈출유도로와 계류장 유도로, 항공기 주기장 통행로 등이 있다.

유도로의 규모는 일반적으로 항공기의 운항 횟수 등에 따라 결정된다.

③ 계류장

항공기가 이동하는 에어사이드 구역에 설치된 공간으로 승객의 탑승 및 하기, 화물의 탑재 및 하역 등과 연료 주입 및 정비 등을 위하여 항공기를 머물게 하는 곳으로 항공기의 주차장이라고 할 수 있는 항공기 주기장이 설치되어 있다.

계류장은 항공기의 공항 내에서의 이동에 매우 중요한 역할을 하므로 계류장의 위치 및 면적과 설계는 여객청사의 설계와 밀접한 관계가 있다.

또한 계류장에는 탑승주기장, 정비주기장, 야간주기장 등이 포함되는데, 야간작업과 항공기 경비 업무를 위해 조명등이 설치되어 있고, 항공기 주기장에는 항상 경비원을 배치하여 항공기를 보호한다.

④ 항행안전시설

전파에 의해 항공기의 항행을 지원하는 시설로서 유·무선통신, 불빛과 색채 또는 형상을 이용하여 항공기 항행을 돕는 시설이다. 다시 말해, 항행안전시설은 기상 상황에 제약을 받지 않고 안전하게 항공기가 이·착륙 할 수 있도록 지원해 주는 시설로 무선시설과 등화시설 등이 포함된다.

○ 무선시설

항공기의 안전한 운항을 위해 모든 공항에 설치되어 있는 전파시설로서 항공기 또한 공항설치 장비와 교신할 수 있는 장비를 장착하고 있으며, 조종사들 역시 이러한 장비를 운용할 수 있는 능력을 갖추고 있다.

무선시설은 전파에 의해 항공기의 항행을 지원하는 시설로서 '정밀진입용시설'과 '비정밀진입용시설'로 구분된다.

'정밀진입용시설'이란 전파를 통해 진입방향과 강하의 경로를 지시해주는 것으로, 대표적으로 계기착륙시설(instrument landing system;ILS)이 있다.

계기착륙시설(ILS)이란 악천후 시 전파를 이용하여 항공기를 안전하게 착륙시키는 시설로서 성능에 따라 1,2,3 등급으로 구분되는데, 3등급의 경우는 최악의 기상 조건하에서도 자동 착륙의 유도가 가능한 시설이 갖추어진 상태를 말한다.

'비정밀진입용시설'로는 초단파를 이용한 전방향 무선표지시설인 VOR, 무방향성 무선표지시설인 NDB, 거리측정시설인 DME 등이 있다.

- 전방향 무선표지시설(VOR: Very High Frequency Omni Directional Range) : 전파를 발사하여 운항 중인 항공기에게 운항 방향을 알려주는 시설로서 바다의 등대가 불빛으로 선박에게 항해 방향을 알려주는 것과 같은 원리이다.

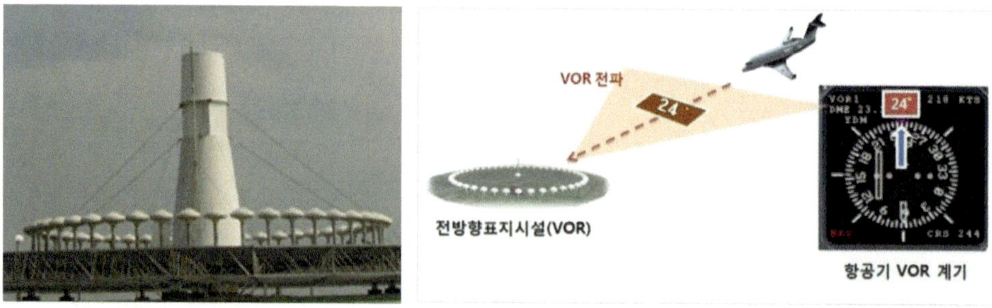

출처: 한국교통안전연구소

그림 5-5 ▸ 전방향 무선표지시설

- 무지향 표지시설(NDB: Non Directional Beacon) : 항공기가 목적지까지 안전하게 도착할 수 있도록 무지향성 전파를 일정하게 지속적으로 발사하여 항공기에 방향정보를 제공하는 시설이다.
- 거리측정시설(DME: Distance Measuring Equipment) : 항공기가 목적지까지 안전하게 비행할 수 있도록 지상에 설치된 DME 까지 거리를 측정하는 데 필요한 정보를 제공하는 시설이다.

○ 항공등화시설

야간이나 악천후로 인하여 조종사가 육안으로 항공기 운항이 어려운 경우, 항공기의 이·착륙을 지원하는 등화시설로서 진입등, 활주로등, 유도로 등이 있음.

항공기가 무선시설을 이용하여 공항에 충분히 접근한 후에는 조종사가 육안으로 판단하면서 활주로에 접근·착륙하여야 한다. 공항등화는 등화에 의하여 항공기의 항행을 지원하는 시설로서, 비행장의 위치나 착륙시설의 위치를 알려주는 등화시설과 착륙하는 항공기에게 진입방향이나 진입각도를 알려주는 등화시설, 계류장과 탑승교 등을 위한 조명시설이 이에 포함된다.

- 진입등시스템(ALS: Approach Light System) : 활주로 양 끝단에 설치되는 항공등화시설이다. 활주로의 진입로를 알려주기 위해 설치되는 시설로, 활주로 900m 전반에서부터 활주로 시작점까지 30m 간격으로 설치된다. 안개로 인해 사정이 좋지 않은 경우나 일출 혹은 일몰 전후에 필수로 운용되는 항공등화시설이다.

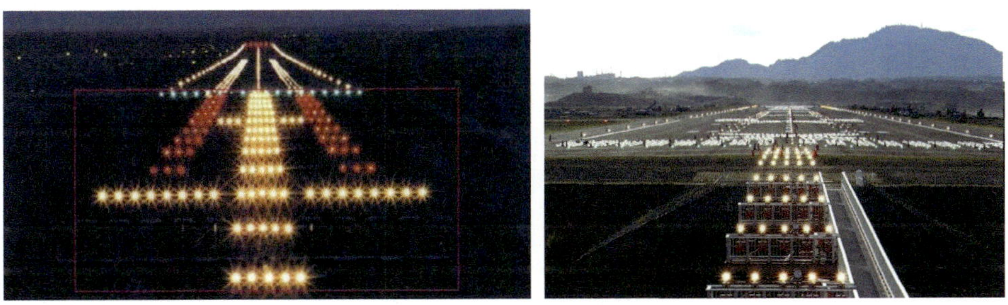

출처: 한국공항공사

그림 5-6 ▸ 활주로 진입등 시스템(Approach Light System)

- 진입각지시등(PAPI) : 항공기 착륙 각도의 적절성을 알려주는 항공등화시설로서 착륙 각도에 따라 불빛이 달라져 정확한 각도로 진입할 수 이도록 안내하는 역할을 한다. 진입각지시등은 총 4개의 장비가 한 세트로 설치된다.
- 활주로중심선등(RCLL) : 활주로중심선등(Runway Center Light)은 비행기가 활주로 중심에 맞춰 착륙할 수 있도록 돕는 항공등화시설로, 백색과 적색의 불빛이 혼합되어 사용되며, 조종사는 불빛 색을 통해 활주로의 잔여거리를 가늠한다.

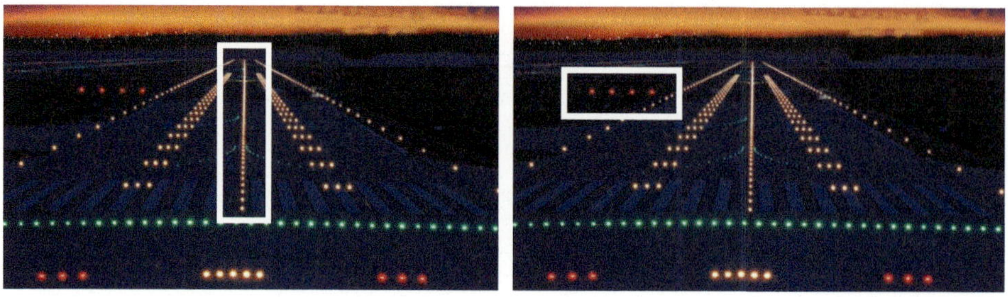

출처: 한국공항공사

그림 5-8 ▸ 활주로중심선등

3) 공항터미널 시설

공항터미널은 항공이용에 있어 여행의 시작과 끝을 경험하게 되는 중심 시설로 여행객의 출·입국 및 편의시설을 갖추고 편의를 제공한다. 즉, 공항터미널에는 해당공항에 취항하는 항공사, 공항공사, 정부관련 기관, 고객 편의를 위한 상업시설이 입주하고 있고, 항공기 탑승권 발급 및 수화물 탁송을 위한 항공사 Check-In 카운터와 공항공사의 신분확인 및 보안검색 시설과 'CIQ'라고 불리는 세관(Customs), 출입국(Immigration), 검역소(Quarantine)와 보안기관의 국정원, 검찰, 경찰과 문화재 관리청 등이 있다.

또한, 항공여행객의 항공노선에 따라 국내선 터미널과 국제선 터미널로 나누어지고, 여객과 화물의 분류 사항에 따라 여객터미널과 화물터미널로 구분된다.

① 여객터미널

여객터미널은 원활한 항공여행을 위해 '항공사관련 시설'과 '정부관련 시설', '공항 당국의 관리시설' 등을 갖추고 있다. 각 관련 시설의 세부 업무는 다음과 같다.

○ 항공사 시설

- 예약 및 발권 시설 : 국내·외 항공편 예약 및 발권 등의 업무를 위한 시설

출처: 해당 항공사 홈페이지

그림 5-9 ▸ 예약 및 발권

▪ 탑승수속 시설 : 항공 탑승객의 좌석 안배 및 수하물 인수 등을 위한 시설

출처: 국민일보, 연합뉴스

그림 5-10 ▸ 예약 및 발권

▪ 수하물 처리 시설 : 고객의 수하물 탑재 및 하역, 운반을 위한 시설

출처: 아시아경제

그림 5-11 ▸ 수하물 처리

■ 화물 처리 시설 : 항공화물의 상역, 하역 등을 위한 시설

출처: 한국공항공사, 오토헤럴드

그림 5-12 ▸ 화물 처리

■ 라운지 시설 : 각 항공사 고객 중 상용고객 및 VIP 등 전용회원을 위한 편의 시설

출처: 중앙일보

그림 5-13 ▸ 인천국제공항 대한항공 라운지

정부 관련 기관(인천국제공항 기준)

■ 법무부, 출입국관리사무소 : 항공 여행객들의 출·입국 심사를 위한 기관이다.

■ 관세청, 인천공항세관 : 수출·입 화물 및 수하물에 대한 검사시설, 해외 반출 및 국내 반입에 대한 동·식물 질병 감염에 대한 검사 기관이다.

■ 검역

- 보건복지부, 인천공항검역소 : 항공 여행객의 전염병 감염여부에 대한 검사

를 진행하고 관리하는 기관이다.

- 농식품부, 농림축산검역본부 : 동·축산물 및 식물검역, 외래 식물 병해충 예찰·방제, 동물질병방역, 수입 쇠고기 이력 등에 대한 관리를 하는 기관이다.

- 국방부, 기무사 공항분실 : 수사정보기관으로 군사에 관한 정보를 수집하고, 군사 보안 및 방첩, 범죄를 수사하는 기관이다.
- 검찰청, 검찰청 공항분실 : 범죄수사에 관한 사법경찰관리 지휘 및 감독 등 검사의 사무를 총괄하는 기관이다.
- 외교부, 영사민원센터 : 인도적, 업무 또는 유학 목적 등 사유로 긴급히 여권을 필요로 하는 민원인에게 긴급여권 발급 등의 업무를 하는 기관이다.
- 국정원, 국정원 공항분실 : 인천공항의 모든 보안시설에 대한 검증 및 시설 개선 관리 업무를 책임지는 기관으로 국가보안 시설 '가'급의 시설이다.
- 문체부, 문화재감정관실 : 문화재의 불법 국외 반출 예방을 위해 문화재감정관실을 설치하여 문화재감정위원으로 하여금 문화재로 오인될 우려가 있는 반출품(동산)에 대해 비문화재 확인 업무를 담당하는 시설이다.
- 경찰청, 공항 경찰대 : 각종 테러 및 범죄 수사, 공항 입·출국자 범죄 차단, 밀입국자 정보 입수를 기반으로 한 수사 및 관리를 진행하는 기관이다.
- 환경부, 항공기상청 : 항공기 운항을 결정하는 가장 중요한 기상 정보 데이터를 분석하고 관리하며, 전국 민간 공항 및 군 관할 공항에 기상관측장비(AMOS)를 설치하여 풍향, 풍속, 기온, 기압, 강수량 등을 관측하는 기관이다.
- 우정사업본부, 우체국 : 우편물 관련 업무 및 금융 업무를 담당하는 시설이다.
- AOC-I, 인천공항 항공사 운영위원회 : 인천국제공항에 취항하는 약 80개 항공사를 대표하는 기구로서 항공사의 이익추구와 동시에 인천국제공항의 발전을 도모하는 기관이다.
- 기타 경비, 병무신고, 무역 및 관광진흥 등과 관련한 업무를 전담하기 위한 각종 공항시설 등

공항의 여객서비스 시설

- 입국안내 등 서비스카운터 : 항공여객 안내 및 문의사항 답변 등을 담당하는 시설로 일반 '안내데스크', '국내 호텔 예약 전용 서비스카운터', 관광정보센터와 의료관광 정보안내 및 의료 상품을 검색하고 상담 받을 수 있는 '메디컬코리아 의료관광 안내센터', '환승투어 서비스', 'Travel Center', '공항버스안내', '공항철도 안내', 외국인 전용 택시 예약 및 안내를 위한 '서울스마트택시'와 '인터내셔널 택시', '유실물관리소' 등이 있다.

출처: 인천국제공항 홈페이지

그림 5-14 ▸ 호텔예약 그림 5-15 ▸ 서울스마트택시 그림 5-16 ▸ 의료관광 안내센터

- 민원행정서비스 : 민원서류를 발급할 수 있는 '무인민원발급기', 긴급여권 발급이 가능한 '여권민원센터', '즉석사진 촬영기', 국제회의에 참가하는 고객응대 서비스를 위한 'MICE Concierge Service', 외국인 국민연금 환급 서비스를 위한 'NPS 국민연금', 민원증명, 세무상담, 모범납세자 전용 비즈니스센터인 '국세청 납세지원센터', 국제운전면허 발급, 운전면허 적성검사/갱신 연기가 가능한 '국제운전면허 발급센터' 국제공인예방접종 및 증명서를 발급해주는 '인촌공항검역소 예방접종실', 항공분야 맞춤 채용정보 제공 및 취업 컨설팅·멘토링 서비스를 제공하는 '항공일자리 취업지원센터' 등이 있다.

출처: 인천국제공항 홈페이지

그림 5-17 ▸ NPS국민연금　5-18 ▸ 국세청납세지원센터　그림 5-19 ▸ 운전면허발급센터

- 대기시설 및 휴게시설 : 음료 및 다과서비스, 비즈니스 서비스를 제공하는 각 '항공사 라운지', 약 60실의 객실을 보유하고 있는 '캡슐호텔', 약 96실(제1여객터미널) /50실(제2여객터미널)을 보유하고 있는 '환승호텔', '샤워실', 수면용 침대가 놓여있는 '냅존', 디지털 기기를 이용한 가상 운동기구가 설치되어 있는 '디지털짐', 휴식용 의자 및 휴대폰 충전기를 사용할 수 있는 '릴렉스존', 등이 있다.

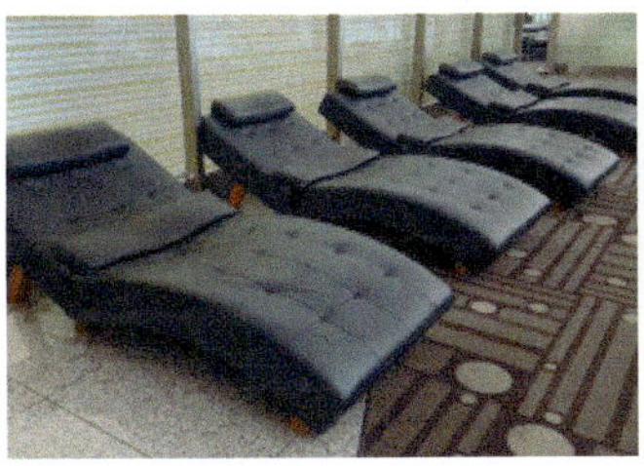

출처: 인천국제공항 홈페이지

그림 5-20 ▸ 샤워실　그림 5-21 ▸ 냅존　그림 5-22 ▸ 디지털짐

- 쇼핑을 위한 면세점 등 편의시설 : 신세계면세점, 엔타스면세점, 그랜드면세점, 시티면세점, SM면세점, 롯데면세점, 신라면세점, 면세품인도장 등이 있다.
- 환전 등을 위한 금융기관 : 은행 일반업무와 환전, 여행자수표 등을 위한 각 '은행 영업점', '환전소', 해외여행 보험과 해외유학보험을 위한 '보험관련 영업점', 각 은행 'ATM', '내국세환급'을 위한 시설 등이 있다.

- 인터넷 등 통신서비스시설 : 국제로밍 서비스와 이동전화 렌탈, 와이파이 레탈 서비스 등을 위한 각 '통신사 서비스 센터', 무료 인터넷 키오스크가 설치되어 있는 '인터넷 존' 등이 있다.
- 셔틀버스운행 및 주차시설
- 의료/유아시설 : 가정의학과와 치과, 응급진료를 위한 '인하대학교병원 공항의료센터'가 있고, 일반의약품과 여행상비약 등을 판매하는 '약국', 기저귀 교환대와 정수기·젖병소독기·세면대·수유실 등이 있는 '유아휴게실(수유실)', 어린이 놀이시설인 '키즈존'이 있다.

출처: 인천국제공항 홈페이지

그림 5-23 ▸ 공항의료센터 그림 5-24 ▸ 유아휴게실 그림 5-25 ▸ 키즈존

② 화물터미널 시설

화물터미널은 공항에 인접해 있으면서 항공화물과 우편물 등이 집산되는 항공물류의 중심지라고 할 수 있다. 국제항공운송이 이루어지는 화물터미널에는 정부 관련기관의 세관시설과 동·식물의 검역시설, 항공사의 수출·입 화물, 통과화물의 취급을 위한 세관시설, 항공화물회사 및 화물운송 대리점의 화물취급시설 등이 갖추어져 있다.

- 정부 관련 기관의 세관시설
- 동·식물의 검역시설
- 항공사의 수출·입 화물 세관시설

- 통과화물 취급을 위한 세관시설
- 항공화물회사시설
- 화물운송대리점의 화물 취급시설

3 지상조업 시설

지상조업이란 계류장에서 항공기의 이착륙을 위해 공항에서 이루어지는 지상서비스를 말한다. 공항에서 항공기를 견인하거나 화물 및 수하물을 탑재·하기 하고, 급유 등 항공기 운송과 관련한 서비스를 지상조업이라 할 수 있다.

지상조업 서비스항목은 여객, 운항, 수하물, 화물, 램프, 항공기청소 등 총 14개 분야로 분류하고 있으며, IATA에서 발행한 IRM 1st Edition 에서는 '항공교통 서비스 외에 항공기 도착과 출발을 위해 필요한 지상 서비스'로 정의하고 있다.

또한, 우리나라 항공법에 의하면 '항공기에 대한 급유, 항공 화물 또는 수하물의 하역, 그 밖에 정비 등을 제외한 지상조업을 하는 사업' 이라고 규정하고 있다.

- 탑승수속 및 출·도착 지원업무 : Check-in Counter에서 출발 승객들에게 탑승권 발권 및 승객 수하물 접수 서비스와 함께 좌석배정 서비스를 제공한다.
- 수하물조업 : 항공사와 지상조업사간에 계약 또는 위임에 의하여 수행되며 수하물 위탁, 목적지별 수하물분류, 탑재, 운반, 하역, 인계로 크게 나뉜다.
- 화물, 수하물 상하역 : 화물터미널과 여객터미널에서 운반되어온 화물 및 수하물을 항공기에 탑재하고 ULD (Unit Load Device) 및 Bulk로 도착한 화물과 수하물을 항공기에서 신속하고 안전하게 하기하는 서비스이다.
- Push Back/Towing : 출발편 항공기를 계류장의 주기장에서 자체동력으로 출발할 수 있는 지점까지 항공기를 밀어서 이동(Push Back)시키거나 정비 또는 운항 목적으로 항공기를 지정된 장소로 이동시키는 서비스이다.
- 기내식 운반, 탑재 : 승객의 기내식을 전용 컨테이너에 적재하여 항공기 출발편에 맞춰 기내 지정된 위치에 탑재하며, 도착편에서는 기내식 물품을 하역한 후 기내식 센터로 반입하는 업무이다.

- 제설, 제빙, 방빙업무
- 유도 Follow-Me Service : 도착편 항공기가 해당 주기장에 근접시 부터 완전히 정지할 때까지 안전하고 정확하게 주기할 수 있도록 안내하는 업무이다.
- Step Car Ramp Bus 서비스 : 탑승교 시설이 없는 주기장에서 승객 승무원의 항공기 탑승과 하기를 위한 Step Car 제공 및 승객 승무원의 수송을 위한 공항 내 Ramp Bus를 운행한다.
- Water / Toilet 서비스 : 기내에서 사용할 물을 공급, 교환하는 서비스를 제공한다.
- 항공기 급유 : 급유해야 하는 항공기에 연료 저장탱크로부터 파이프라인을 통해 각 주기장으로 공급하는 시설로, 항공유를 각 정유회사로부터 수송하여 일정시간을 저장한 후 침전한 뒤 급유장비 등을 이용하여 항공기 급유가 이루어진다.
- GSE 정비 : GSE(GES: Ground Service Eqiupment)는 항공기 지상조업 지원을 위해 사용되는 장비를 말하는 것으로, 장비 점검과 예방 정비를 통해 원활하고 안전한 지상조업 업무가 수행되도록 하는 중요한 작업이다.
- 전원공급/시동지원/객실 냉난방 지원서비스

02 S·E·C·T·I·O·N

공항별 운항·여객 실적

01 국내 주요 공항별 운항 · 여객 실적 2019년 12월 기준

1) 인천국제공항

① 총괄

2019년 11월 총 운항은 31,994편으로 전년 동월 대비 0.3% 증가하였으며, 총 여객은 552만 명으로 역시 전년 동월 대비 0.7% 증가하였다.

표 5-2 ▸ 인천공항 운항 여객실적 (단위: 편, 명, %)

구분		'19.6월	'20.6월	전년 동월 대비 증감률	'19 누적	'19 누적	전년 누적 대비 증감률
운항	국내	206	-	-100.0	1,364	459	-66.3
	국제	33,281	7,581	-77.2	197,639	93,433	-52.7
	합계	33,487	7,581	-77.4	199,003	93,892	-52.8
여객	국내	25,439	-	-100.0	139,312	42,310	-69.6
	국제	5,939,963	181,231	-96.9	35,058,939	10,634,010	-69.7
	합계	5,965,402	181,231	-97.0	35,198,251	10,676,320	-69.7

출처: 항공에어포탈

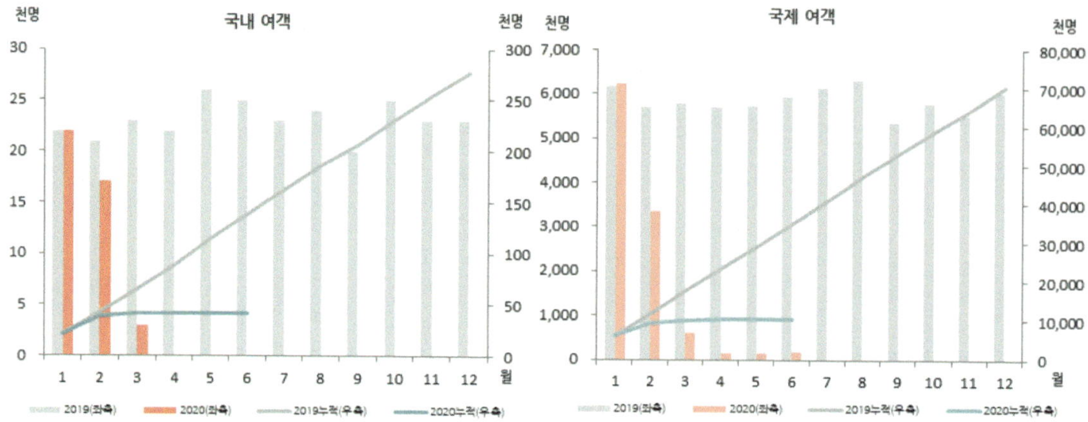

출처: 항공에어포탈

그림 5-26 ▸ 인천공항 여객실적 추이

② 국내선

인천공항에서 김해·대구로의 국내선 구간은 환승을 전용으로 하는 내항기 실적으로 김해·대구 공항을 통해 인천공항을 이용하여 외국을 왕래하는 여객수를 나타낸 것이다.

국내선 운항은 210편으로 전년 동월대비 12.5% 감소하였으나, 노선 점유율이 높아져(노선 점유율 인천-김해 85.7%) 국내선 여객은 2만 3천 명으로 전년 동월대비 5.3%가 증가하였다.

③ 국제선

2019년 11월 중 국제선 운항은 약 3만 2천편으로 전년 동월 대비 0.4% 증가하였으며, 국제선 여객은 549만 3천명으로 전년 동월 대비 0.6%가 증가하였다.

국가별 여객실적은 1위 중국, 2위 일본, 3위 베트남, 4위 필리핀, 5위 미국 순으로 나타난다.

표 5-3 ▸ 인천공항 국제선 운항 및 여객 실적 (단위: 편, 명, %)

구분	운항			여객		
	'19.6월	'20.6월	증감률	'19.6월	'20.6월	증감률
일본	6,717	420	-93.7	1,132,223	8,875	-99.2
중국	7,498	1,630	-78.3	1,138,243	21,723	-98.1
동북아	2,994	660	-78.0	578,814	5,201	-99.1
동남아	8,465	1,174	-86.1	1,632,286	47,274	-97.1
미주	2,882	2,480	-13.9	507,272	64,948	-87.2
유럽	3,060	900	-70.6	601,634	20,777	-96.5
대양주	1,128	82	-92.7	231,777	2,408	-99.0
중동	309	189	-38.8	79,265	6,818	-91.4
기타	228	46	-79.8	38,449	3,207	-91.7
합계	33,281	7,581	-77.2	5,939,963	181,231	-96.9

출처: 항공에어포탈

표 5-4 ▸ 인천공항 국제선 운항 및 여객 실적 (단위: 명, %)

순위	국가	'19.6월	'20.6월	증감률	점유율
1	미국	430,770	51,914	-87.9	28.6
2	중국	1,138,243	21,723	-98.1	12.0
3	필리핀	352,091	15,184	-95.7	8.4
4	캐나다	69,650	11,716	-83.2	6.5
5	베트남	590,340	11,654	-98.0	6.4
6	일본	1,132,223	8,875	-99.2	4.9
7	태국	285,128	5,851	-97.9	3.2
8	네덜란드	27,896	5,687	-79.6	3.1
9	카타르	-	5,305	순증	2.9
10	캄보디아	23,745	5,070	-78.6	2.8
11	독일	79,862	4,418	-94.5	2.4
12	인도네시아	75,603	4,274	-94.3	2.4
13	미얀마	8,139	2,280	-72.0	1.3
14	대만	223,685	2,141	-99.0	1.2
15	영국	47,225	2,110	-95.5	1.2

출처: 항공에어포탈

2) 김포국제공항

① 총괄

2019년 11월 총 운항은 6,590편으로 전년 동월 대비 1.1% 증가하였으며, 총 여객은 125만 명으로 전년 동월 대비 7.7% 증가하였다.

표 5-5 ▸ 인천공항 운항 여객실적 (단위: 편, 명, %)

구분		'19.6월	'20.6월	전년 동월 대비 증감률	'19년 누적	'20년 누적	전년 누적 대비 증감률
운항	국내	5,172	4,721	-8.7	29,573	23,817	-19.5
	국제	1,673	-	-100.0	10,134	3,453	-65.9
	합계	6,845	4,721	-31.0	39,707	27,270	-31.3
여객	국내	885,969	713,956	-19.4	5,016,509	3,518,950	-29.9
	국제	366,165	-	-100.0	2,178,026	541,551	-75.1
	합계	1,252,134	713,956	-43.0	7,194,535	4,060,501	-43.6

출처: 항공에어포탈

② 국내선

국내선 운항은 4,955편으로 전년 동월 대비 2.4% 증가하였는데, 김포-제주가 74.6%, 김포-김해가 17.5%, 김포-울산이 3.1% 순으로 상위 3개 노선이 전체 운항의 95.2%를 차지하였다.

국내선 여객은 90만 8천 명으로 전년 동월 대비 13.6% 증가하였으며 노선별 이용객은 김포-제주 81.1%, 김포-김해 13.9%, 김포-울산 2% 순으로 나타나 운항 비율이 동일하게 상위 3개 노선 이용객이 전체의 97%를 차지하였다.

표 5-6▸ 김포공항 국내선 운항·여객실적 (단위: 편, 명, %)

구분	운항			여객		
	'19.6월	'20.6월	증감률	'19.6월	'20.6월	증감률
제주	3,817	3,280	-14.1	716,901	521,977	-27.2
김해	857	1,075	25.4	116,931	149,969	28.3
광주	60	138	130.0	7,577	14,684	93.8
여수	119	112	-5.9	13,133	14,546	10.8
울산	173	116	-32.9	18,580	12,780	-31.2
사천	59	-	-100.0	6,599	-	-100.0
포항	55	-	-100.0	4,204	-	-100.0
대구	32	-	-100.0	2,044	-	-100.0
합계	5,172	4,721	-8.7	885,969	713,956	-19.4

출처: 항공에어포탈

③ 국제선

국제선 운항은 1,635편으로 전년 동월 대비 2.6%로 전년 동월 대비 2.6%가 감소하였고, 국제선 여객은 33만 8천 명으로 전년 동월 대비 5.6% 감소하였다.

표 5-7▸ 김포공항 국제선 운항·여객실적 (단위: 편, 명, %)

구분	운항			여객		
	'19.6월	'20.6월	증감률	'19.6월	'20.6월	증감률
일본	1,080	-	-100.0	244,495	-	-100.0
중국	481	-	-100.0	103,466	-	-100.0
대만	112	-	-100.0	18,204	-	-100.0
합계	1,673	-	-100.0	366,165	-	-100.0

출처: 항공에어포탈

3) 제주국제공항

① 총괄

2019년 11월 총 운항은 8,177편으로 전년 동월 대비 8.3% 증가하였고, 총 여객은 146만 명으로 전년 동월 대비 15.2% 증가하였다.

표 5-8 ▸ 제주공항 운항·여객 실적 (단위: 편, 명, %)

구분		'19.6월	'20.6월	전년 동월 대비 증감률	'19년 누적	'20년 누적	전년 누적 대비 증감률
운항	국내	6,685	5,908	-11.6	38,593	30,587	-20.7
	국제	1,402	5	-99.6	7,969	2,143	-73.1
	합계	8,087	5,913	-26.9	46,562	32,730	-29.7
여객	국내	1,214,276	884,360	-27.2	6,873,394	4,527,143	-34.1
	국제	228,346	822	-99.6	1,208,099	274,865	-77.2
	합계	1,442,622	885,182	-38.6	8,081,493	4,802,008	-40.6

출처: 항공에어포탈

② 국내선

국내선 운항은 6.625편으로 전년 동월 대비 4.2% 증가하였다. 노선 점유율은 제주-김포 55.4%, 제주-김해 13.5%, 제주-청주 9.5% 순이며 상위 3개 노선 운항이 전체 약 79%를 차지하였다. 국내선 여객 또한 124만 4천명으로 전년 동월 대비 12.1% 증가하였고 이용객 역시 제주-김포·김해·청주가 약 82%를 차지하였다.

표 5-9 ▸ 제주공항 국내선 운항·여객 실적 (단위: 편, 명, %)

구분	운항			여객		
	'19.6월	'20.6월	증감률	'19.6월	'20.6월	증감률
김포	3,780	3,254	-13.9	722,057	521,609	-27.8
김해	927	871	-6.0	171,930	122,826	-28.6
청주	612	554	-9.5	101,933	79,826	-21.7
광주	482	466	-3.3	77,518	63,600	-18.0
대구	489	531	8.6	82,273	68,909	-16.2
군산	90	-	-100.0	14,266	-	-100.0
원주	48	-	-100.0	5,907	-	-100.0
사천	22	-	-100.0	5,907	-	-100.0
여수	88	102	15.9	12,913	10,907	-15.5
무안	60	-	-100.0	9,672	-	-100.0
울산	81	58	-28.4	11,281	8,252	-26.9
양양	-	72	순증	-	8,431	순증
인천	6	-	-100.0	905	-	-100.0
합계	6,685	5,908	-11.6	1,214,276	884,360	-27.2

출처: 항공에어포탈

③ 국제선

국제선 운항은 1,522편으로 전년 동월 대비 30.5% 증가하였으며, 국제선 여객 역시 21만 9천 명으로 전년 동월 대비 37% 증가하였다.

표 5-10 ▸ 제주공항 국제선 운항·여객 실적 (단위: 편, 명, %)

구분	운항			여객		
	'19.6월	'20.6월	증감률	'19.6월	'20.6월	증감률
중국	953	5	-99.5	158,897	822	-99.5
일본	202	-	-100.0	25,757	-	-100.0
태국	1	-	-100.0	100	-	-100.0
대만	84	-	-100.0	11,804	-	-100.0
홍콩	98	-	-100.0	17,603	-	-100.0
말레이시아	34	-	-100.0	9,388	-	-100.0
베트남	22	-	-100.0	3,757	-	-100.0
몽골	4	-	-100.0	438	-	-100.0
라오스	4	-	-100.0	602	-	0.0
합계	1,402	5	-99.6	228,346	822	-99.6

출처: 항공에어포탈

02 세계 주요 공항별 운항· 여객 실적 2019년 9월 기준

2019년 9월 세계 공항 여객실적은 전년 동월 대비 2.8% 성장하였다. 특히 북미 4.3%, 아프리카 6.5%, 남미·카리브해 2.7%, 아태 2.2%, 유럽 2.1%, 중동은 1.5% 증가율을 보였다.

표 5-11 ▸ ACI 회원공항 여객처리실적 요약 (단위: 천명, %)

구분	지역	여객	전년 동월 대비 증감률	'20.1~4월 누적	전년 누적 대비 증감률
국제	아프리카	94	-99.1	24,499	-36.9
	아·태	739	-99.0	130,861	-53.9
	유럽	1,359	-99.0	263,274	-44.1
	남미·카리브	239	-98.4	40,818	-35.7
	중동	393	-98.4	56,377	-38.5
	북미	454	-98.2	58,281	-40.1
	합계	3,277	-98.9	574,109	-45.1
전체	아프리카	219	-98.7	39,674	-35.0
	아·태	21,936	-87.8	376,585	-48.0
	유럽	3,104	-98.4	366,881	-43.3
	남미·카리브	1,976	-95.8	132,392	-32.3
	중동	424	-98.5	66,092	-37.7
	북미	7,112	-95.5	374,756	-37.3
	합계	34,771	-94.4	1,356,378	-41.8

출처: ACI

표 5-12 ▸ ACI 소속 주요 공항 여객처리 순위

(단위: 천명, %)

순위	공항 코드	도시/공항	국가	여객	전년 대비	'20년 누적실적	누적 대비
*1	CTU	청두 슈앙리우	중국	2,147,025	-51.8	9,771,199	-46.6
*2	SZX	쉔젠 바오안	중국	1,826,009	-56.1	8,669,062	-50.1
*3	CAN	광저우-바이윤	중국	1,645,334	-71.7	10,031,991	-58.1
*4	XIY	시안-샹양	중국	1,374,977	-64.1	6,644,209	-56.0
*5	SHA	상하이-홍챠오	중국	1,357,586	-64.0	6,283,386	-57.4
*6	HGH	항저우 지오샨	중국	1,322,474	-59.5	5,729,641	-56.0
*7	KMG	쿤밍 우지아바	중국	1,230,193	-68.7	7,136,765	-56.3
*8	CJU	제주	대한민국	1,045,784	-60.1	5,962,935	-38.5
*9	CGO	정저우 신정	중국	1,020,988	-55.9	4,590,592	-51.7
*10	NKG	난징 루쿠	중국	896,707	-64.1	4,261,750	-56.6
*11	GMP	서울 김포	대한민국	849,988	-60.3	4,970,655	-37.8
*12	PVG	상하이-푸동	중국	813,437	-87.2	8,890,928	-64.7
*13	XMN	샤먼 가오츠	중국	678,902	-69.8	3,709,537	-59.1
*14	PEK	베이징 캐피탈	중국	565,331	-92.9	9,892,440	-69.9
*15	HND	도쿄-하네다	일본	507,895	-92.3	15,570,551	-43.7
*16	DFW	달라스 포츠워스	미국	483,713	-91.9	15,153,204	-33.3
*17	ATL	애틀랜타 하츠필드 잭슨	미국	453,362	-95.1	21,166,989	-38.7
*18	TSN	텐진	중국	444,287	-77.1	2,769,140	-66.2
19	KHN	난창(남창)	중국	395,830	-63.8	2,026,138	-57.0
*20	SJW	스자좡 정딩	중국	369,595	-61.5	1,534,767	-60.9
*21	CGK	자카르타-소엑카르노 하타	인도네시아	363,108	-91.1	11,509,725	-31.1
*22	ORD	시카고-오헤어	미국	341,670	-95.0	15,215,362	-38.8
23	CLT	샬럿 더글라스	미국	340,217	-91.8	10,779,031	-31.9
*24	LAX	로스앤젤레스	미국	299,364	-95.9	16,086,686	-41.3
*25	DEN	덴버	미국	299,098	-94.4	13,329,164	-34.3
26	MEX	멕시코시티-베니토 후아레즈	멕시코	295,654	-92.8	10,999,329	-30.0
27	PHX	피닉스 스카이하버	미국	282,243	-92.9	10,302,025	-34.7
*28	GRU	상파울루 과룰하스	브라질	279,407	-91.8	10,566,052	-26.5
*29	PUS	부산 김해	대한민국	265,298	-81.3	2,571,931	-55.5
*30	SEA	시애틀-타코마	미국	259,153	-93.6	9,468,104	-36.4
*43	ICN	서울 인천	대한민국	154,141	-97.3	10,461,951	-55.9
*70	KWJ	광주	대한민국	84,430	-50.6	416,508	-36.5
*73	CJJ	청주	대한민국	75,899	-67.9	525,853	-45.7
*96	TAE	대구	대한민국	50,672	-87.0	542,940	-66.8

출처: ACI

- 대상공항: 1,139개 공항 중 순위
- 주요공항 선정기준: 여객처리실적 30위 공항 + 우리나라 주요 공항
- * : 우리나라 공항기점으로 취항하거나 취항한 적이 있는 공항

  ***** : 부정확한 데이터

표 5-13 ▸ ACI 소속 주요 공항 국제선 여객처리 순위 (단위: 천명, %)

순위	공항 코드	도시/공항	국가	여객	전년 대비	'20년 누적실적	누적 대비
*1	LHR	런던-히드로	영국	196,678	-96.9	13,931,180	-40.2
*2	DOH	도하	카타르	194,852	-94.3	8,524,427	-32.3
*3	FRA	프랑크푸르트-라인 마인	독일	169,884	-96.9	10,084,674	-45.5
*4	ICN	서울 인천	대한민국	153,514	-97.3	10,366,396	-55.9
*5	AMS	암스테르담 스키폴	네덜란드	126,015	-97.9	12,396,083	-42.5
*6	CDG	파리-샤를 드 골	프랑스	113,796	-98.1	12,075,441	-42.7
*7	YYZ	토론토 피어슨	캐나다	63,440	-97.7	6,481,862	-39.2
*8	LAX	로스앤젤레스	미국	59,144	-97.1	4,448,020	-42.9
9	MEX	멕시코시티-베니토 후아레즈	멕시코	53,807	-96.2	3,637,813	-34.3
*10	NRT	도쿄 나리타	일본	48,177	-98.4	5,869,975	-51.0
*11	SYD	시드니-킹스포트 스미스	호주	41,248	-97.1	3,480,976	-39.0
*12	GRU	상파울루 과룰하스	브라질	39,889	-96.6	3,164,385	-36.8
*13	DXB	두바이	아랍에미리트	39,629	-99.4	17,57,677	-38.4
*14	KUL	쿠알라룸푸르	말레이시아	38,435	-99.0	7,643,448	-48.3
*15	BKK	방콕-수완나푸미	태국	37,596	-99.2	9,341,257	-49.8
*16	FCO	로마 피우미치노-레오나르도 다빈치	이탈리아	36,771	-98.7	4,214,953	-53.9
*17	CGK	자카르타-소엑칼노 하타	인도네시아	35,312	-97.2	2,524,237	-48.2
*18	TPE	타이완 타오유완	대만	34,618	-99.2	6,733,748	-58.2
*19	KWI	쿠웨이트	쿠웨이트	34,096	-97.3	2,943,426	-40.3
*20	JFK	뉴욕 존 F. 케네디	미국	34,077	-98.8	6,014,766	-40.8
*21	ARN	스톡홀름 알란다	스웨덴	33,572	-98.0	3,341,187	-44.8
*22	HKG	홍콩 첵랍콕	홍콩	32,000	-99.5	8,190,000	-67.5
*23	MIA	마이애미	미국	31,133	-98.3	4,930,241	-36.1
*24	AKL	오클랜드	뉴질랜드	30,948	-96.5	2,412,118	-35.1
*25	HND	도쿄-하네다	일본	29,828	-98.1	2,928,559	-52.4
*26	JED	킹 압둘아지즈	사우디아라비아	29,738	-98.6	4,829,399	-41.1
*27	GDL	미구엘 히달고	멕시코	28,847	-91.5	986,152	-25.7
28	SOF	소피아	불가리아	28,282	-95.1	1,348,413	-36.2
*29	IAH	휴스톤-조지 부쉬 인터콘티넨탈	미국	26,952	-97.0	2,258,414	-36.0
*30	DFW	달라스 포츠워스	미국	26,198	-96.3	1,792,705	-36.0
*267	CJU	제주	대한민국	536	-99.7	274,775	-63.9
*316	PUS	부산 김해	대한민국	249	-100.0	1,151,210	-66.6

출처: ACI

- 대상공항: 1,159개 공항 중 순위
- 주요공항 선정기준: 여객처리실적 30위 공항 + 우리나라 주요 공항
- * : 우리나라 공항기점으로 취항하거나 취항한 적이 있는 공항

***** : 부정확한 데이터

CHAPTER 06

출입국 서비스

SECTION ▸

01 S·E·C·T·I·O·N

출입국의 이해

01 여권

여권은 해당 정부가 자국민을 보호하기 위해 발행하는 신분증명서와 같은 것으로 자국에서 타국으로 이동 시 출국허가서의 역할을 한다.

1) 신분에 따른 여권의 종류

대한민국 여권의 종류는 여행자의 신분에 따라 일반여권, 외교관여권, 관용여권 여행증명서 등이 있다.

① 일반여권

○ 발급대상

- 해당 국가의 국적을 보유하고 있는 국민으로서 법령에 의한 여권발급 거부 또는 제한 대상이 아닌 자

대한민국의 경우 여권법 제 12조에 따르면, 복수국적자도 대한민국 국민이므로 여권 발급이 가능하나, 복수 국적이었다 할지라도 국적법에 따라 외국국적을 이미 선택하였거나, 개정법에 따른 국적 선택에 의해 대한민국 국적을 상실한 경우에는 여권 발급이 불가하며, 이미 발급된 여권은 유효기간이 남아있더라도 그 효력이 상실되므로 사용할 수 없다.

외국 국적의 자진 취득으로 한국 국적을 자동 상실하였음에도 한국 여권을 계속 사용하면 출입국관리법 등 관련 법령에 의해 처벌받을 수 있다.

2 외교관여권

발급대상

- 전현직 대통령과 국회의장·대법원장·헌법재판소장·국무총리·외교부장관 본인, 그 배우자 및 27세 미만 미혼인 자녀
- 특명전권대사·국제올림픽위원회위원 본인, 그 배우자 및 27세 미만의 미혼인 자녀, 생활능력이 없는 부모
- 외교부 소속 공무원 및 그 배우자, 27세 미만의 미혼인 자녀, 생활능력이 없는 부모. 단, 배우자, 27세 미만 미혼 자녀, 생활능력이 없는 부모는 외교부 소속 공무원이 공무로 국외여행을 하는 경우에 한하여 외교관여권이 발급 가능하다.

3 관용여권

발급대상

- 공무원과 공공기관, 한국은행 및 한국수출입은행의 임원 및 직원으로서 공무로 국외에 여행하는 자와 관계기관이 추천하는 그 배우자, 27세 미만의 미혼인 자녀 및 생활능력이 없는 부모
- 공공기관, 한국은행 및 한국수출입은행의 국외주재원과 그 배우자 및 27세 미만의 미혼인 자녀

- 정부에서 파견하는 의료요원, 태권도사범 및 재외동포 교육을 위한 교사와 그 배우자 및 27세 미만의 미혼인 자녀
- 대한민국 재외공관 업무보조원과 그 배우자 및 27세 미만의 미혼인 자녀
- 외교부 소속 공무원 또는 외무공무원법 제31조의 규정에 의하여 재외공관에 근무하는 공무원이나 현역군인이 그 가사 보조를 위하여 동반하는 자

④ 여행증명서

정규여권을 발급받을 시간적 여유가 없고 긴급히 여행해야할 필요가 있는 경우 예외적으로 발급하는 여권에 갈음하는 증명서로서, 1년 이내의 유효기간이 부여되면 유효 기간이 남아 있더라도 여행증명서에 기재되지 않은 국가를 여행하거나 여행증명서에 지재될 국가를 여행하여 해당 여행 목적을 달성 시 효력이 상실된다.

발급대상

- 출국하는 무국적자
- 국외에 체류하거나 거주하고 있는 사람으로서 여권을 잃어버리거나 유효기간이 만료되는 등의 경우에 여권 발급을 기다릴 시간적 여유가 없이 긴급히 귀국하거나 제3국에 여행할 필요가 있는 사람
- 국외에 거주하고 있는 사람으로서 일시 귀국한 후 여권을 잃어버리거나 유효기간이 만료되는 등의 경우에 여권발급을 기다릴 시간적 여유가 없이 긴급히 거주지 국가로 출국하여야 할 필요가 있는 사람
- '남북교류협력에 관한 법률' 제10조에 따라 여행증명서를 소지하여야 하는 사람으로서 여행증명서를 발급할 필요가 있다고 외교부장관이 인정하는 사람
- '출입국관리법' 제46조에 따라 대한민국 밖으로 강제 퇴거되는 외국인으로서 그가 국적을 가지는 국가의 여권 또는 여권을 갈음하는 증명서를 발급받을 수 없는 사람

- 상기 다섯 가지 항목의 규정에 준하는 사람으로서 긴급하게 여행증명서를 발급할 필요가 있다고 외교부장관이 인정하는 사람

5 긴급한 사유로 인한 여권발급

48시간 내 발급 여권 신청 가능 요건

- 여권의 자체 결함 등 여권 사무 대행기관의 행정착오로 여권이 잘못 발급된 사실을 출국이 임박한 때에 발견하여 여권 재발급이 필요한 경우
- 유효한 여권을 소지하지 않은 민원인 중 국외에서 가족 또는 친인척 등의 사건·사고로 긴급히 출국해야하는 경우
- 기타 인도적 사유나 사업상 급히 출국할 필요가 있다고 인정되는 경우

긴급한 사유로 인한 여권발급 시에는 진단서 또는 의사소견서 등 인도적 사유를 증명할 수 있는 서류, 상대측의 초청장 또는 사전 업무협의 메일 등 사업상 긴급한 사유를 증명할 수 있는 서류, 재직증명서, 출장명령서 또는 품의서, 사업자등록증(개인의 경우), 항공권 사본 등을 제시해야 한다.

출처: 외교부

그림 6-1 ▸ 2020년 하반기 차세대 전자여권 이미지

2) 출국 횟수 제한에 따른 여권의 종류

① 단수여권

단수여권은 발급지 기준 왕복여행이 가능한 여권으로, 발급 받은 국가에서 출국하여 제3국 방문 후 다시 발급받은 국가로 입국 시 자동적으로 효력이 상실된다.

즉, 1회용 여권으로 출국 후 귀국하면 남은 유효 기간과는 상관없이 모든 효력이 끝난다. 따라서 유효기간이 남아 있더라도 사용할 수 없다.

또한, 외국 여행 중 여권을 분실하여 재외공관에서 단수여권을 발급받아 국내로 입국하여 여행 목적이 달성되었다 하더라도 발급지로 돌아가지 않는 한, 동여권은 만료기간까지 유효한 여권이므로 무단으로 폐기하지 말고, 유효기간이 남아 있는 경우 여권 재발급 신청 시 반드시 지참해야 한다.

유효 기간은 발급일자로부터 1년이며, 출국한 후 제3국 방문의 횟수에는 제한이 없다. 하지만 일반적으로 여권 유효기간 6개월 전을 안정적인 사용 기간으로 간주하기 때문에 발급 후 6개월 이내 사용할 것을 권장하고 있다.

다만 일부 국가는 단수 여권 소지자의 입국을 불허하는 경우가 있으니 단수 여권발급 전 방문하고자 하는 국가에서의 허용 여부를 확실히 확인해야 한다.

② 복수여권

여러 번의 출입국이 가능한 여권으로 1990년까지는 유효 기간을 3년과 5년으로 구분하여 발급하였으나, 1990년 이후에는 5년으로 발급, 2005년부터 전자식 여권 발급이 시작하면서 5년 미만, 5년, 10년으로 구분하여 발급하였다.

여권법 개정 후 현재(2020년 5월 기준)는 미성년자는 유효기간 5년, 성인여성과 병역 의무 수행 중으로 6개월 이내 전역하는 남성 그리고 군필 및 면제 남성의 경우 유효기간 10년, 군 미필 남성의 경우에는 유효기간 5년인 여권이 발급된다.

오랜 기간 병역 관련 미필자에 대한 복수여권 발급에 대한 논란이 많았으나 2020년 3월 외교부는 18세 이상 37세 이하의 모든 병역미필자에게 5년 유효기간의 복수여권을 발급하도록 여권제도를 개선하였다.

병역미필자 여권 발급제도 개선에 대한 구체적인 내용은 다음과 같다.

「기존 18-24세인 경우 24세한도, 25-37세인 경우 국외여행 허가 기간에 따라 1년 내외의 제한된 유효기간을 부여해온 여권제도를 개선하여 18-37세 모든 병역 미필자에게 일괄적으로 5년 복수여권을 발급한다.
과거 제도 하에서는 6개월 미만의 국외여행 허가를 받은 25세 이상의 병역미필자는 1년 유효기간의 단수여권을 발급받았는데, 출국 시 매번 발급받아야 하는 번거로움과 수수료 비용부담 문제, 또한 일부 국가의 경우 단수여권을 불인정하거나 입국심사를 까다롭게 진행하기 때문에 청년 권익을 보호하는 적극행정 차원에서 개선안을 마련하였다.」

병역미필자에 대한 여권발급 제도 개선안은 제한된 유효기간의 여권을 발급받던 모든 병역미필자에 대해 5년 복수여권을 발급함으로써 해외 출입국 편익을 증진시키는 데 크게 기여하는 중요한 변화이다.

02 사증 VISA

'visa'는 라틴어 'vise'가 어원으로, '보장하다, 확인하다, 인정하다, 증명하다, 사증(查證)하다' 등의 의미를 갖고 있다. 즉 사증(VISA)란 개인이 타국으로 입국할 때, 자기 나라 또는 체재 중인 나라에 있는 대사, 공사 혹은 영사로부터 여권 검사를 받고 서명을 받는 것으로 입국허가증을 말한다.

이 제도는 제1차 세계대전 중 주로 군사상의 이유에서 간첩행위를 막는 목적으로 도입되었으며 현재는 국내의 보안, 노동문제나 이민 제한 등을 위해 시행하고 있다.

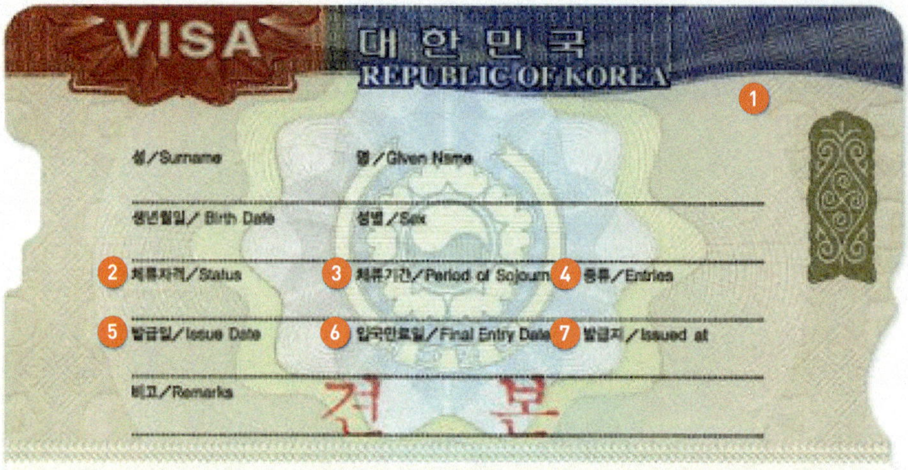

출처: 외교부

그림 6-2 ▸ 사증

❶ 비자번호 : 비자발급 일련번호

❷ 체류자격 : 외국인이 국내에 체류하면서 행할 수 있는 사회적인 활동이나 신분의 종류

❸ 체류기간 : 대한민국 입국일로부터 체류할 수 있는 기간

❹ 종류 : 비자의 종류(S:단수비자, D:더블비자, M:복수비자)

❺ 발급일 : 비자 발급일자

❻ 입국만료일 : 비자유효기간(만료일까지 한국에 입국하여야 하며, 만료일이 지난 비자는 무효임)

❼ 발급지 : 비자를 발급한 재외공관에 대한 정보

1) 대한민국 입국 사증(VISA)의 종류

① 기간에 따른 사증의 종류

○ 단수비자

유효기간 내에 1회에 한하여 입국할 수 있다.

더블비자
유효기간(6개월) 내에 2회 입국할 수 있다.

복수비자
유효기간(1년, 3년, 5년) 내에 제한 없이 입국할 수 있다.

2 대한민국 방문 목적에 따른 사증의 종류

외교, 공무
외교 및 공무와 관련한 사증의 종류는 다음과 같다.

- 외교 A-1 : 외국 정부의 외교사절단 혹은 영사기관의 구성원 조약 또는 국제관행에 따라 외교사절과 동등한 특권과 면제를 받은 자 및 상기자의 가족.
- 공무 A-2 : 대한민국 정부가 승인한 외국 정보 또는 국제기구의 공무를 수행하는 자와 그의 가족.
- 협정 A-3 : 대한민국정부와의 협정에 의해 외국인 등록이 면제되거나 이를 면제할 필요가 있다고 인정하는 자와 그의 가족.

90일 이하
90일 이하 사증의 종류에는 단기방문, 단체관광, 의료관광, 단기취업 등이 있으며 대표적인 경우는 다음과 같다.

- 일시취재 C-1 : 외국의 신문, 방송 등 기타 보도기관으로부터 파견되어 단기간 취재 및 보도활동을 하려는 자
- 단기방문 C-3-1 : 국내에서 개최되는 친선경기와 행사, 회의에 참가하고자 하는 자와 정부 및 기업 등에서 기술을 익히기 위해 단기간 체류하고자 하는 자
- 단체관광 등 C-3-2 : 관광 등을 목적으로 입국하려는 자로 체류기간 경과 시 대행사가 책임을 지게 되는 단체사증 및 보증개별 사증 등

- 의료관광 C-3-3 : 외국인 환자 유치치관의 초청으로 국내 의료기관에서 진료 또는 요양의 목적으로 입국하려는 외국인 환자
- 일반상용 C-3-4 : 시장조사, 업무연락, 상담과 계약, 수출입기계 등의 설치와 보수, 검수 등의 습득 등의 목적으로 단기간 체류하려는 자
- 우대기업 초청 단기상용 C-3-6 : 법무부장관이 우대기업으로 선정한 기업이나 단체로부터 초청을 받은 자
- 도착비자 C-3-7 : 공항, 항만에서 즉시 발급하는 비자로 국내 도착한 외국인을 인도적 차원에서 입국시키는 경우
- 일반관광 C-3-9 : 휴가를 이용하여 대한민국을 관광의 목적으로 방문하는 자
- 단기취업 C-4 : 강의·강연, 연구, 기술지도, 일시적인 홍보 및 광고 등 수익을 목적으로 단기 취업 활동을 하려는 자

91일 이상 장기체류

91일 이상 장기체류 사증에는 취업이 가능한 사증과 비영리를 목적으로 하는 활동, 가족방문 등이 있으며 대표적인 경우는 다음과 같다.

- 취업_교수 E-1 : 고등교육법에 의한 자격요건을 갖춘 외국인으로서 전문대 이상의 교육기관 혹은 이에 준하는 기관에서 교육 또는 연구를 지도하는 자
- 취업_외국어 회화지도 E-2 : 법무부장관이 정하는 자격요건을 갖춘 외국인으로 서 외국어 전문학원과 초등학교 이상의 교육기관 및 부설어학연구소, 방송사 및 기업체 부설 어학연수원 등 이에 준하는 기관 혹은 단체에서 외국어 회화지도를 하는 자
- 취업_연구 E-3 : 자연과학 분야의 연구 혹은 산업상 고도기술의 연구개발에 종사하는 사람 및 고학력의 기술인력
- 취업_기술지도 E-4 : 자연과학 분야의 전문지식 또는 산업 상 특수 분야에 속하는 기술을 제공하기 위해 대한민국 내의 기관으로부터 초청을 받아 종사하는 자

- 취업_관광취업 H-1 : 대한민국과 관광취업 관련 협정이나 양해각서를 체결한 국가의 국민으로서 관광을 주된 목적으로 하면서 동시에 이에 수반되는 관광 경비 충당을 위해 단기간 취업 활동을 하려는 자
- 비영리_문화예술 D-1 : 수익을 목적으로 하지 않는 학술 및 예술 관련 활동을 하려는 자
- 비영리_유학 D-2 : 전문학사유학(D-2-1), 학사유학(D-2-2), 석사유학(D-2-3), 박사유학(D-2-4), 연구유학(D-2-5), 교환학생(D-2-6)
- 비영리_일반연수 D-3 : 대학부설 어학원연수(D-4-1), 기타 기관연수(D-4-2), 초중고생(D-4-3), 한식조리연수(D-4-5), 사설기관연수(D-4-6), 외국어연수(D-4-7)
- 비영리_종교 D-6 : 외국의 종교단체 및 사회복지 관련 단체로부터 파견되어 대한민국의 종교단체에서 종교 활동을 하려는 자
- 비영리_기업투자 D-8 : 법인투자(D-8-1), 벤처기업(D-8-2), 개인기업투자(D-8-3)
- 비영리_무역경영 D-9 : 무역고유거래(D-9-1), 수출설비(D-9-2), 선박설비(D-9-3), 경영영리사업(D-9-4)
- 비영리_구직 D-10 : 교수(E-1), 회화지도(E-2), 연구(E-3), 기술지도(E-4), 전문직업(E-5), 예술흥행(E-6), 특정활동(E-7) 자격에 해당하는 분야에 취업을 위해 연수 혹은 구직활동을 하려는 자
- 가족방문, 동거_방문동거 F-1 : 친척방문, 가족동거 등 이와 유사한 목적으로 체류 하고자 하는 자와 일정 체류자격 해당자의 가사보조인
- 가족방문, 동거_방문동거 F-2 : 국민의 미성년 외국인 자녀 또는 영주 체류자격을 갖고 있는 사람의 배우자와 미성년 자녀
- 가족방문, 동거_영주 F-5 : 영주권자로서 체류자격 구분에 따른 별도의 제한을 받지 않음

- 가족방문, 동거_재외동포 F-4 : 재외동포본인(F-4-11), 재외동포직계가족(F-4-12), 비자 D,E 계열의 6개월 이상 체류자(F-4-13), 대학 졸업자(F-4-14), 법인대표(F-4-16), 10만불 기업가(F-4-17), 다국적기업(F-4-18), 동포단체대표(F-4-19), 공무원(F-4-20), 교원(F-4-21), 60세 이상자(F-4-25)

2) 사증면제제도

사증을 발급받기 위해서는 상대국의 대사관이나 영사관을 방문하여 방문국가에서 요청하는 서류 및 사증 수수료를 지불해야 하고, 경우에 따라서는 인터뷰를 진행해야 한다. 따라서 사증면제제도는 이러한 번거로움을 없애기 위해 국가 간 협정이나 일방 혹은 상호 조치에 의해 별도의 사증을 발급받지 않고 상대국에 입국할 수 있도록 하는 제도로 소지하고 있는 여권의 종류에 따라 무사증 입국 가능 여부가 다르다.

몰디브, 세이셸과 같이 모든 국가의 국민에게 사증 없이 입국을 허용하기도 하고, 싱가포르, 아이티, 이집트와 같이 일부 국가의 국민에게만 사증을 요구하는 경우가 있다. 또한, 동티모르와 지부티의 경우에는 일정 액수의 수수료를 지불하면 도착 시 사증을 발급하기도 한다.

2020년 1월 기준 대한민국 여권으로 무사증입국이 가능한 국가는 약 149개국(지역)이다. 149개국(지역) 중 주요 국가와의 무사증입국 현황은 다음과 같다.

표 6-1▶ 대한민국여권 무사증입국 가능 국가(지역)

지역	국가	대한민국 국민 무사증 입국 가능 여부 및 기간			무사증입국 근거	비고
		일반여권 소지자	관용여권 소지자	외교관여권 소지자		
아주 지역 대표 국가 (지역)	대만	90일	90일	90일	상호주의	여권유효기간 6개월 이상 필수
	마카오	90일	90일	90일	상호주의	단수여권 및 여행증명서 소지자사증 필요
	말레이시아	90일	90일	90일	일방적면제 / 협정	
	싱가포르	90일	90일	90일	협정	
	중국	×	30일	30일	일방적면제 / 협정	단, 일부지역의 경우 무사증 정책 시행중
	필리핀	30일	무제한 (공무 목적 아닌 경우 30일)	무제한 (외교 목적 아닌 경우 30일)	일방적면제 / 협정	출국 예약 항공권 필요(단기 여행객 및 투숙객)
미주 지역 대표 국가 (지역)	멕시코	90일	90일	90일	협정	
	미국	90일	×	×	상호주의	전자여행허가(ESTA) 사전 신청 필요
	볼리비아	×	90일	90일	협정	
	캐나다	6개월	6개월	6개월	상호주의	ETA(전자여행허가제) 사전 등록 필요
유럽 지역 (쉥겐 가입국)	독일	90일	90일	90일	협정	
	벨기에	90일	90일	90일	협정	
	스웨덴	90일	90일	90일	협정	
	이탈리아	90일	90일	90일	협정	
	프랑스	90일	90일	90일	협정	

지역	국가	대한민국 국민 무사증 입국 가능 여부 및 기간			무사증입국 근거	비고
		일반여권 소지자	관용여권 소지자	외교관여권 소지자		
유럽 지역 (비 쉥겐국 및 지역)	러시아	1회 최대 연속 체류 60일, 180일 중 누적 90일	90일	90일	협정	
	영국	6개월	6개월	6개월	협정	
	카자흐스탄	30일(1회 최대 연속 체류 30일, 180일 중 60일)	90일	90일	협정	
	터키	180일 중 90일	180일 중 90일	180일 중 90일	협정	
대양주	괌	45일/ VWP90일	45일/ VWP90일	45일/ VWP90일	상호주의	
	뉴질랜드	90일	90일	90일	협정	
	사이판	45일/ VWP90일	45일/ VWP90일	45일/ VWP90일	상호주의	
	팔라우	30일	30일	30일	상호주의	
	호주 (오스트레일리아)	90일	90일	90일	상호주의	
아프리카 · 중동 지역 (27개국)	아랍에미리트	90일	90일	90일	협정	
	요르단	×	×	90일	협정	
	이란	×	90일	90일	협정	
	이집트	×	90일	90일	협정	
	쿠웨이트	×	180일 중 90일	180일 중 90일	협정	(일반여권) 도착비자 발급 가능 / (관광) 입국비자 수수료 면제

출처: 외교부 자료 토대로 재정리

3) 쉥겐협약

쉥겐협약은 유럽지역 26개 국가들이 여행과 통행의 편의를 위해 체결한 협약으로, 쉥겐협약 가입국 여행 시에는 국경이 없는 한 국가를 여행하는 것처럼 자유롭게 이동할 수 있다.

출처: https://www.schengenvisainfo.com

그림 6-3 ▸ 쉥겐협약 국가(지역)

쉥겐협약 가입국은 총 26개국이며, 그리스·네덜란드·노르웨이·덴마크·독일·라트비아·룩셈부르크·리투아니아·리히텐슈타인·몰타·벨기에·스위스·스웨덴·스페인·슬로바키아·슬로베니아·헝가리·아이슬란드·에스토니아·오스트리아·이탈리아·체코·포르투갈·폴란드·프랑스·핀란드가 있다.

유럽지역 내에서는 별도의 출입국심사가 없기 때문에 체류사실이 여권 상에 표기되지 않는다. 따라서 체류사실 증명자료로서 체류허가서·교통·숙박·신용카드영수증 및 관련 서류 등을 반드시 여행이 끝날 때까지 보관해야하며, 여행 중 및 출국 시 휴대해야 한다. 쉥겐협약 내 규정된 기간(최종 출국일(단속일)로부터 이전 180일내 90일)보다 체류기간이 초과된 경우, 향후 쉥겐국가 입국 시 불이익을 받을 수 있다.

쉥겐협약 가입 국가에서 비쉥겐국가 국민이 체류할 수 있는 기간은 다음과 같다.

쉥겐협약에 가입 국가에서 비쉥겐국가 국민이 체류할 수 있는 기간은 쉥겐국가 최종 출국일 기준, 이전 180일 이내 90일간 쉥겐국내 무비자 여행이 가능하다. 또한, 최장 체류 가능 일수인 90일은 쉥겐국 내에서 여행하였던 모든 기간(이전 출국일과 입국일 포함)을 합산하며, 출국시마다 이전 180일 기간 중 체류일을 출국심사관이 계산한다.

예를 들어, 6월30일 재입국하여 9.27일에 쉥겐국을 출국하는 경우(90일 체류), 출국일 9.27일 기준 역산하여 이전 180일(3.31~9.27) 기간 동안 체류일수를 계산하게 되므로 3.31~6.29일 사이의 체류 시 쉥겐협정을 위반한 것이 된다.

03 검역

1) 검역의 정의 및 역사

검역은 국외 감염병이 국내로 유입되는 것을 예방하기 위해 공항 및 항구 등에서 검사를 진행하는 것으로, 이탈리아어 'quaranta giorni'에서 유래하였다.

1383년 마르세이유에서는 입항한 선박을 검역한 후 전염의 의심이 있는 배, 승객 및 하물을 40일 동안 억류해서 깨끗한 공기와 일광 등의 방법으로 소독하는 최초의 검역소가 설치되었다. 이에 따라 인근 지역에는 격리시설이나 소독소를 구비한 감염병 격리체계가 보건사업의 일환으로 도입되기 시작하였는데, 이러한 검역 제도는 르네상스시대부터 더욱 발전되어 공중보건 활동의 중요한 분야로 발전되게 되었다.

우리나라의 경우 1954년 검역법을 제정 공포하여 페스트, 황열, 천연두 등 주요 해외발생 감염병의 국내 침입을 방지하기 위한 시스템을 마련하였고, 현재 질병관리본부 산하 국립검역소는 전국의 공항과 항만에 13개 검역소 및 11개 검역지소가 설치 운영되고 있다.

2) 검역의 목적

메르스, 에볼라바이러스병, 동물인플루엔자 인체감염증, 코로나바이러스감염증-19(COVID-19) 등 신·변종 감염병이 기후변화 등으로 지속 발생·유행하고 있으며, 해외여행객의 지속적인 증가, 국제교류 활성화 등으로 국가 간 확산 기회가 가속화되고 있다. 이에 국내외로 입·출국하는 항공기, 사람 및 화물을 검역하는 절차와 검역감염병 예방을 위한 조치사항 등을 규정하여 국내외로 검역감염병이 번지는 것을 방지함으로써 국민 건강을 보호하는데 목적이 있다.

3) 국립검역소 업무

① 검역

- 해외발생감염병의 국내유입을 차단하기 위해서 검역 감염병 검역관리지역 여행객에 대한 건강상태질문서 요구 및 검역조사를 실시한다.
- 외국에서 들어오는 선박·항공기·열차·자동차 등 운송수단에 대한 위생상태와 적재 화물 등을 점검하고 살충·살균을 위한 소독을 실시한다.
- 검역구역 내 감염병에 관한 역학조사를 실시한다.
- 어패류와 식품 취급자에 대한 위생지도 및 교육을 실시한다.
- 감염병의 병원체 및 매개체에 대한 감시사업 등을 실시한다.

② 감염병예방 관련 홍보 및 협력체계 수립

- 세계 각국 감염병 발생정보 수집 및 해외여행객 방문 국가에 대한 감염병 발생 정보를 제공한다.
- 감염병예방 관련 홍보를 적극적으로 실시한다.

- 해외여행질병정보센터를 운영하여 해외여행 시 필요한 예방접종 및 감염병 정보를 제공한다.
- 관련기관과 협력체계를 구축하여 해외에서 발생한 감염병이 국내에 유입될 시 필요한 긴급 대응을 실시한다.

③ 해외여행자 예방접종증명서 발급

- 황열 및 콜레라 예방접종을 실시하고, 국제공인예방접종증명서를 발급한다.
- 선박 위생관리면제증명서, 감염병 매개체 구제증명서, 소독증명서 등을 발급한다.

4) 항공기 검역

① 목적

국경을 왕래하는 항공기 교역량의 지속적인 증가로 전 세계적인 감염병 확산기회가 증대하고 있다. 이에 왕래 운송수단(항공기)과 탑승승객 및 승무원 또는 화물에 대한 검역을 지속적으로 강화하고 있으며, 검역구역내의 감염병 예방관리를 철저히 하고, 감염병 예방상식에 대한 적극적인 홍보를 통해 감염병의 국내유입 방지를 목적으로 하고 있다.

② 주요업무

○ 국경을 왕래하는 항공기에 대한 중점검역

- 기내 변기오수, 음용수 등 가검물을 채취하여 검사를 실시한다.
- 승객에 대한 시진 및 문진(건강상태질문서 징구, 설사증상 등 유증상자에 대해 필요시 가검물 채취 검사 및 사후관리)을 실시한다.
- 감염병에 대한 정보를 수집하고 분석한다.
- 입국 후 증상 발현 시 '1339' 신고와 관련하여 SMS를 발송하거나 DUR 연계하여 감염 관련 행동조치를 홍보한다.

검역감염병에 대한 예방접종 실시 및 홍보

- 콜레라·황열 예방접종 및 증명서를 발급한다.
- 검역감염병과 관련한 예방수칙 홍보물을 제작하고 배포한다.

3 검역 절차 및 검역조치

절차

항공기 도착 → 항공기 검역 (오염지역 입국의 경우) → 승객 및 승무원 검역 → 검역조치

항공기 검역 (오염지역 입국의 경우)
- 항공기 내 위생상태
- 항공기 내 위생상태
- 감염병 매개체 유무 조사
- 오수 적재 식품 검체 채취

승객 및 승무원 검역
- 발열감시
- 건강상태질문서 제출

검역조치
- 역학조사 후 필요 시 검체 채취
- 유증상자의 경우 시/도를 통하여 추적관리
- 의사환자의 경우 중앙검역 의료지원센터 격리

검역조치

승객검역 시 이상이 있는 경우 의심환자는 채변 등 가검물을 채취하고 검사를 진행하며 격리 지정병원으로 후송조치를 취한다.

의심환자와의 접촉자는 자택격리 하도록 통보하고, 기타 탑승자는 시도(시·군·구 보건소)에 명단을 통보하여 추적 감시한다.

또한 의사환자(병원체가 인체에 침입한 것으로 의심되나 감염병 환자로 확인되기 전 단계의 사람)의 경우 중앙검역 의료지원센터 격리하고, 해당 항공기에 소독명령을 지시한다.

02 S·E·C·T·I·O·N

출국 및 입국 수속

01 출국 수속

1) 출국 절차

탑승수속 → 보안검색 → 세관신고 → 법무부신고 → 항공기탑승 → 출항허가

2) 출국 관련 세부사항

① 탑승수속

공항 도착 후 출국을 위해 가장먼저 진행하는 절차로써, 항공권과 여권 등 여행구비서류에 대한 확인 및 수하물 위탁처리와 관련된 모든 과정을 탑승수속이라고 한다.

여행 시 필요한 서류 확인

- 예약자와 여권의 본인 일치 여부를 확인
- 여행목적에 부합하는 VISA 소지 및 면제협정 국가 여부
- 외국인과 교포의 국내 체류기간 적법성 확인

항공권 확인

- 항공권의 유효기간과 여행 경로 확인
- 마일리지 카드 확인 및 적립

좌석 배정

- 구매한 항공권의 좌석 등급 확인
- 사전 좌석 배정 여부 확인
- 승객의 요구에 따른 좌석 배정
- 비상구좌석 착석 불가 규정에 따른 배정

(※ 비상구좌석 착석 불가 승객: 비상구나 슬라이드 조작 장치에 대한 접근이 어렵고, 신속한 비상구로의 접근과 빠른 탈출이 어려운 조건을 지닌 승객. 15세미만 승객과 비상탈출 지시를 이해하지 못하는 승객, 시력 보조장비 없이 비상구 및 슬라이드 조작이 어려운 승객, 승무원의 탈출 지시 청취 불가 승객, 비상구 좌석 착석규정 준수의사가 없는 승객)

수하물 접수

- 위탁수하물의 수량 및 중량 확인
- 이름표 부착 여부와 포장 상태 확인
- 위탁 불가 물품 신고 여부 확인
- 기내 반입 무료 수하물 수량 및 개수에 대한 정보 제공
- 여행 목적지 최종 확인

탑승권 발급

- 성명, 좌석등급 및 번호 확인
- 항공기 편명 및 행선지 확인
- 탑승구 및 마감시간 확인 및 안내

그림 6-4 ▸ Self-Check-in

그림 6-5 ▸ Self-Bag-Drop

항공여행정보

- 세계 각국의 출입국관리법 안내
- 세관 통관 규정 안내
- 검역 관련 규정 안내

항공여행정보 관련하여 IATA의 회원국 13개 항공사가 공동으로 발행하는 항공여행정보책자(TIM: Travel Information Manual)가 있다. 이는 여행자를 위해 여권, 사증(VISA), 검역절차, 관세 등과 관련한 정보를 수록한 정기 간행물이다.

TIM에 기재되어 있는 여권관련 내용으로는 입국에 유효한 국적별 여권과 국가별 여권의 종류 및 여권 대용서류 등이 있으며, 사증(VISA) 관련 정보로는 입국에 유효한 국적별 사증과 사증 면제 국가 현황 및 재입국 허가 규정 등이 있다. 또한 검역관련 내용으로는 예방 접종 필요 여부와 애완동물 입·출국 절차 및 기타 권고 사항이 있으며, 관세관련 내용은 공항세 징수 여부와 공항세 금액 및 공항세 면제 대상 등의 내용이 있다.

2 보안검색

항공기의 안전한 비행을 위해 항공기와 승객의 안전을 위하여 항공기에 탑승하는 모든 승객 및 휴대 물품에 대하여 검색을 실시한다. 항공기 내에서 승객의 안전을 위협할 수 있는 모의 총기류 및 도검류, 폭발성 물품에 대하여 개인 반입이 금지되며 항공사에 위탁한 후 목적지 공항에서 인도할 수 있다.

공항 내 보안검색의 절차

- 여권 및 탑승권을 출국장 입장 시 보안요안에게 제시
- 보안검색 전 신고 대상 물품이 있을시 세관에 신고
- 엑스레이 검색대 벨트 위에 휴대물품(가방, 핸드백, 코트 등) 제시
- 소지품(휴대폰, 지갑, 열쇠, 동전 등) 바구니 안에 제시
- 문형탐지기 혹은 원형검색기 통과 후 검색요원의 검색

인천국제 공항 제한물품

- 액체류 : 액체·분무·겔 형태의 위생용품, 욕실용품 또는 의약품류 등(객실의 경우, 국제선에 한하여 개별 용기당 100ml 이하로 1인당 1L 비닐지퍼백 20.5cm*20.5cm/15cm*25cm 1개에 한해 반입 가능. 위탁수하물의 경우 국제선에 한하여 개별 용기당 500ml(0.5kg)이하로 1인당 2L(2kg) 이하까지 가능)
- 액체류 : 고추장/김치 등 액체류 음식을 포함한 음식물류(객실의 경우, 고추장·김치 등 액체가 있는 음식물은 기내로 반입 금지. 단, 마른 반찬은 기내반입 가능. 위탁수하물의 경우 용량 제한 없이 가능)
- 위해물품 : 창·도검류 등(객실 내 반입금지. 위탁수하물의 경우 플라스틱 칼,

둥근 날을 가진 버터칼, 안전날이 포함된 면도기, 안전면도날, 전기면도기 및 기내식 전용 나이프(항공사 소유)는 객실 반입가능)

- 위해물품 : 전자충격기, 총기, 무술호신용품 등(객실 내 반입금지. 위탁수하물로 반입할 경우, 해당 항공운송사업자에게 총기소지허가서 또는 수출입허가서 등 관련서류를 확인시키고, 총알과 분리한 후, 단단히 보관함에 넣은 경우에만 가능)

③ 세관

우리나라에 입국하는 모든 여행자와 승무원은 인적사항, 신고대상물품을 소지하였는지와 그 취득가격을 신고서에 기재하고 여행자 서명란에 직접 서명한 후 세관장에게 제출해야 한다.

○ 세관신고서 작성

- 해외에서 입국하는 모든 여행자는 신고물품이 없는 경우에도 반드시 세관신고서를 작성하여 제출하여야 한다.
- 가족과 함께 입국하는 경우, 가족을 포함하여 1장만 작성하면 된다.
- 기내에서 받은 여행자 휴대품 신고서에 세관 신고 대상 물품을 기재하고, 여행자의 인적 사항을 기재 후 서명해야 한다.
- 입국장에서도 세관 휴대품 신고서를 작성할 수 있으나 신속한 휴대품 통관을 위해 일반적으로 기내에서 세관신고서를 제공한다.
- 별송품이 있는 경우 세관 신고서 2매를 작성하여 1매는 제출하고 1매는 입국지 세관장의 확인을 받아 별송품 통관 시 통관지 세관장에게 제출한다.
- 세금의 사후 납부를 원할 경우 세관 공무원에게 구두로 신청한다.

휴대품 신고서

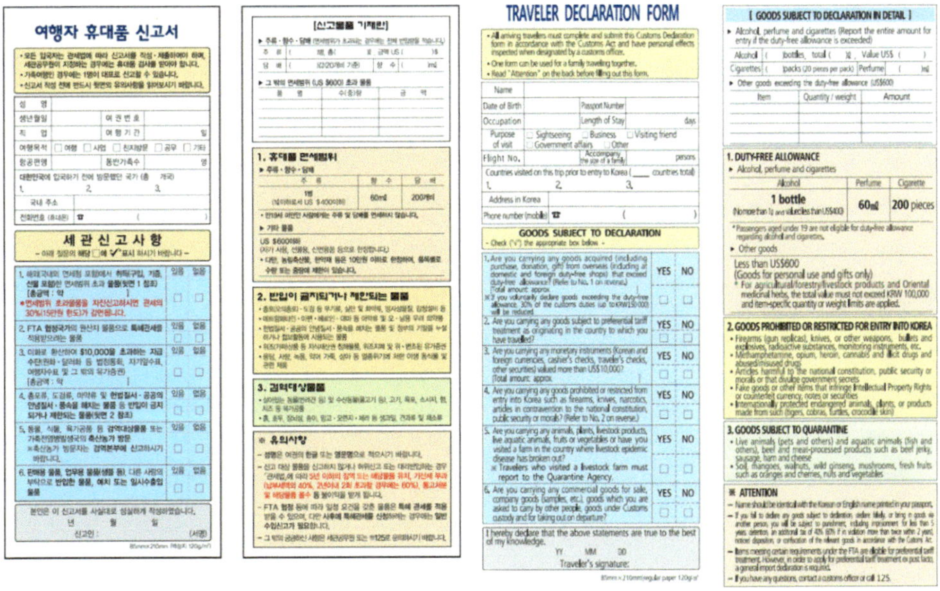

출처: 인천본부세관

그림 6-6 ▸ 여행자 휴대품 신고서

◘ 대한민국 여행자 휴대품 면세 범위

여행자 휴대품 면세범위는 US $600이다.

- 반출입 금지물품 : 국헌·공안·풍속을 저해하는 서적·사진·비디오 테이프·필름·LD·CD·CD-ROM 등의 물품
  - 정부의 기밀을 누설하거나 첩보에 공하는 물품
  - 위조·변조·모조의 화폐·지폐·은행권·채권 기타 유가증권
- 별도 면세 상품 : 주류1병 (1L 이하로 US $400 이하인 것)
  - 담배1보루 (200개비)
  - 향수60ml

- 농림축산물 면세 범위 : 참기름, 참깨, 꿀, 고사리, 더덕 등 각 5kg
  - 쇠고기10kg
  - 인삼(수삼, 백삼, 홍삼), 상황버섯 각 300g
  - 잣 1kg, 녹용 150g
  - 기타 한약재품목당 3kg

자진신고

해외에서 취득한 물품(선물 등 무상물품 및 국내면세점에서 취득 후 재반입하는 물품 포함)으로서 전체 취득가격 합계액이 미화 600달러를 초과하는 물품, 1명(출생년도를 기준으로 계산하여 해당 연도에 만19세가 되는 사람 포함) 당 면세한도를 초과하는 주류, 담배, 향수에 대해서 자진신고 시 세금을 경감(15만원을 넘지 않는 범위에서 해당 물품에 부과될 관세의 30%에 상당하는 금액을 경감) 해준다.

4 법무부 출국심사

출입국심사관이 출국자들을 대상으로 유효한 여권소지 여부와 목적지에 해당하는 필요한 사증을 확인하고, 체류기관과 출국금지 여부 등의 검사 후 출국허가를 내리는 과정이다.

자동출입국심사서비스(SES:Smart Entry Service)

첨단 정보화기술을 활용하여 자동출입국심사대에서 지문 등으로 본인 인증을 함으로써 이용자 스스로 간편히 출입국 심사를 종료하는 무인 심사시스템이다.

대한민국 국민의 경우 주민등록이 된 7세 이상(7세 이상 14세 미만 아동은 법정대리인 동의 필요) 가능하다.

외국인의 경우에는 17세 이상 모든 등록 외국인, 한국방문 우대카드 소지자, 복수 상륙허가를 받은 외국인승무원, 대한민국과 상호 자동출입국심사 협정을 맺은 미국·홍콩·마카오·대만·독일인 중 자동출입국서비스 가입자인 경우 사용이 가능하다.

출처: 문화체육관광부 해외문화홍보원

그림 6-7 ▸ 인천국제공항 자동출입국심사 등록센터 **그림 6-8** ▸ 인천국제공항 자동출입국심사 게이트

⑤ 항공기 탑승

항공기 탑승은 일반적으로 출발 30분 전부터 시작한다. 항공기 탑승 시 기내좌석 등급과 특수승객 등에 따라 규정된 순서대로 탑승한다. 탑승의 우선순위는 다음과 같다.

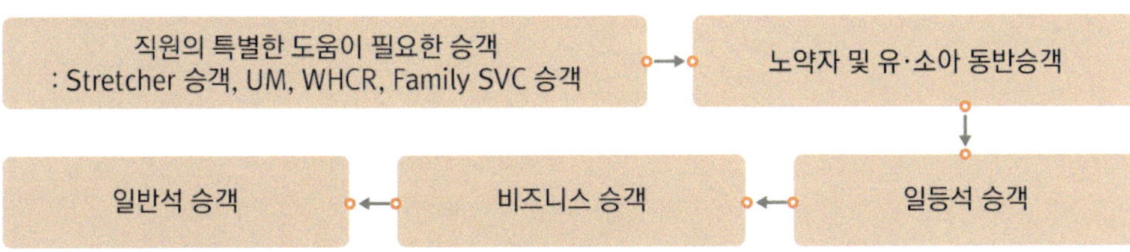

⑥ 출항 허가

항공기 출항을 담당하는 기관은 법무부 출입국관리소 및 세관 승기실로 두 기관의 허가를 받아야 진행이 가능하다.

출항보고서에 포함되어야 하는 내용은 다음과 같다.

- G.D(General Declaration): 승무원 명단 등 출항편의 일반 사항
- PM(Passenger Manifest): 탑승자 명당 등
- CM(Cargo Manifest): 탑재 화물 목록 등

02 입국 수속

1) 입국 절차

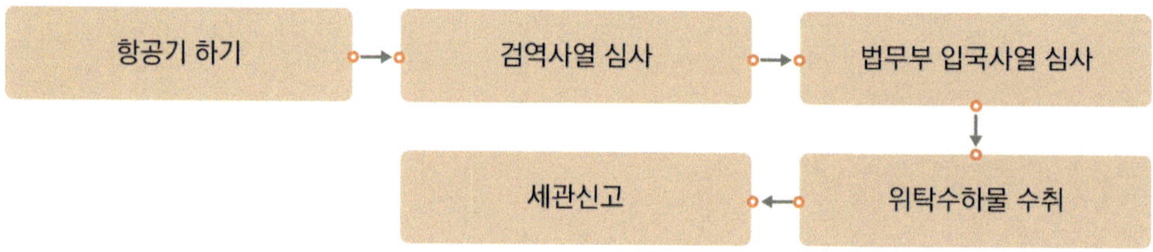

2) 입국 관련 세부사항

① 항공기 하기

항공기가 탑승교 접현 후 항공기 도어가 열리면 다음과 같은 순서로 승객의 하기가 시작된다.

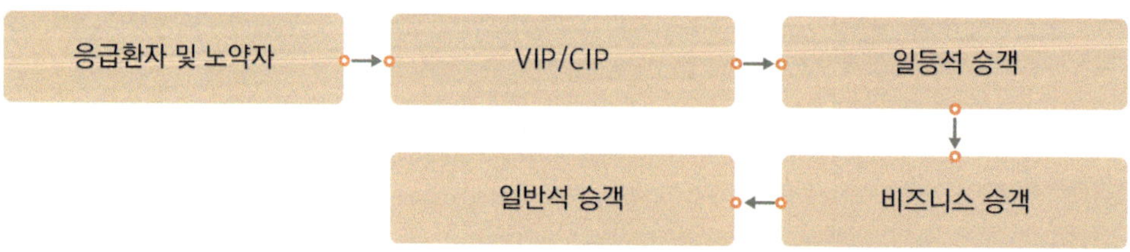

② 검역사열 심사

항공기에서 하기 후 가장 먼저 검역 절차를 거친다. 콜레라와 황열, 페스트 등의 오염지역에서 입국하는 경우 반드시 검역 설문서를 작성하여 제출해야 한다.

일반적으로 기내에서 승객의 편의와 원활한 검역사열 심사를 위해 검역설문서를 제공하나, 작성하지 못하였을 경우 공항에 비치되어 있는 관련 서류를 작성하여 제출한다.

○ 승객 검역

입국 승객 대상 열감지기 작동·운영하며, 설문지 수거 및 이상 징후 승객을 분리한다.

○ 동·식물 검역

휴대 반입 동물·식물에 대한 검역 실시하고, 출발국에서 발행한 동물·식물 검역증을 제출한다.

③ 법무부 입국사열

한국에 입국한 모든 승객들은 내국인과 외국인으로 구분되어 있는 전용 입국사열대를 이용하여 입국 자격심사를 받는다. 내국인의 경우에는 여권의 유효기간 내 입국하는지의 여부와 여권 목적 및 여행 목적 등을 확인한다.

또한 입국 심사 시, 내국인 중 범죄와 관련하여 지명 수배되었으나 해외 도피 후 입국하는 사람은 관계기관에 통보를 한다.

내국인 특별범죄자의 경우 관계기관의 현장 신병인도가 이루어지고, 지명 수배자는 관계기관에 통보를 한다. 외국인의 경우 입국 심사 시 적법한 여권 및 입국사증을 심사하며, 입국 목적과 체류기간 결정을 확인하고, 입국 제한자에 대해 판정 및 퇴거 조치를 이행한다.

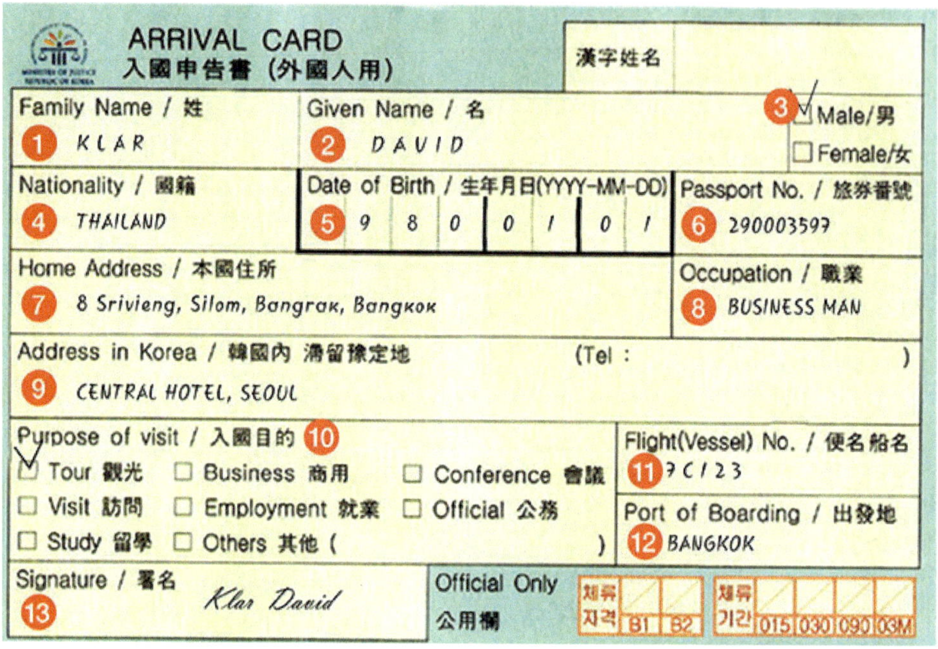

ARRIVAL CARD
入國申告書 (外國人用)

漢字姓名

Family Name / 姓	Given Name / 名	Male/男 / Female/女
① KLAR	② DAVID	③ ✓ Male/男 ☐ Female/女

Nationality / 國籍	Date of Birth / 生年月日(YYYY-MM-DD)	Passport No. / 旅券番號
④ THAILAND	⑤ 9 8 0 0 1 0 1	⑥ 290003597

Home Address / 本國住所	Occupation / 職業
⑦ 8 Srivieng, Silom, Bangrak, Bangkok	⑧ BUSINESS MAN

Address in Korea / 韓國內 滯留豫定地 (Tel :)
⑨ CENTRAL HOTEL, SEOUL

Purpose of visit / 入國目的 ⑩
✓ Tour 觀光 ☐ Business 商用 ☐ Conference 會議
☐ Visit 訪問 ☐ Employment 就業 ☐ Official 公務
☐ Study 留學 ☐ Others 其他 ( )

Flight(Vessel) No. / 便名船名
⑪ 7C123

Port of Boarding / 出發地
⑫ BANGKOK

Signature / 署名
⑬ Klar David

Official Only 公用欄
체류자격 B1 B2
체류기간 015 030 090 03M

출처: 제주항공

그림 6-9 ▸ 한국 입국신고서

❶ 성	❷ 이름
❸ 성별	❹ 국적
❺ 생년월일	❻ 여권번호
❼ 본국의 주소	❽ 직업
❾ 한국 내 주소(체류장소)	❿ 여행목적
⓫ 항공편명	⓬ 출발지(출발 공항)
⓭ 서명	

④ 위탁수하물 회수

항공기 탑승 수속 시 위탁하였던 본인의 수하물을 해당 항공기 도착 후 화물인도 컨베이어 벨트에서 수취하고 세관검색대로 이동한다.

⑤ 입국 시 세관 검사

국내 반입금지 물품에 대한 통관 불허와 면세 한도를 초과하는 반입 물품에 대한 관세부과를 위함이다.

해외여행 시 구입한 물품의 합계에 따라서 면세 검사대와 과세 검사대에서 세관 검사를 받는다.

CHAPTER 07

항공보안

SECTION ▸

01. 항공보안의 이해

02. 항공 보안검색

01 SECTION

항공보안의 이해

01 항공보안의 정의 및 관련 법규

1) 정의

항공보안(Security)은 항공기 테러 등 불법방해 행위로부터 승객 등의 사람·항공기·공항 시설 등을 보호하기 위한 각종 대책을 말하는 것으로 의도적인 위해로부터 방지하는 것을 의미한다. 즉, 항공보안이란 항공기의 폭파나 납치, 위해정보 제공 등과 관련한 불법방해 행위에 대응하여 행하는 항공기 및 항공시설 및 기타 자산을 보호하기 위한 제반 활동으로, 항공보안은 적절한 대응조치와 인적·물적 자원이 기반이 될 때 목적을 달성할 수 있다.

항공보안과 함께 항공분야에서 사고를 예방하고 안전을 확보하기 위해 함께 고려되는 요인으로는 항공안전(Safety)이 있는데, 항공안전은 광의로는 보안을 포함하지만 구체적인 협의로는 항공기 운항 및 공항 운영과 관련한 인적·기계적·전자적 결함을 예방하는 것을 말한다.

즉, 항공보안의 목적이 민간항공을 대상으로 하는 납치, 항공기 폭파, 항행안전시설 및 공항시설 파괴 등을 자행하는 테러 등의 불법적 방해 행위로 부터 민간항공의 운항을 보호하고 승객, 승무원, 지상운영요원과 일반국민을 보호하는 것이라면, 항공안전(협의)은 항공기운항과 관련된 항공활동에서의 위험상태를 해결할 수 있는 수용 가능한 수준으로 줄어들게 하고, 통제가 가능한 상태를 만드는 것이라고 할 수 있다.

따라서 항공보안과 항공안전의 의미 상 차이를 이해하고 정확한 정의를 내리는 것이 중요하다.

국제민간항공조약 부속서(ICAO Annex 17 2.1.1)에서의 '항공보안' 정의

민간항공의 안전을 유지하기 위하여 인명 및 재산의 안전에 위해를 가하거나 항공업무를 수행하는데 중대한 영향을 미치는 불법방해 행위로부터 승객, 승무원, 지상요원, 일반인과 민간항공업무에 사용되는 항공기 및 공항시설 그리고 기타 시설들을 보호하는 것.

항공보안법에서 정의된 '불법방해행위(제2조 제8호)'

- 지상에 있거나 운항중인 항공기를 납치하거나 납치를 시도하는 행위
- 항공기 또는 공항에서 사람을 인질로 삼는 행위
- 항공기, 공항 및 항행안전시설을 파괴하거나 손상시키는 행위
- 항공기, 항행안전시설 및 보호구역에 무단 침입하거나 운영을 방해하는 행위
- 범죄의 목적으로 항공기 또는 보호구역 내로 무기 등 위해물품(危害物品)을 반입하는 행위
- 지상에 있거나 운항중인 항공기의 안전을 위협하는 거짓 정보를 제공하는 행위 또는 공항 및 공항시설 내에 있는 승객, 승무원, 지상근무자의 안전을 위협하는 거짓 정보를 제공하는 행위
- 사람을 사상(死傷)에 이르게 하거나 재산 또는 환경에 심각한 손상을 입힐 목

적으로 항공기를 이용하는 행위

- 그 밖에 이 법에 따라 처벌받는 행위

2) 항공보안 관련 법규

① 국제 법규

ICAO 부속서 17(항공보안)에 제시되어 있으며, 불법방해 행위로부터 민간항공을 보호하기 위한 부속서이다.

1974년 3월 22일 ICAO 이사회에서 채택되었으며, 불법방해 행위로부터 민간항공 보호를 위한 표준(International standards : 통일적 적용이 필요한 사항) 및 권고사항(Recommended practices: 안전과 질서에 바람직한 사항)에 대해 제시하고 있다.

○ 민간항공 대상 불법행위 방지 관련 국제협약

- 항공기 내에서 범한 범죄 및 기타 행위에 관한 협약 : 항공기 내에서 어떤 자가 규정된 범죄나 행위를 범하였거나 범하려고 한다는 것을 믿을만한 타당한 이유가 있는 경우에는 감금을 포함한 필요한 조치를 취할 수 있다. 즉, 항공기와 기내의 인명 및 재산의 안전보호에 저해되는 경우 혹은 기내 질서와 규율의 유지에 방해가 되는 행위를 한 자는 관계 당국에 인도하거나 항공기에서 하기 조치를 취할 수 있는 기장의 권한을 확보하는 협약이다.
- 항공기의 불법납치 억제를 위한 협약 : 폭력 또는 그 위협에 의해 또는 그 밖의 어떠한 다른 형태의 협박에 의해 불법적으로 항공기를 납치·점검하거나 혹은 그와 같은 행위를 시도하는 경우에 대해 각 체약국은 범죄를 엄중한 형벌로 처벌할 수 있는 의무를 규정하고 있다.
- 민간항공의 안전에 대한 불법적 행위의 억제를 위한 협약 : 민간항공의 안전과 관련하여 비행 중 항공기에 탑승한 자에 의한 어떠한 형태의 위협(폭력, 항공기훼손, 파괴, 허위정보 등)에 대해서도 각 체약국이 엄중히 처벌해야 하

는 의무를 규정하고 있다.

- 민간항공의 안전에 대한 불법적 행위의 억제를 위한 협약을 보충하는 국제민간항공에 사용되는 공항에서의 불법적 폭력행위의 억제를 위한 의정서
- 가소성 폭약 탐지를 위한 식별조치에 관한 협약 : 1988.12 미국 Pan-Am기가 영국 Lockerbie 상공에서 가소성폭약에 의하여 폭파된 사건을 계기로 유엔 안보리 결의(89.6) 및 총회 결의(89.12)에 따라 국제민간항공기구(ICAO) 주관 외교회의에서 1991.3 채택되고, 1998.6 발효하였으며, 가소성폭약을 통한 항공기 등에 대한 테러행위를 방지하기 위해 협약 당사국이 식별조치가 되지 않은 가소성폭약을 제조하는 것을 금지하는 규정을 담고 있다.

② 국내 법규

항공보안 국내 법규 관련한 내용에는 항공보안협의회, 공항·항공기 등의 보안, 항공기 내의 보안, 항공보안장비, 항공보안 위협에 대한 대응 등이 있다.

이 중 항공기 내의 보안(21조, 22조, 23조)과 관련한 내용은 다음과 같다.

○ 제21조 무기 등 위해물품 휴대 금지

1항) 누구든지 항공기에 무기[탄저균(炭疽菌), 천연두균 등의 생화학 무기를 포함], 도검류(刀劍類), 폭발물, 독극물 또는 연소성이 높은 물건 등 국토교통부장관이 정하여 고시하는 위해물품을 가지고 들어가서는 아니 된다.

2항) 제1항에도 불구하고 경호업무, 범죄인 호송업무 등 대통령령으로 정하는 특정한 직무를 수행하기 위하여 대통령령으로 정하는 무기의 경우에는 국토교통부장관의 허가를 받아 항공기에 가지고 들어갈 수 있다.

3항) 제2항에 따라 항공기에 무기를 가지고 들어가려는 사람은 탑승 전에 이를 해당 항공기의 기장에게 보관하게 하고 목적지에 도착한 후 반환받아야 한다. 다만, 제14조제2항에 따라 항공기 내에 탑승한 항공기내보안요원은 그러하지 아니하다.

4항) 항공기 내에 제2항에 따른 무기를 반입하고 입국하려는 항공보안에 관한 업무를 수행하는 외국인 또는 외국국적 항공운송사업자는 항공기 출발 전에 국토교통부장관으로부터 미리 허가를 받아야 한다.

5항) 제2항 및 제4항에 따른 항공기 내 무기 반입 허가절차 등에 관하여 필요한 사항은 국토교통부령으로 정한다.

제22조 기장 등의 권한

1항) 기장이나 기장으로부터 권한을 위임받은 승무원 또는 승객의 항공기 탑승 관련 업무를 지원하는 항공운송사업자 소속 직원 중 기장의 지원요청을 받은 사람은 다음 각 호의 어느 하나에 해당하는 행위를 하려는 사람에 대하여 그 행위를 저지하기 위한 필요한 조치를 할 수 있다.

- 항공기의 보안을 해치는 행위
- 인명이나 재산에 위해를 주는 행위
- 항공기 내의 질서를 어지럽히거나 규율을 위반하는 행위

2항) 항공기 내에 있는 사람은 제1항에 따른 조치에 관하여 기장 등의 요청이 있으면 협조하여야 한다.

3항) 기장 등은 제1항 각 호의 행위를 한 사람을 체포한 경우에 항공기가 착륙하였을 때에는 체포된 사람이 그 상태로 계속 탑승하는 것에 동의하거나 체포된 사람을 항공기에서 내리게 할 수 없는 사유가 있는 경우를 제외하고는 체포한 상태로 이륙하여서는 아니 된다.

4항) 기장으로부터 권한을 위임받은 승무원 또는 승객의 항공기 탑승 관련 업무를 지원하는 항공운송사업자 소속 직원 중 기장의 지원요청을 받은 사람이 제1항에 따른 조치를 할 때에는 기장의 지휘를 받아야 한다.

승객의 협조의무

1항) 항공기 내에 있는 승객은 항공기와 승객의 안전한 운항과 여행을 위하여

다음 각 호의 어느 하나에 해당하는 행위를 하여서는 아니 된다.

- 폭언, 고성방가 등 소란행위
- 흡연(흡연구역에서의 흡연은 제외한다)
- 술을 마시거나 약물을 복용하고 다른 사람에게 위해를 주는 행위
- 다른 사람에게 성적(性的) 수치심을 일으키는 행위
- 「항공법」 제61조의2를 위반하여 전자기기를 사용하는 행위
- 기장의 승낙 없이 조종실 출입을 기도하는 행위
- 기장 등의 업무를 위계 또는 위력으로써 방해하는 행위

2항) 승객은 항공기의 보안이나 운항을 저해하는 폭행·협박·위계행위(危計行爲)를 하거나 출입문·탈출구·기기의 조작을 하여서는 아니 된다.

3항) 승객은 항공기가 착륙한 후 항공기에서 내리지 아니하고 항공기를 점거하거나 항공기 내에서 농성하여서는 아니 된다.

4항) 항공기 내의 승객은 항공기의 보안이나 운항을 저해하는 행위를 금지하는 기장 등의 정당한 직무상 지시에 따라야 한다.

5항) 항공운송사업자는 금연 등 항공기와 승객의 안전한 운항과 여행을 위한 규제로 인하여 승객이 받는 불편을 줄일 수 있는 방안을 마련하여야 한다.

6항) 기장 등은 승객이 항공기 내에서 제1항 제1호부터 제5호까지의 어느 하나에 해당하는 행위를 하거나 할 우려가 있는 경우 이를 중지하게 하거나 하지 말 것을 경고하여 사전에 방지하도록 노력하여야 한다.

7항) 항공운송사업자는 다음 각 호의 어느 하나에 해당하는 사람에 대하여 탑승을 거절할 수 있다.

- 보안검색을 거부하는 사람
- 음주로 인하여 소란행위를 하거나 할 우려가 있는 사람
- 항공보안에 관한 업무를 담당하는 국내외 국가기관 또는 국제기구 등으로부터 항공기 안전운항을 해칠 우려가 있어 탑승을 거절할 것을 요청받거나 통보받은 사람

- 그 밖에 항공기 안전운항을 해칠 우려가 있어 국토교통부령으로 정하는 사람

8항) 누구든지 공항에서 보안검색 업무를 수행 중인 항공보안검색요원 또는 보호구역의 출입을 통제하는 사람에 대하여 업무를 방해하는 행위 또는 폭행 등 신체에 위해를 주는 행위를 하여서는 아니 된다.

02 항공보안 조직 및 종사자

1) 항공보안 조직

① 항공보안감독기관

○ 국토교통부

국가 항공보안 정책/제도 수립 및 항공보안 국제협력 업무를 담당한다.

○ 지방항공청 3개(서울, 부산, 제주)

항공보안 현장 점검 및 조치 등의 감독업무를 담당한다.

② 항공보안업무 수행기관

○ 공항운영자 : 인천국제공항공사, 한국공항공사

공항 내 불법방해행위 방지를 위해 사람(승객·상주직원) 및 휴대물품 등에 대해 보호구역 진입 전 보안검색 및 출입통제 등의 공항보안을 실시한다.

○ 항공사

항공기 납치 및 폭파 등 위해행위 차단을 위하여 기내점검, 조종실 출입 통제 및 항공기 경비 등을 실시한다.

기타

지상조업사, 기내식 사업자 등

❸ 유관 정부기관

국가정보원, 대테러센터, 외교부, 보건복지부, 법무부, 환경부, 국방부, 관세청, 원자안전위원회, 경찰청 등

2) 항공보안 종사자

❶ 항공보안감독관

항공보안법」 제33조 제1항에 따라 항공안전 및 보안에 관한 점검업무를 수행하도록 국토교통부 장관이 지정한 소속 공무원으로 공항운영자, 항공운송사업자 등에 대한 현장조사 및 보안평가, 보안점검, 불시평가 등의 점검활동을 수행한다.

항공보안감독관의 구체적인 점검 활동은 다음과 같다.

현장조사(Survey)

민간항공에 대한 불법방해행위(Acts of unlawful interference), 항공기납치(Hijacking), 파괴행위(Sabotage) 및 테러공격(Terrorist attack) 등을 방지하기 위하여 그 취약성을 분석하고, 보호대책을 수립하기 위하여 공항별로 공항 운영자, 항공사 등에 대한 항공보안업무 운영실태 등을 조사한다.

보안평가(Audit)

공항운영자 및 항공운송사업자 등이 수립한 시행계획의 이행여부와 실제 이행능력 등을 확인하기 위한 점검을 실시한다.

보안점검(Inspection)

민간항공보안에 대한 보안대책 및 통제절차 등이 적절히 수행되고 있는 지를

확인하기 위하여 공항, 항공기 및 공항운영자 등에 대하여 점검한다.

불시평가(Test)

보안업무 수준이 적절하게 유지되고 있는 지를 확인하기 위하여 공항, 항공기 및 공항 운영자 등에 대한 보안대책 및 통제절차 수행 능력 등을 불시에 확인한다.

유관 기관과의 협력

국제민간항공기구 등 대외점검기관으로부터 공항운영자등에 대한 점검 시 입회하여 점검 업무를 지원하고, 항공기 납치 및 폭발사건 등 불법행위에 대한 보안 사건조사 업무에 참여하고 협력·지원한다.

2 항공보안검색요원

- 승객, 휴대물품, 위탁수하물, 항공화물 또는 보호구역에 출입하려고 하는 사람 등에 대하여 불법방해행위를 하는데 사용될 수 있는 무기 또는 폭발물 등 위험성이 있는 물품에 탐지하고 수색하기 위한 보안검색 업무를 수행한다.
- 공항에서 항공기에 탑승하는 승객·휴대물품·위탁수하물 등에 대하여 항공안전 보안장비를 사용하여 불법방해행위에 사용될 수 있는 무기나 위험성이 있는 물건들을 탐지하고 수색하는 업무를 수행한다.
- 승객들이 몸속에 위험품이나 폭발물 등을 소지하였는지 금속탐지기로 신체검색을 하고, 기내 수하물 및 휴대용품에 대해서는 엑스레이(X-ray)를 이용한 검색 장비를 사용하여 검색대에 통과되는 물건들을 모니터로 확인한다.

3 항공경비요원

- 공항 내의 공항시설 또는 항공사의 중요시설과 항공기 등을 보호하고, 보호구역의 출입을 통제하는 업무를 수행하며, 승객이 아닌 자와 물품 등에 대해 검색 또는 신원확인을 실시한다.

- 공항, 도심공항터미널과 항공기 등에 대한 경계근무를 시행하고, 경비순찰 및 감시활동 등을 수행한다.

출처: worldincanada

그림 7-1▸ 승객보안검색

출처: 중앙일보

그림 7-2▸ 항공경비요원

02 SECTION

항공 보안검색

01 항공 보안검색 발달 및 원칙

1) 항공 보안검색의 발달

항공운송의 발달은 국제무역의 확대 및 국가 간 교류 증진에 기여하였고, 지구촌 일일 생활권을 가능하게 하는 등의 순기능을 하고 있다. 하지만 항공교통이 인류 발전에 크게 기여하고 있는 가운데 항공기 자체가 테러범들의 공격대상이 되고 있어 항공기의 안전운항은 물론 국제 질서와 평화를 위협하는 상황이 발생하고 있다. 항공기 테러의 역사를 살펴보면 그 공격 유형이 점진적으로 변해 왔으며, 항공기 테러는 결코 일시적인 현상이 아니라는 것을 알 수 있다.

역사상 최초의 항공기 납치사건은 1931년 남아메리카 페루에서 발생한 무장한 페루의 혁명분자들이 그들의 혁명 행동 강령을 살포하기 위해 조종사 바이런 D. 리카드스가 단독으로 비행하는 우편물 수송 비행기인 팬암(Pan Am) Trimotor 기를 납치한 사건이다. 그 이후로는 주로 동구 공산권 국가에서 서방 자유국가로 탈출하여 정치적으로 망명하기 위한 수단으로 사용되었고, 그 후에는 팔레스타인이 이스라엘을 정치적·경제적으로 고립시키기 위하여 하이재킹(Hijacking)을 빈번하게 일으켰다. 따라서 1963년 9월 국제민간항공기구 참가국들이 동경에서 회의를 개최하여 이를 방지하기 위한 협약을 체결하였고, 항공기에 대한 납치사건을 방지하기 위한 항공보안활동과 보안검색을 실질적으로 시작하였다.

1969년 최고조에 달했던 항공기 납치는 항공기와 공항에 대한 보안시설의 강화와 강력한 대테러리즘 정책의 추진으로 점진적으로 줄어들었다.

1969년 최초의 보안검색제도는 Eastern Airlines에서 하이재커 개인신상정보를 이용하여 실시하였다. 또한 1971년 9월에는 미국 연방항공국에서 총 107개 공항 관련 항공보안실태를 점검하여 항공보안규정에 위배되는 사항의 적발과 기타 항공보안 제한구역의 불법침입에 대한 조사를 바탕으로 무려 538조의 항공보안규정을 제정하였다. 항공보안규정의 가장 핵심사항은 보안요원들의 검색을 거치지 않은 승객의 수하물은 어떠한 화물이라도 절대로 항공기에 탑재가 불가능하다고 규정함으로써, 모든 보안요원들이 수하물을 검색할 수 있는 법적인 권한과 검색절차에 관한 규정을 제정하였다는 것이다.

따라서 1972년 미국의 대표 항공사인 아메리칸 유나이티드항공은 100% 검색을 의무화하였고, 1973년에는 국가 공권력을 행사할 수 있는 항공보안검색요원이 배치되었으며, 1976년에는 Federal Air Marshall 제도가 시행되었다.

1980년대 중반 이후에는 미사일 제조기술의 발달로 운반 및 조작이 간단해 미사일 이용이 용이해졌고 공항 보안요원에게 발각될 가능성이 매우 낮아 미사일 공격의 증가하였다. 종래의 항공기 테러는 정치적 망명이나 테러 조직 등이 구속된 동료의 석방을 요구하거나 정치적 항의의 표명을 목적으로 생환을 전제로 하였으나, 납치한 민간항공기를 치명적인 파괴무기로 사용한 9.11테러사건은 항공테러리즘 역사상 가장 크고 위협적인 자살 폭발테러가 공중에서 발생한 것은 2001년 9월 11일 미국의 뉴욕 맨하탄 소재 월드 트레이딩 센터에서 발생한 사건이 효시가 된다.

2001년 9월 11일 미국 동부 표준시간으로 오전 8시를 전후하여 보스턴로간 국제공항을 이륙한 2대의 민간 항공기가 8시 47분과 9시 3분에 뉴욕시 World Trade Center의 북쪽 건물 91층과 78층과 84층 사이를 연이어 충돌 폭발한 사건이 발생하였다. 두 항공기 모두 테러범들에게 납치된 후 승객과 승무원이 탑승한 채로 연료를 만재(약 2,000갤론 적재)한 채 세계 무역센터의 쌍둥이 빌딩에 충돌 폭발하여 3,000명 이상의 민간인이 사망한 민간항공 사상 미증유의 테러 사건이었다.

911 테러는 미국에 대한 이슬람 과격 단체의 분노와 갈등으로 인한 것이었으나 이로 인해 전 세계 항공업계는 큰 변화를 겪어야만 했으며, 항공안전 및 항공보안에 있어 911 테러 이전과 이후로 나뉜다고 할 만큼 항공업계의 변화의 폭은 컸다.

이 사건 이후로 미 연방항공국은 육상, 해상, 공중을 통합한 '교통보안청'으로 기구를 확대하여 국가가 국가민간항공 보안프로그램을 개발하고 실천, 유지함으로써 항공보안 대책에 만전을 더욱 강화하였다.

911 테러 이후 미국의 항공보안 정책

- 2001년 11월, 미국 교통안전 주무기관인 TSA(Transport Security Administ-ration)을 창설하여 각종 항공교통 관련 대책을 수립하였다.
- 2002년 1월, FAA는 항공기 조종실 출입구 규정을 신설하여 외부에서 진입하지 못하도록 잠금장치 및 출입구 내구성 강화에 대한 기준을 마련하였다.
- 2003년 5월, ICAO는 전자여권 혹은 Machine Readable 여권(패스포트) 관련 기준을 제시하고 전 세계 적용을 추진하였다.
- 2002년 3월, ICAO는 강화된 조종실 출입구 기준을 모든 국제선 항공편 운항 항공기(60인승 이상)에 적용하였다.
- 2004년 1월, 미국은 모든 외국인에 대해 지문 등록을 의무화하였다.
- 2004년 12월, 미국 비자면제프로그램(VWP) 국가에 대해 Machine-readable 여권을 의무화하였다.

- 2005년 6월, 미국행 항공편 탑승객 정보를 항공기 도착 전 미국 당국으로 보내는 제도인 API(Advanced Passenger Information)제도를 전 미국행 항공편에 대해 의무화하였다.
- 2006년 8월, 액체 휴대에 대한 제한을 시작(개당 100ml, 승객 1인당 최대 1리터)하였다.
- 2007년 7월, 미국-EU 간 승객 예약기록을 공유하고 협정을 체결하였다.
- 2010년 11월, TSA, 개선된 신체 스크린 기술 소개, 미국 수입 화물 100% 스크리닝(X-ray 등)을 실시하였고, 10월 29일 프린터 카트리지 위장 플라스틱 폭탄 테러 시도에 따른 강화 정책으로 예멘과 소말리아 출발 화물 운송을 금지하였다.

출처: CNN

그림 7-3 ▸ 911테러사건 현장

우리나라의 경우 보안검색의 발전 배경은 남·북한이 대치된 환경에서 북한의 특수공작원에 의해 자행되는 테러를 방지하기 위한 노력이 그 발단이 되었으며, ICAO 등에서 제정한 국제 항공보안규정에 따라 우리나라도 미국 FAA등이 설정한 국제기준에 맞게 보안검색 분야를 강화하였다.

1969년 12월 북한 간첩이 강릉을 출발하여 서울로 오는 대한항공 항공기를 납치하는 사건 발생 후, 항공기 보안활동을 더욱 강화하는 계기가 되어 1970년 2월부터 경찰관으로 구성된 항공보안관이 국적기인 대한항공에 직접 탑승, 항공기와 탑승객의 안전을 위한 보안활동을 강화하였다.

1971년 7월 1일 항공사로 구성된 공항운영위원회가 보안검색원 7명을 선발하여 경찰의 지도하에 출국승객의 신체 및 휴대품과 탁송화물에 대한 보안검색을 실시하기 시작하였다.

국내 공항의 보안검색업무는 항공사에 의해 체결된 민간 경비업체 소속의 보안검색 요원이 전담하고, 경찰은 검색 지도감독업무만을 수행한다는 방침이 수립되어, 1993년 9월 7일부터 김포와 김해, 제주공항과 1997년 개항된 원주, 청주공항 등의 보안검색업무가 민간 보안검색요원으로 이관되어 운영되었다.

2) 항공 보안검색의 원칙

① 기본원칙

- 모든 승객 및 휴대물품은 항공기, 보안검색 완료지역 또는 출입 제한구역으로 들어오기 전 보안검색을 받아야 하고, 해당 절차는 모든 국제선과 국내선 항공기 탑승에 적용된다.

  이러한 원칙은 보안검색을 받는 승객과 항공기로 접근하는 보안 제한구역으로 출입하는 항공 및 객실 승무원을 포함한 모든 인원들에게 적용되며, 공항공사는 불법행위에 사용될 수 있는 위해물품 탐지를 위하여 출발승객과 휴대물품 및 위탁수하물 등이 보안검색 완료구역으로 진입하기 전, 금속 탐지기와 X-ray, 폭발물 탐지기 등을 이용하여 보안검색을 실시하고 있다.
- 승객 및 휴대물품에 대한 보안검색은 금속탐지기와 X-ray 장비 또는 다른 폭발물 탐지장비를 사용하거나 사람에 의해 운용되는 장비와 사람을 혼용해서 수행될 수 있으며, 보안검색 간소화 및 검색 승객의 수를 줄이기 위해서 보안검색장비의 사용이 꼭 필요하다.

- 승객 및 수하물에 대한 최초 보안검색은 일반적으로 항공기 탑승에 앞서 승객의 탑승수속과 항공권 구매를 위해 항공사의 발권카운터에 도착할 때부터 승객에 대한 감시가 시작되며, 특별 검색을 요하는 사람이나 수하물 확인 작업을 실시한다.

② 탑승거부 권한

공항공사와 항공사는 보안검색을 거부하거나 항공기 안전운항을 저해할 가능성이 있는 자에 대하여는 항공기 탑승과 보호구역 출입을 거부할 수 있다.

보안검색요원은 항공기 탑승 및 보호구역 출입이 거절된 자를 공항보안감독자에 게 통보하고, 공항에 있는 모든 항공사들은 항공기 탑승이 거부된 승객이 타항공기에 탑승하지 않도록 조치를 취한다.

③ 경찰력 지원

각 보안검색대에서 경찰력의 지원이 매우 중요한 만큼 무기를 소지한 범죄행위에 신속하고 효과적으로 대응할 수 있도록 보안검색을 지원하는 경찰관은 무장을 한 상태로 보안검색대에 배치되는 것이 바람직하다. 하지만 보안검색대의 경찰지원과 관련한 필요 요건은 공항마다 다르기 때문에 항공보안 당국에 의해 신중히 결정 되어야 한다.

④ 보안검색 및 수색지침

- 승객 및 휴대물품에 대한 보안검색과 수색은 항공보안에서 중요한 부분이다. 따라서 해당 과정은 전적으로 인원 보안검색을 위하여 손 검색 또는 문형 금속탐지기와 휴대용 금속탐지기를 사용하며 위탁수하물 보안검색용으로 X-ray를 주로 사용한다.
- 승객 및 수하물 보안검색을 위해 사용된 기술 장비는 제한이 있다. 예를 들어, 문형 금속탐지기와 휴대용 금속탐지기는 비금속 폭발물 또는 폭발물을 탐지

하지 못하며, 재래식 X-ray 장비는 폭발물을 찾는 데 어려움이 있다.

따라서 이러한 제한 사항을 보완하기 위하여 승객 및 수하물에 대한 무작위 개봉과 촉수검사, 폭발물 탐지기 등은 최소한 10% 범위 내에서 실시하여야 하고, 위협이 증가함에 따라 무작위 검색 비율을 높이며, 세부 사항은 국가우발 계획에 따라야 한다.

- X-ray 운영자의 수하물 선별은 기내 휴대물품이 처리되는 전 과정에서 일관되고 합리적인 원칙에 의거해 실시되어야 한다.

  합리적인 원칙이란 금지된 물품을 숨기고 있을 것 같은 의심스러운 물품에 검색을 집중하며, X-ray 이미지에 의거해 선별하는 것을 말한다.

- 의무적인 조사대상자 이외에 과도한 긴장을 하거나, 거만하게 행동하거나, 보안검색을 회피하려 시도하거나 금지품목 같은 것을 소지 또는 은닉한 것처럼 보이는 자에 대하여는 반드시 검색을 실시하여야 한다.

02 승객(휴대물품) 및 위탁수하물 보안검색

1) 승객(휴대물품) 보안검색

① 승객(휴대물품) 보안검색의 원칙

위해물품 탐지를 위하여 승객, 휴대물품이 보안검색 완료구역으로 진입하기 전 금속 탐지기와 X-ray, 폭발물 탐지기 등을 이용하여 보안검색을 실시해야 한다.

보안검색 실시 과정에서 보안검색요원은 승객이 보안검색과 관련하여 특정권리를 지닌다는 것과 이러한 권리는 승객 및 휴대물품 보안검색을 거부하거나, 특별한 위험이 발견되지 않을 경우에는 보안검색에 대해 거부할 권리를 가진다는 것을 명심해야 한다. 단, 승객이 보안검색을 거부할 수 있는 권리를 행사할 경우, 승객 또는 휴대물품은 보안검색 완료 구역을 통과할 수 없다.

승객 및 휴대물품의 철저한 보안검색을 위하여 철저히 훈련된 보안검색요원과 정확한 보안검색 장비를 확보해야하며, 보안검색을 위한 충분한 시간이 할당되어야 한다. 또한 엄격한 보안수속으로 인한 항공기 탑승의 불편 사항 등은 승객에게 불편을 초래하여 부적절한 반응을 유발할 수 있으므로 보안검색요원의 임무 수행에 방해를 주지 않는 범위 내에서 승객에게 보안검색 절차를 공정하고 신속히 진행해야 한다. 또한 보안검색을 하는 과정에서 기내 반입금지 물품을 휴대하였거나 임산부 등 특별한 승객의 수 검색 등 보다 정밀하게 보안검색이 요구되는 승객은 대기줄에서 분리되어 개별적으로 검색을 실시하여야 한다.

② 승객(휴대물품) 보안검색 시 유의사항

승객이 특수한 위치에 물품을 은닉한 경우는 탑승금지 물품을 찾는 데 어려움을 겪을 수 있다. 일반적으로 승객에 대한 보안검색은 밀폐된 공간이 아니라 일반지역에서 실시되기 때문에 보안검색요원은 보안검색 과정에서 승객이 소지한 현금이나 귀중품 및 개인 문서들이 일반인들에게 노출 되지 않도록 주의해야 한다. 또한 개봉 및 수 검색은 물품 소지자 또는 해당 항공사 대리인 입회하에 실시하되, 승객과 휴대물품 수 검색에 대한 절차와 책임에 대한 구체적인 사항은 공항공사 혹은 항공사 시행계획을 따라야 한다.

개별 보안검색의 경우 승객의 요청 혹은 의료보조 장치를 착용한 장애인과 임산부 또는 중환자나 일반적인 보안검색 절차로 검색을 할 수 없다고 보안 검색요원이 판단하는 경우 외에도, 승객이 금속 탐지기 통과 중 경보가 울렸으나 그 원인을 명확히 파악할 수 없을 때 실시한다.

보안검색요원이 개별 보안검색을 실시하는 경우에는 밀폐된 독립된 공간에서 실시하되 의료보조 장치를 착용한 장애인과 임산부 또는 중환자는 예외로 할 수 있다.

3 승객(휴대물품) 보안검색의 방법

- 문형 금속탐지기 : 폭발물 장치 또는 기타 금지물품을 은닉할 수 있는 충분한 크기의 휴대물품은 X-ray 벨트 위에 올려놓도록 하거나, 수 검색을 요청한 후에 승객이 소지한 핀, 브로치, 팔찌 등의 금속물질은 제거하여 검색대에 바구니에 넣어 승객이 볼 수 있도록 하고, 지폐는 지갑에서 제거하여 승객이 보관하도록 하며 승객이 정상적인 걸음으로 문형 금속탐지기를 통과하도록 안내해야 한다.
- 휴대용 금속탐지기 : 승객이 문형 금속탐지기를 통과할 때 경보음이 울리거나 보안검색요원이 필요하다고 판단될 때 또는 문형 금속탐지기가 작동하지 않거나 사용할 수 없을 경우이다. 휴대용 금속탐지기를 사용하며, 머리에서부터 시작하여 승객의 신체둘레를 시계방향으로 몸 전체를 보안검색한 후에 보안검색 탐지부분을 승객의 신체와 평행하게 하여, 승객의 어깨에서부터 아래로 내리며 다시 발에서 어깨로 반복하여 보안검색을 실시한다.
- 보안검색은 모든 경보 원인이 발견되고 사후 조치가 완료될 때까지 앞의 절차를 반복하여 수행해야 하며 발과 발목 주위를 각별히 신경 써야 한다. 필요에 따라서 검사를 실시하고 신발을 벗도록 하여 정확한 검색을 진행해야 하며, 승객이 대형벨트를 착용하고 있는 경우에는 승객 벨트 버클의 앞뒤 및 내부를 살펴보고 휴대용 금속탐지기를 사용하여 개별 검색을 해야 한다.
- 특별관리를 요하는 승객 : 특별관리가 필요한 승객에 대한 보안검색 지침은 보안검색요원에게 반드시 철저히 교육시켜 착오 없도록 해야 한다.

  유모차에 탑승하고 있는 아기와 어린이의 경우에는 반드시 부모(보호자)의 동의가 필요하며, 임신한 여성과 휠체어에 탄 승객 그리고 의학적인 치료 상태에 놓인 승객과 종교적인 이유로 수 검색이나 가방 보안검색을 거부하는 승객, 기타 해당 지역 특별 기준에 해당하는 승객 등은 보안검색지침에 근거하여 검색을 진행하도록 한다.

  또한, X-ray 보안검색 시 손상을 줄 우려가 있는 골수, 혈액 등 인명 구조용

의료품과 유골 및 이식용 장기 그 밖에 국토교통부장관의 허가를 받는 물품에 대하여는 개봉검색을 하거나 입증서류 확인 등의 방법으로 보안검색을 할 수 있으며, 보안검색 감독자는 상기 물품을 운송하는 자에 대하여 물품의 내용을 증명하는 서류 및 운송자의 신원을 확인해야 한다.

2) 위탁수하물 보안검색

① 위탁수하물 보안검색의 원칙

항공보안법에 따라 항공기 탑승수속 후 보안 검색을 받지 않은 어떤 위탁수하물도 항공기에 탑재할 수 없으며, 위탁수하물 대리인 또는 승인된 항공사 대리인은 정상적인 항공권을 소지한 승객의 수하물만 접수하여 처리하여야 한다.

보안검색요원은 위탁수하물이 기내에 탑재되기 전 X-ray 장비 등을 이용하여 보안 검색을 실시하며 환승 및 통과 승객의 위탁수하물과 별송 위탁수하물에 대해서도 동일한 방법으로 보안검색을 실시하여야 한다.

단, 환승공항 보안기관이 판단할 때, 출발공항의 위탁수하물 보안검색 기준이 환승공항의 보안검색 기준과 같거나 더 엄격하고, 운송 중인 위탁수하물에 적용한 보안통제의 수준이 외부 침입을 충분히 방지할 수 있다고 확신할 때에는 환승공항에서의 보안검색이 면제될 수도 있다.

② 위탁수하물 보안검색 시 유의사항

모든 국제선과 국내선 항공기의 위탁수하물 보안검색은 보안검색 장비를 사용하여 실시되어야 하며, 위탁수하물에 대한 보안검색은 일반 탑승수속 절차에 지장받지 않도록 승객의 동선과 절차를 고려해야 한다.

반드시 항공기에 탑승한 승객의 위탁수하물만 탑재되어 보안통제를 받도록 해야 하며, 탑승이 거부된 승객의 수하물은 반드시 하기되어야 한다. 또한 수하물 처리 실수 또는 지연으로 인해 화주와 분리된 위탁수하물은 추가적인 보안통제 없이는 절대 운송될 수 없다.

공항 외부 수속시설에서 접수되어 항공기에 탑재되는 위탁수하물은 공항에서 실시되는 것과 동일하거나 더 높은 수준 이상의 보안조치를 거쳐야 하며, 회사우편 또는 항공서류 등의 물품을 포함하여 항공기 화물칸에 적재되는 모든 물품 역시 적재하기 전에 보안검색이 실시되어야 한다.

③ 위탁수하물 보안검색의 방법

X-ray 검색

- 1단계 : X-ray 영상 판단을 거쳐 폭발물이나 무기 등 위험성이 없는 경우 통과시킨다.
- 2단계 : X-ray 영상 판단을 거쳐 위험성이 있는 것으로 판단되는 경우 개봉하여 검사를 실시한다.
- 3단계 : X-ray 영상 판단을 거쳐 위험물이라는 것을 확신할 경우 감독자에게 즉시 보고하고, 관련 보안기관에 통보하며 화주를 지속적으로 감시한다.

개봉검색

개봉검색은 위해물품 혹은 수상한 물품이 발견되었거나 가방 내부의 물품이 명확히 식별되지 않는 경우 또한 보안검색장비가 갖추어지지 않았거나 작동하지 않을 때 실시한다.

또한 X-ray 장비를 사용할 수 없거나 승객이 X-ray 검색을 원하지 않을 경우에는 전면적인(승객의 허가를 득한 후 시계방향으로 모든 수하물 검색) 개봉검색을 실시하며, X-ray 판독자의 판단 하에 위험성이 큰 물품일 경우 해당 물품에 한하여 제한적인(의심스러운 부분 정밀 검색) 개봉검색을 실시한다.

이 외에도 승객이 컴퓨터, 전자장비, 오디오, 비디오의 X-ray 판독 시 위험하다고 판단하여 특별히 요청하는 경우와 통제약품이나 마약, 대량의 현금 등 밀수품 반출이 의심될 경우 개봉검색을 실시한다.

3) 기내반입 제한물품

① 액체류

- 액체·분무·겔 형태의 위생용품, 욕실용품 또는 의약품류 : 국제선에 한하여 개별 용기당 100ml 이하로 1인당 1L 비닐 지퍼백에 한하여 기내 반입이 가능하며, 위탁수하물의 경우에는 국제선에 한하여 개별 용기당 500ml(0.5kg) 이하로 1인당 2L(2kg) 이하 까지 가능하다.
- 고추장/김치 등 액체류 음식을 포함한 음식물류 : 고추장이나 김치 등 액체가 있는 음식물은 기내 반입이 금지되며 위탁수하물의 경우에는 용량의 제한 없이 가능하다.
- 위해물품 : 창·도검류의 경우에는 기본적으로 객실 반입이 불가능하며, 위탁수하물은 가능하다.
  단, 플라스틱 칼, 둥근 날을 가진 버터칼, 안전날이 포함된 면도기, 안전면도날, 전기면도기 및 기내식 전용 나이프(항공사 소유)는 객실 반입이 가능하다.
- 전자충격기, 총기, 무술호신용품 : 모두 기내반입은 불가능하며 위탁수하물로 가능하다. 단, 위탁수하물로 반입할 경우, 해당 항공운송사업자에게 총기소지허가서 또는 수출입허가서 등 관련 서류를 확인시키고, 총알과 분리한 후, 단단히 보관함에 넣은 경우에만 가능하다.
- 망치, 렌치 등의 공구류 : 기내반입 불가능하며 위탁수하물로 가능하다.

② 위험물

- 리튬이온배터리 등 : 여분배터리 100Wh 이하의 경우에는 제한 없이 가능하며, 100Wh 초과하고 160Wh 이하(160Wh 초과 반입불가)의 경우에는 항공사 승인 하에 기내로 1인당 2개 반입 가능하다. (배터리와 관련한 기준은 항공사 마다 다소 상이함)
- 인화성 가스액체, 방사능물질 등 : 기내 반입과 위탁수하물 모두 금지된다.

CHAPTER 08

항공기 객실업무

SECTION ▸

01 S·E·C·T·I·O·N

객실업무의 이해

01 항공기 객실구성 및 설비

1) 항공기 객실구성

① 객실서비스 등급별 Class

객실서비스 등급은 항공사마다 기준 및 명칭에 약간의 차이가 있으나 일반적으로 일등석(First Class), 비즈니스석(Business Class), 일반석(Economy Class)으로 구분되며, 최근에는 일부 항공사에서 이코노미 클래스보다 좌석 간 간격이 넓고 약간의 차별화된 서비스를 제공하는 프리미엄 이코노미(Premium Economy)를 운영하고 있다.

일등석(First Class)

일등석은 일반적으로 항공기 소음과 흔들림이 가장 적은 객실의 맨 앞이나 Upper Deck에 주로 위치하며, 대형기에 운영된다. 좌석 수는 20석 미만으로 소수의 승객을 위해 다른 등급의 좌석과는 달리 확실한 차별화를 위해 좌석 간 간격이 넓으며 180도 수평인 침대형 좌석을 구비하여 안락하고 쾌적한 환경을 제공한다.

▪ 대한항공 일등석

그림 8-1 ▸ 슬리퍼

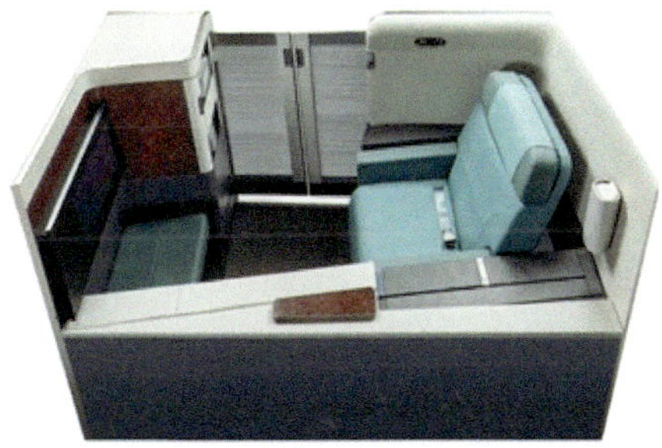

그림 8-2 ▸ 코스모스위트

▪ 아랍에미레이트항공 일등석

그림 8-3 ▸ 프라이빗 스위트

○ 비즈니스석

비즈니스석은 일등석 뒤 쪽 Zone의 Main Deck 혹은 2층 Upper Deck에 위치하고, 일반적으로 30~40석이 운영된다. 각국의 항공사 마케팅에 있어 가장 초점이 되는 좌석 등급으로 항공사마다 특색 있는 명칭을 사용하며 특색 있는 서비스를 선보이고 있다.

■ 아시아나항공 비즈니스석

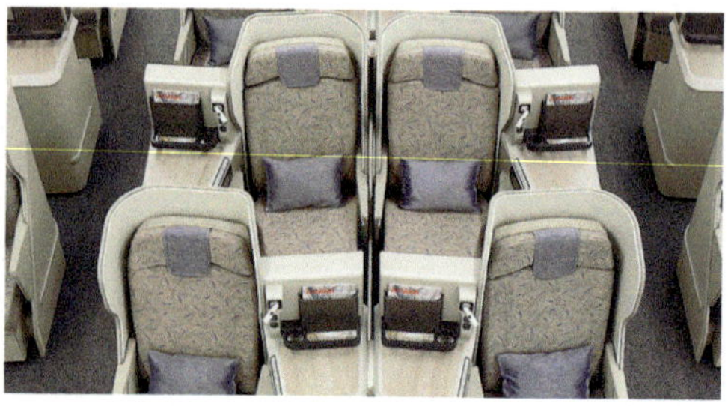

그림 8-4 ▸ 비즈니스 스마티움

■ 대한항공 비즈니스석

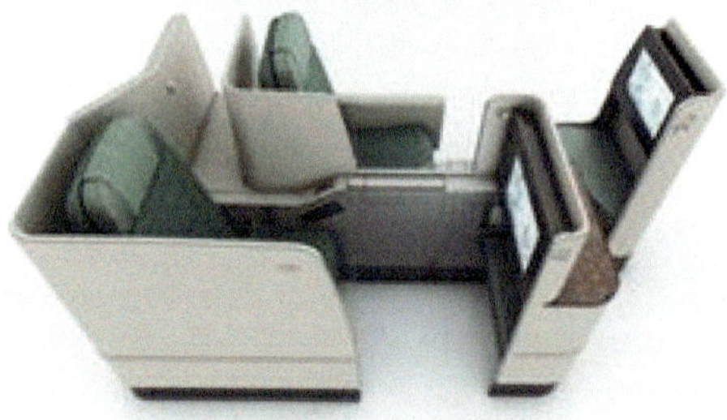

그림 8-5 ▸ 프레스티지 스위트

◉ 프리미엄 이코노미석

프리미엄 이코노미 좌석은 이코노미 클래스와 비즈니스 클래스의 현격한 괴리감을 완충해주는 미드레벨(Mid-level)클래스로 비즈니스 클래스의 편의성과 고급스러움, 이코노미 클래스의 저렴함을 절충한 합리적인 신개념 좌석이다.

항공사별로 특징이 조금씩 다르나 일반적으로 보통의 이코노미석보다 5~7인치 넓은 레그룸을 확보하고 있고, 1~2인치 넓은 좌석 폭, 대형모니터, 프리미엄 이코노미 등급의 기내식을 제공하는 등 차별화된 서비스를 제공한다.

최초 프리미엄 이코노미 좌석을 도입 한 항공사는 1991년 EVA AIR가

EVERGREEN CLASS 명칭으로 처음 서비스 되었다. 이코노미 클래스 대비 좌석 간의 간격(Pitch)과 폭(Width)을 확대하여 보다 편안한 여행을 제공할 뿐만 아니라 상용 고객 회원들에게 무료 업그레이드 좌석으로도 활용되고 있다.

■ 아시아나항공 프리미엄 이코노미석

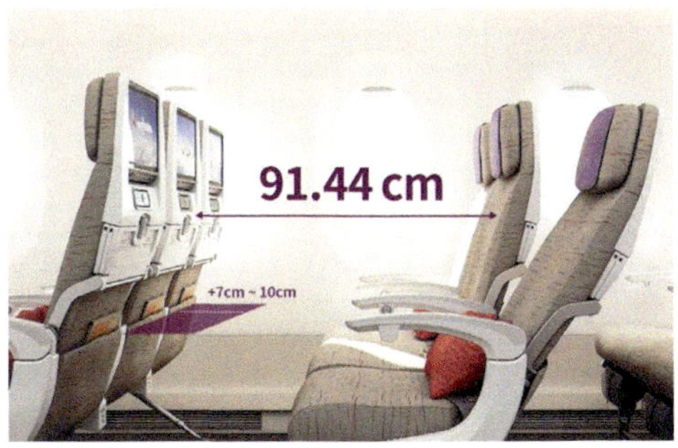

그림 8-6 ▸ A350 이코노미 스마티움

■ 아에로플로트 프리미엄 이코노미석

그림 8-7 ▸ B777 프리미엄 이코노미석

○ 이코노미석

이코노미석의 위치는 일반적으로 비즈니스석 후반부부터 전 객실을 이용하며, 각 기종에 따라 100~500여 명까지 탑승한다.

그림 8-8 ▸ 사우스웨스트항공(Southwest Airlines) 이코노미석

② 승무원 업무 구역 : Zone

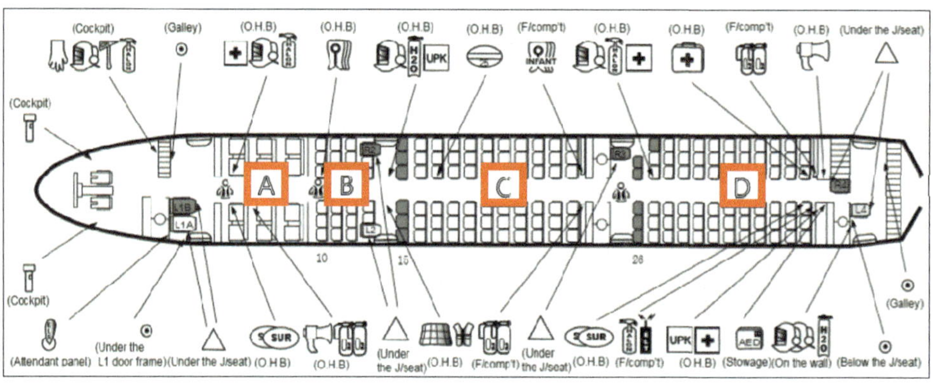

출처: 아시아나항공 직무훈련 교재

그림 8-9 ▸ A321 항공기 Zone

Zone은 좌석을 서비스 등급별로 나눈 Class와 달리 승무원 업무를 위해 나눈 구역으로 보통 항공기 도어를 기준으로 나뉜다. 일반적으로 항공기 앞부분부터 A-B-C-D-E 등의 순으로 구분하며 갤리 역시 본인의 담당 구역에 속한 갤리를 사

용한다. 승무원은 본인이 담당한 Zone의 손님 수와 특별한 케어를 필요로 하는 경우 등의 손님들의 특징을 파악하고 업무 시 착오가 없도록 해야 한다.

2) 항공기 객실설비

① 좌석

○ 승객좌석

승객좌석은 항공사마다 차이가 있으나 등급별로 형태가 다르고 좌석 간 간격에 차이가 있다. 또한 좌석은 일반적으로 열 형태로 되어 있으며, 각 좌석은 영문 알파벳으로 지정되어 있다.

승객좌석은 팔걸이 Armrest, 발 받침대 Footrest, 좌석벨트 Seatbelt, 식사테이블 Tray Table, 좌석 앞주머니 Seat Pocket, 구명조끼 Life Vest 등이 장착되어 있고, 승객 서비스 유닛 Passenger Service Unit(PSU) 등의 설비가 있다.

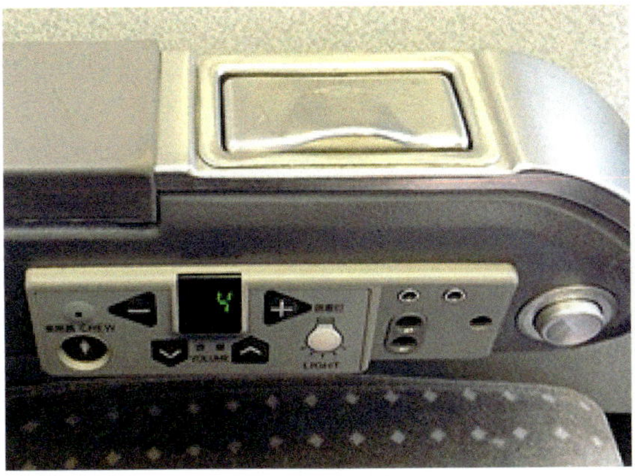

출처: www.travelmate.co.kr

그림 8-10 ▸ Armrest

출처: CNN

그림 8-11 ▸ Footrest

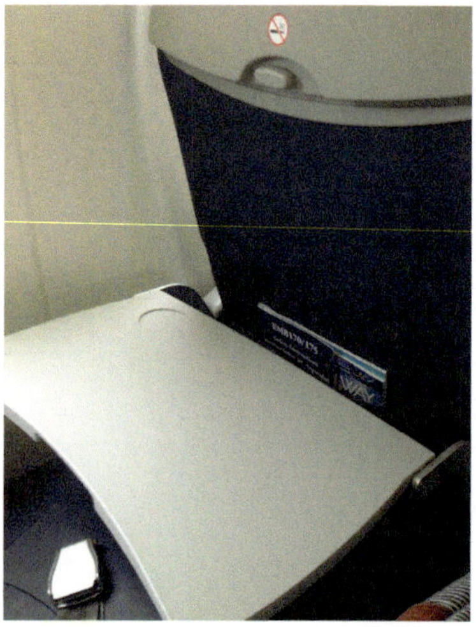

출처: www.travelmate.co.kr

그림 8-12 ▸ Tray Table

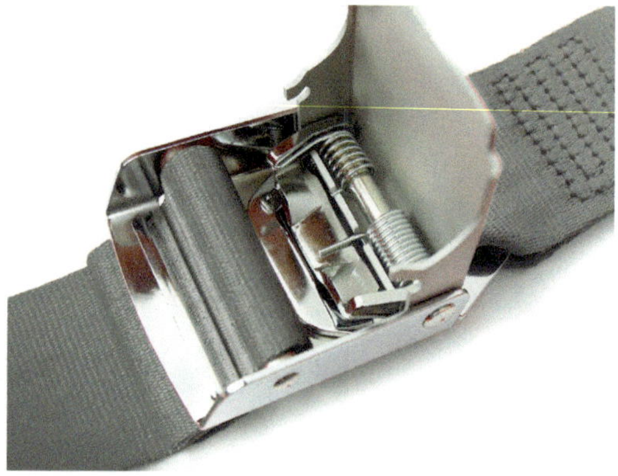

출처: https://redesignedtraytables.com

그림 8-13 ▸ Passenger Seat belt

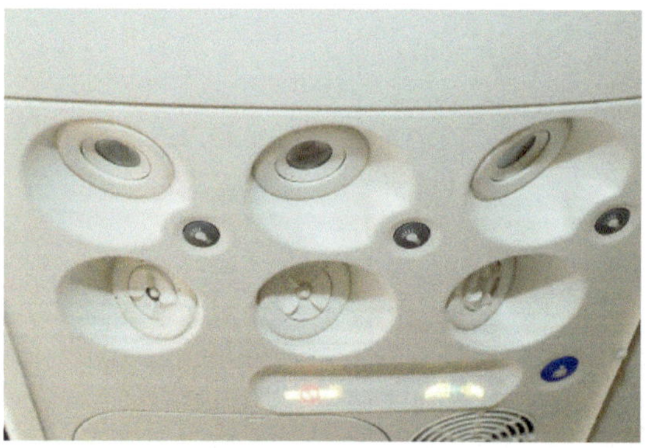

출처: www.airteamimages.com

그림 8-14 ▸ Passenger Service Unit(PSU)

- 에어컨(환기) 조절 버튼(air conditioner adjustment button(Fresh Air Vent))
- 승무원 호출 버튼(call button)
- 독서등(Reading Light)

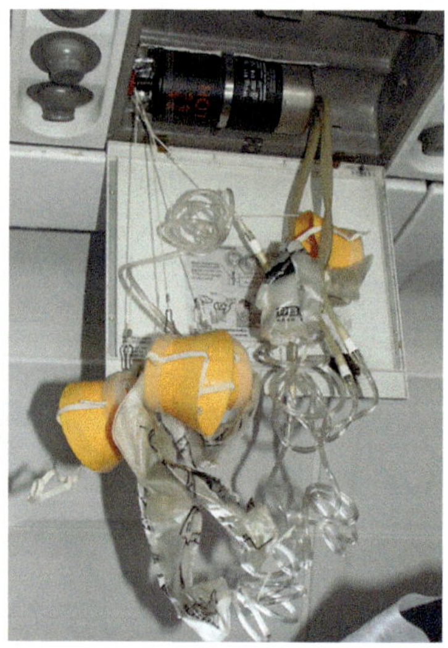

- 산소마스크 패널(Oxygen Panel)

승무원좌석 Jump Seat

승무원좌석은 비상구 옆에 위치해 있으며 기장실(Cockpit)을 바라보는 방향 혹은 기장실을 등지는 방향으로 1인용(single) 및 2인용(single)으로 나누어진다.

승무원 좌석 점검 시 좌석이 자동적으로 접히는지, 좌석벨트와 어깨를 감싸는 하네스(Harness) 벨트가 제대로 작동하는지 반드시 점검해야 한다.

좌석 주위에는 조명조절장치 및 Communication System, Pre Record Announcement, Boarding Music 조절 장치가 있는 Attendant Panel이 있으며, 산소마스크와 방송용 인터폰 등의 장비가 장착되어 있다.

출처: http://flight-report.com

그림 8-15 ▸ A380 Jump Seat

출처: https://services.airbus.com

그림 8-16 ▸ Attendant Panel

2 짐 보관 공간 Storage Area

Overhead Bin

승객의 휴대수하물을 보관하는 공간으로 항공기 천장 부분에 수납하도록 설치되어 있다. 신형항공기의 경우에는 적은 힘으로 쉽게 여닫을 수 있으며 공간이 넓게 설계되어 있어 큰 부피의 물건도 수납이 가능하다.

항공기 내 Overhead Bin에서의 수하물 낙하 사고를 항상 조심해야 하며, Overhead Bin 이용 시 Overhead Bin 아래 승객에게 사전 안내를 하는 등 특히 주의해야 한다.

출처: www.huffpost.com 출처: https://www.theverge.com

그림 8-17 ▸ Overhead Bin

○ 승객 좌석 아래

Overhead Bin에 고정되지 않아 깨질 위험이 있거나, 무게가 나가는 짐 등은 좌석 아래 선반에 보관할 수 있다. 또한 물병이나 패트병은 상공에서 기압으로 인해 팽창하기 때문에 뚜껑이 잘 닫혀있지 않으면 액체가 샐 수 있기에 승객 좌석 아래 혹은 좌석 주머니를 이용해야 한다.

○ 옷장 Coat Room

항공기 전후방 벽면 등을 이용하여 칸막이 식으로 마련되어 있는 공간으로 승객의 자켓, 코트, 긴 형태의 짐, 휠체어 그리고 승무원의 의복과 가방 등을 보관할 수 있다.

출처: www.singaporeair.com 출처: www.prestigegorilla.net

그림 8-18 ▸ Coat Room

③ 주방 Galley

승객에게 제공하는 기내식 및 음료를 보관하고 준비하는 공간을 Galley라고 한다. Galley는 항공기 기종에 따라 약간의 차이가 있으나 일반적으로 항공기의 전방과 중앙, 후방에 위치하고 있다.

○ Oven

지상에서 탑재된 승객 식사나 타월(towel) 등을 Heating 하여 승객들에게 제공할 때 사용한다.

기종에 따라 차이가 있으나 일반적으로 온도는 High 220°C, Mid 180°C, Low 140°C 단계로 크게 나뉘며 온도 상하 조절 버튼으로 조절가능하다. 오븐 온도와 작동 시간은 메뉴와 손님의 요구 사항에 따라 정확을 기하여야 한다.

그림 8-19 ▸ Galley Oven

출처: www.safran-cabin.com

그림 8-20 ▸ Oven Rack

○ Coffe Maker

Coffe Maker 상단에는 Coffee Pack Holder가 있고 Sensor가 작동되어 Coffee Pot의 적정선까지 Brew 되며, Indicator Light가 있어 Brew 중임을 알 수 있다. 신 기종에는 Americano 뿐만 아니라 Espresso와 Cappuccino, Caffe Latte를 만들 수 있는 기능을 갖춘 Coffe Maker가 장착되어 있다.

Water Boiler

뜨거운 물을 사용할 수 있는 Water Boiler가 장착되어 있어 승객들에게 차 혹은 뜨거운 국물을 제공할 때 사용한다.

출처: www.globalaviationltd.com

그림 8-21 ▸ Coffee Maker

출처: www.airteamimages.com

그림 8-22 ▸ Coffee Maker & Water Boiler

냉장고

대부분의 Galley에는 냉장(냉동) 기능이 있는 냉장고가 설치되어 있어 음료를 시원하게 보관하여 승객에게 제공하며, 일반적으로 냉장과 냉동 기능을 버튼으로 선택할 수 있다.

Cart

Cart는 크게 식사 및 음료 그리고 기내 면세품의 보관 및 서비스 용도로 사용된다. Cart의 종류에는 Meal Cart와 Beverage Cart, Sales Cart, Serving Cart가 있다.

Compartment

각종 서비스 용품이나 음료, 기내면세품 등을 보관하는 저장 공간으로 승무원의 편의에 따라 다양하게 물건을 저장하고 고정시키는 용도로 사용할 수 있다.

출처: http://kr.aving.net

그림 8-23 ▸ Cart & Compartment

○ 쓰레기통

모든 Galley에 설치되어 있고, 쓰레기통의 Cover는 화재 예방의 목적으로 항상 닫혀 있어야 한다. 기종과 Galley에 따라 유압압축을 이용한 Trash Compactor가 설치되어 있는데, 특히 장거리 비행 시 제한된 공간을 확보할 수 있어 유용하게 사용된다.

출처: www.aircraftinteriorsexpo.com

그림 8-24 ▸ Trash Compactor

Circuit Breaker

Circuit Breaker는 Galley내의 전기 시설장비에 전기의 과부하 현상이 발생할 경우 전원공급을 차단시키는 역할을 하는 것으로 과부하 시 Circuit Breaker가 튀어나와 자동적으로 전원 공급을 차단, 화재를 예방한다.

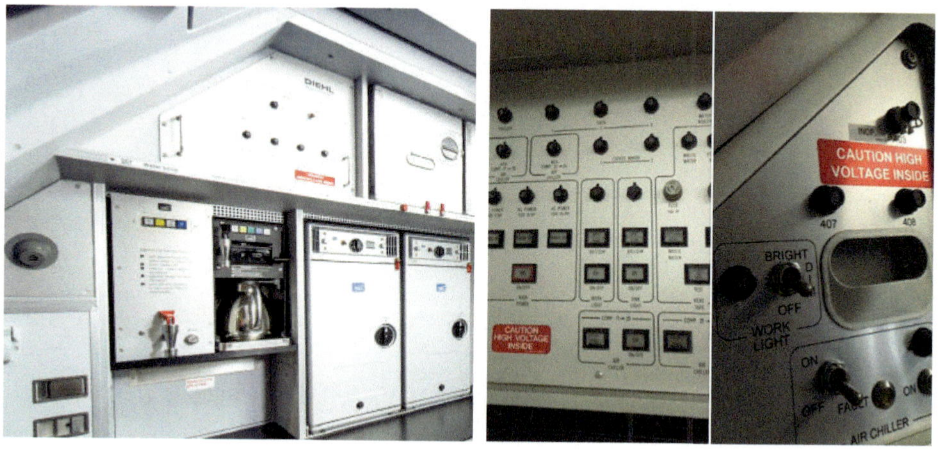

출처: www.aeroexpo

그림 8-25 ▸ Circuit Breaker

④ 화장실 Lavatory

항공기 화장실은 Water Flusing Type과 Air Vacuum Suction Type이 있으며 일반적으로 스킨, 로션과 손세정제 등이 구비되어 있다.

화장실에 설치되어 있는 비상장비로는 연기 감지 시 고음의 경고음과 붉은 색의 Alarm Indicator Light가 점등되는 Smoke Detector가 있고, 화장실 쓰레기통 안에는 고온에 노즐이 녹아 Halon이 발사되는 소화기가 설치되어 있다.

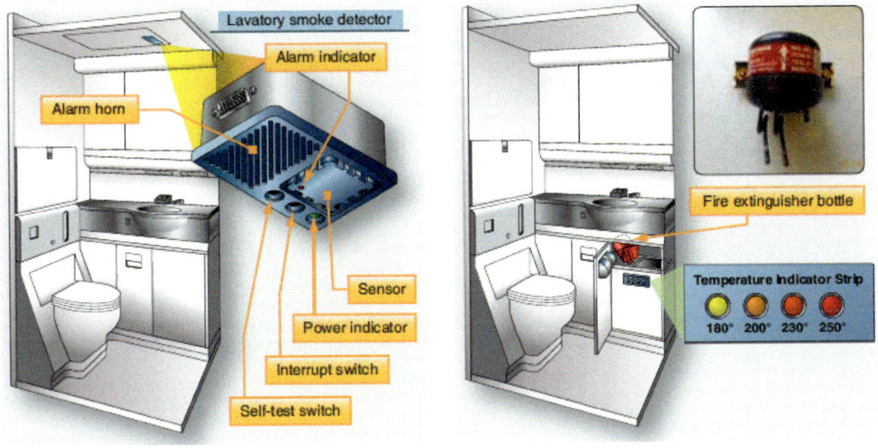

출처: www.aircraftsystemstech.com

그림 8-26 ▸ Circuit Breaker

⑤ 승무원 휴식 공간 Bunk

보통 9~10시간 이상의 비행 시 승무원의 휴식을 위해 마련된 공간으로 기종에 따라 차이가 있으나 장거리 비행에 많이 이용되는 A330 과 B747, B777의 경우 보통 6~8개의 침대로 구성되어 있다.

출처: https://services.airbus.com

그림 8-27 ▸ Crew Rest Bunk

02 객실서비스의 개념 및 구성

1) 객실서비스의 개념

객실서비스는 기내에서 승객들에게 제공되는 물적·인적 서비스의 설계에서부터 생산에 이르는 모든 업무를 총칭한다.

객실업무 중 물적 서비스란 승객이 객실 내에서 필요로 하는 각종 시설물과 서비스물품을 기내에 장착 또는 탑재하여 승객에게 편의를 제공하는 업무를 뜻하며, 인적 서비스란 객실 승무원에 의해 이루어지는 모든 업무 과정을 뜻한다. 따라서 객실서비스는 승객이 탑승하기 이전부터 객실 시설물이나 서비스 용품의 설치 및 탑재와 관련된 여러 준비 업무를 포함하여 승객들이 항공기 탑승 후 목적지에 도착할 때까지 객실 승무원이 서비스 하는 모든 업무를 객실 서비스라고 할 수 있다.

과거 객실서비스는 물질적인 유형 서비스에 중요도가 집중되었으나, 항공사는 최종적으로 항공기 좌석 이라는 무형의 상품을 제공하는 것이기 때문에 어떤 사람이 제공하느냐에 따라 고객의 만족도가 매우 달라질 수 있다는 사실이 부각되어, 현재는 인적 부분 서비스를 매우 중요하게 인지하고 향상시키기 위해 모든 항공사가 매우 노력을 기울이고 있다.

2) 객실서비스의 구성

객실서비스는 위에서 언급하였듯이 물적 서비스와 인적 서비스로 이루어지다.

물적 서비스에는 제공되는 상품과 서비스 방법, 관련 정보와 기술 등 가시적인 일련의 가격과 양, 질, 시간 등으로 구성되어 있으며 인적서비스는 승무원의 고객응대 즉, 미소와 배려, 신속하고 정확한 업무 처리 등을 의미한다. 물적 서비스와 인적 서비스 모두 항공사 운영에 중요한 요인이며, 이 두 가지 요인이 원활히 제공되어야만 승객들에게 진정한 만족을 선사할 수 있다.

객실서비스 중 물적 서비스에는 다음과 같은 요소들이 있다.

1 물적 서비스

항공기 좌석 및 내·외부 인테리어

승객의 만족도에 영향을 미치는 대표적인 물적 서비스는 항공기 좌석의 편안함이라 할 수 있다. 항공기 좌석은 Class 등급 별로 좌석 간 거리 및 좌석 폭, 좌석이 젖혀지는 정도에 상당 부분 차이가 있다. 하지만 최근 신 기종 같은 경우에는 같은 Class에서도 좌석등받이의 두께를 줄이는 대신 좌석 간 폭을 넓히거나, 손잡이를 옆 좌석 승객과 편하게 공유할 수 있는 등의 개선을 통해 승객의 만족도를 높이고 있다.

항공기의 외형 같은 경우는 항공사 브랜드 이미지와 결부되는 특색 있는 디자인으로 항공기 외장을 도장하여 사용하고 있다. 이는 승객에게 항공사의 기업 이미지를 형성하고, 관심을 유발할 수 있는 기업 경영 차원의 중요한 마케팅 전략이다.

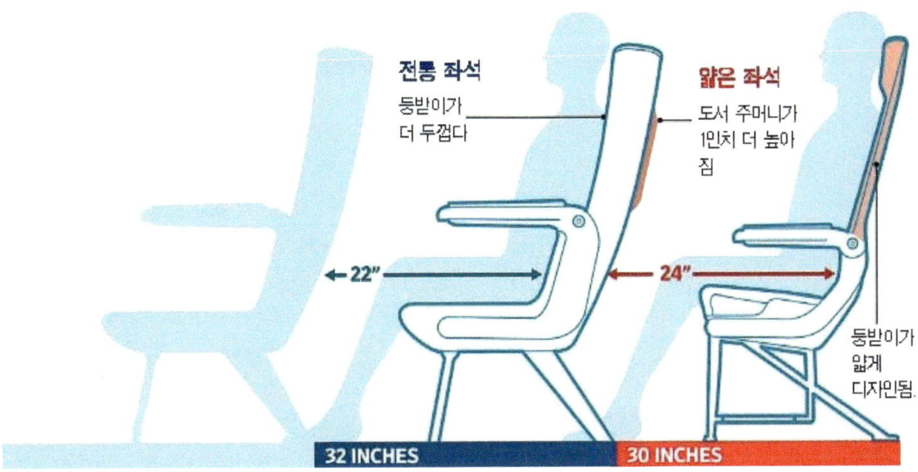

출처: 한국일보

그림 8-28 ▸ 기내 좌석 간 넓이

○ 식음료 서비스

객실 식음료 서비스는 승객에게 제공되는 음식과 음료로, 승객이 항공사의 서비스에 대해 지니는 이미지와 깊은 연관이 있으며, 수준 높고 세련된 기내 식음료 서비스는 승객에 의해 평가되는 항공사의 전체적인 서비스의 질을 좌우하는 역할을 한다.

식음료 서비스는 고객의 입장에서 선택의 폭이 넓으며 종류가 다양하고 항공사가 지닌 고유의 특성을 잘 드러내는 서비스이기 때문에 상위 클래스의 경우에는 고급 호텔 레스토랑 수준의 정통 서양식 코스별 식음료 및 고급 한정식 식음료를 기획하여 서비스하고 있으며, 일반석 같은 경우에도 타 항공사와 차별화되는 기내 식음료를 제공하여 승객들에게 항공사의 특별한 이미지를 각인시키고 있다.

그림 8-29 ▸ 아시아나항공 이코노미석 기내식 : 영양쌈밥

그림 8-30 ▸ 대한항공 일등석 기내식 : 정통 서양식

○ 엔터테인먼트 서비스(Entertainment)

기내 엔터테인먼트 서비스(In-flight Entertainment)란 기내 오락물의 개념으로 기내에서 승객들의 요구에 맞게 즐거움과 욕구를 충족시켜줄 수 있는 영화 상영 및 음악감상, 기내 오락게임과 비행정보 등의 엔터테인먼트 개념의 소프트웨어를 이야기 한다.

승객들은 기내 엔터테인먼트 서비스(IFE)를 통해 비행정보 및 영화 등의 프로그램을 즐길 수 있는데, 비행정보는 항공기 항법장치와 연결되어 고도, 항공기 속도, 지도상 위치, 도착 예정시간 등 비행관련 정보들이 안내되며, 이 외에도 면세품 안내와 서류작성 등과 같은 기내 서비스 이용과 여행 시 필요한 정보 또한 비행정보를 통해 제공된다.

영화는 기종에 따라 테이프방식과 데이터방식으로 크게 나뉘는데 새로운 기종이 도입됨에 따라 최근에는 많은 기종이 데이터 방식을 사용하고 있다. IFE 시스템의 종류에 따라 제공되는 영화편수에 차이가 있으며 이용 가능한 언어 선택 역시 차이가 있으나. 다양한 국적과 연령층이 즐길 수 있는 여러 장르의 영화 상영이 가능하며, 어린이를 위한 전용 프로그램이 제공된다.

기타 엔터테인먼트로 제공되는 내용으로는 비행정보와 영화 외에 단편물과 음악, 게임, 스포츠 등이 있어 어린이부터 어른까지 다양한 연령범위의 승객들이 이용할 수 있는 대중성과 다양성을 살린 콘텐츠가 제공된다.

출처: www.aviationbusinessnews

그림 8-31 ▸ In-flight Entertainment

● 통신 서비스

통신위성을 이용하여 비행 중 전 세계 어느 곳과의 전화 통화가 가능하도록 서비스를 제공하고 있다. 전화 뿐 아니라 팩스 인터넷 등을 고객들이 편리하게 사용할 수 있도록 최신 설비를 갖추고 있다.

○ 독서물 서비스

비행 중 다양한 읽을거리를 제공하기 위해 항공사 자체 제작하는 기내지를 비롯하여 국내외 시사지, 일간지, 잡시 베스트셀러 위주의 소설과 아이들을 위한 동화책을 제공하기도 한다. 또한 내국인 승객뿐 아니라 외국인 승객들을 위해 영문, 중문, 일문 등 다양한 언어로 쓰인 자료들을 비치하여 모든 승객들이 사용할 수 있도록 서비스하고 있다.

그림 8-32 ▸ 대한항공 기내지 모닝캄, 비욘드

그림 8-33 ▸ 가루다인도네시아항공 프리미엄 기내지

○ 면세품 판매 서비스

국제선 항공편에서 승객의 편의를 위해 술과 담배, 향수, 화장품 등 유명 브랜드 상품을 면세 가격으로 구입할 수 있도록 면세품 판매 서비스를 제공한다. 비행 전 항공사 홈페이지에서 사전 주문예약이 가능하며, 기내에서도 다른 항공편에서 상품을 받기 원하는 경우 예약하여 원하는 편명에서 면세품을 받아볼 수 있다.

A380 기종의 경우에는 면세품 판매만을 위한 별도의 공간을 만들어 승객들이 더욱 편리하게 면세품 서비스를 즐길 수 있다.

그림 8-34 ▸ A380 면세품 전시 공간

그림 8-35 ▸ EK 항공 기내면세품

◦ 기타 서비스

탑승한 어린이를 위해 퍼즐, 색연필 등의 장난감이 제공되며 유아를 위한 이유식과 기저귀 등이 준비된다. 또한 아이를 눕힐 수 있는 착탈식 아기요람(Baay Bassinet) 이 준비되어 있어 미리 예약하지 않아도 아기요람이 설치가 가능한 좌석이라면 승무원이 즉시 제공할 수 있다. 이 외에도 엽서 및 편지지, 볼펜과 노선에 따라 상이하나 편안한 휴식을 위한 안대와 귀마개 등이 제공된다.

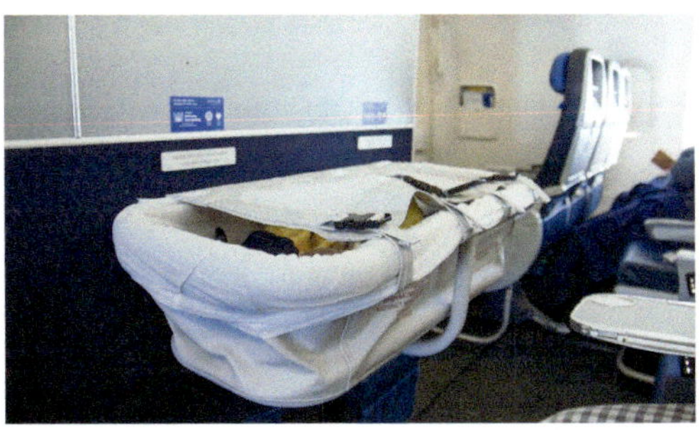

출처: www.flyingwithababy.com

그림 8-36 ▸ Baby Bassinet

출처: http://travelview.co.kr

그림 8-37 ▸ 어린이 장난감 서비스

02 S·E·C·T·I·O·N

객실서비스

객실서비스는 크게 안전·보안서비스, 식음료서비스, 면세품서비스, 서류서비스, 기내방송서비스, 기내 엔터테인먼트 서비스(Entertainment), 특수고객 서비스 등으로 구성되어 있다.

이 장에서는 객실서비스 중 가장 중요한 부분을 차지하는 안전 및 보안서비스와 식음료서비스에 대해 알아보겠다.

01 안전 및 보안서비스

객실승무원의 가장 중요한 임무는 승객들을 목적지까지 안전하고 편안한 여행을 하도록 안전과 보안에 철저를 기하는 것이다.

기내에는 안전 및 보안과 관련한 다양한 장비가 구비되어 있는데, 객실 안전과 관련한 장비는 크게 비상탈출장비와 화재진압장비, 의료장비로 나눌 수 있으며,

보안장비로는 기종과 항공사별로 약간의 차이가 있으나 일반적으로는 전자충격총과 방폭담요, 방탄조끼, 타이 랩 및 포승줄 등이 구비되어 항공 보안에 위반되는 상황 발생 시 객실승무원이 사용할 수 있도록 되어 있다.

1) 비상탈출장비

① ELT(Emergency Locator Transmitter)

항공기 비상착륙, 착수 시 자동적으로 신호를 발신하여 구조 요청을 할 수 있는 장치이다.

- Pre-FLT CHK : 정위치에 있는지 확인한다.
- 사용법 : (해상) Lanyard를 풀어 Slide Raft 가장 자리에 묶어 물속으로 던지면 water soluble tape이 녹으면서 안테나가 자동으로 세워져 전파를 발신한다. (육상) water soluble tape을 풀어 안테나를 세운 뒤, 액체가 담긴 용기에 E.L.T의 센서가 잠기도록 담근 후 전파가 잘 발신되도록 넓고 높은 곳에 설치한다.

② Life Vest

비행기가 바다나 호수에 불시착할 시 사용한다.

- Pre-FLT CHK : 정위치에 있는지 확인한다.
- 사용법 : Life Vest를 착용 후 Red Tap을 당기면 부풀어진다.
  - 양 쪽의 고무관을 불어 공기를 더 주입하거나 뺄 수 있다.
  - Infant 용으로 사용할 경우 Infant의 겨드랑이에 끼워 Tube처럼 사용한다.
  - 탈출 직전 문 앞에서 부풀리도록 한다.

③ Survial Kit

Slide Raft 또는 life Raft에 연결되어 있거나 O.H.B에 탑재되어 있다.

- Canopy : 비, 바람이나 햇빛을 막기 위한 천막이다.
- Clamp : 구명정이 찢어졌을 경우 사용하며, 한 개 또는 여러 개를 연결하여 사용 가능하다.
- Bailing Bucket : 구명정에 고인 물을 퍼내거나 식수로 사용하기 위한 빗물을 받을 때 사용한다.
- Sponge : 구명정 안의 물기를 제거할 때 사용한다.
- Knife : 기체와 Raft를 연결한 Mooring Line을 제거할 때 사용한다.
- Flare Kit : 불꽃 또는 연기로 구조신호를 보낸다.
- Sea Dye Maker : 물에 들어가면 형광색 염료가 나오며, 눈이나 얼음 위에서도 사용가능하다.
- Flash Light : 승객을 유도하고 신호를 보내며 야간에 시야 확보를 위해 사용한다.
- 정수제 : 오염된 물을 마실 수 있는 물로 정화 하는 약으로 매뉴얼에 따라 사용한다.
- Water Container : 물을 보관하는 용도로 사용하다.

2) 화재진압장비(Fire Fighting Equipment)

① H_2O 소화기

Class A(의류, 종이, 목재, 수화물) 화재에 사용한다.

- 사용법 : 손잡이를 끝까지 돌리고 바로 세워서 화원을 향해 조준하며, 분사시간은 약 40초이며, 유효사거리는 6M이다.

② Halon 소화기

Class A,B(기름, 휘발성 액체), C(전기류, 오븐, 캐빈조명) 화재에 사용한다.

- 사용법 : 분사시간은 약 10초~15초이며, 유효사거리는 2.5M이다.

- 안전핀이 꽂혀 있으며 플라스틱 SEAL이 되어 있는지 확인하고, 소화기를 수직으로 세우고 RING PIN을 당겨 SEAL을 함께 제거한 후 노즐을 화원을 향하게 하고 레버를 눌러서 분사한다. 일정거리를 유지하면서 분사하고, 소화 후에 지속적인 관찰이 필요하다.

③ P.B.E(Protective Breathing Equipment)

화재 진압 시 안면보호와 시야확보, 의사소통(음성판 부착)을 돕는 동시에 산소를 공급해 주는 장비이다.

- Pre-FLT CHK : 정위치 유무와 보관상태(진공상태)를 확인한다.
- 사용법 : 착용 전 PBE에 부착되어 있는 TAB을 당기거나 Generator Pin을 뽑아 산소를 공급한다. 산소 공급 상태를 확인한 후 착용하며, 입과 코 부위에 마스크를 맞추고 Strap을 조절하여 본인 사이즈에 맞게 한다.
  약 15분 사용가능하며, 산소 공급이 중단되면 즉시 벗는다.
- 주의사항 : 착용시 NECK SEAL에 이물질이 끼지 않도록 한다.
  - 사용 후 화기 근처에 가지 않는다.
  - 작동 시 고온의 열이 발생하므로 주의한다.

3) 기내 의료장비

① FAK(First Aid Kit)

비행 중 승객의 사고 및 질병 발생 시 사용하기 위해 기내에 탑재되는 의약품이다.

- Pre-flight CHK : 정위치 유무와 납 Seal로 밀봉되어 있는지 확인한다.
- 사용법 및 주의사항
  - 사용 후 구급의료용품 사용보고서를 작성하여 kit 내에 넣고 kit 내의 흰색 플라스틱 Seal을 이용하여 Sealing 후 Cabin Log에 기록한다.

■ 내용품

- 진통제, 구토억제제, 코 충혈 완화제, 제산제, 항히스타민제, 일회용 장갑, 인공호흡마스크, 응급처치 교범, 내용물 설명서, 사용 시 보고를 위한 서식, 손 세정제 또는 물수건, 멸균 면봉, 일회용 밴드, 삼각건, 체온계 등.

② EMK(Emergengy Medical kit)

응급환자 발생시 의료진에 의한 전문적이고 기술적인 치료를 위해 탑재되며 의료인만 사용할 수 있는 의료장비. 승무원은 내용물을 사용할 수 없음.

■ 일반적으로 101석 이상 항공기에 1kit 탑재된다.

■ Pre-flight CHK : 정위치, Seal 확인(Blue Seal)

■ 사용법 및 주의사항

- 환자 발생 시, 의료진에게 EMK 전면에 부착된 구성품 list를 보여준다.
- 니트로글리세린은 전문의약품으로 의료인의 사용여부 판단 및 사용 후 효과에 대한 모니터링이 필요하므로, 원칙적으로 니트로글리세린의 사용은 전적으로 의료인의 파단에 따라야 한다. 그러나 기내라는 특수한 상황을 고려하여, 탑승한 전문 의료인이 없을 경우에 한하여 아래의 조건이 모두 충족되는 경우 캐빈승무원이 니트로글리세린을 제공할 수 있다.
  - 환자 혹은 환자의 보호자가 환자의 진단명(심근경색 및 협심증)과 약의 이름, 복용법 등을 명확히 인지하고 있을 경우.
  - 환자가 이미 의사로부터 진단 및 처방을 받아 해당 약품을 복용한 기왕력이 있고 이에 대한 부작용이 없다고 확인된 경우.

③ AED(Auotomated External Defibrillator)

심실 자동 제세동기로 무의식, 무호흡, 무맥박인 심정지환자에게 심정지의 주요 원인인 심실세동을 효과적으로 실시할 수 있도록 고안된 장치이다.

■ 사용법

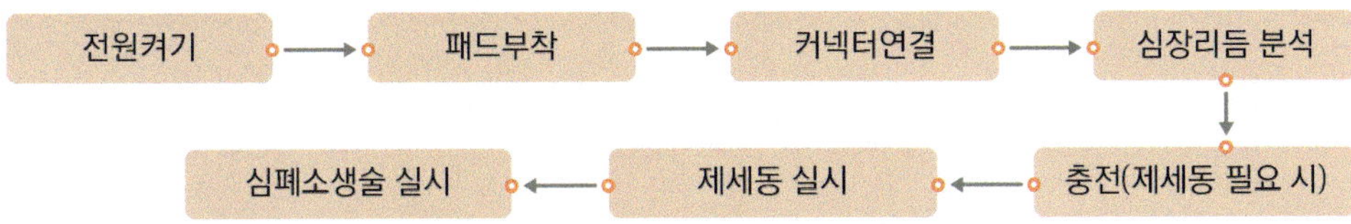

④ UPK(Universal Precaution Kit)

환자의 체액이나 타액으로부터 오염을 방지해주는 장비로 내용물 구성은 마스크, 장갑, 가운, 거즈 등이 포함되어 있다.

■ Pre-FLT CHK : 정위치와 Seal 상태를 확인(겉면의 비닐 포장 상태)한다.

■ 내용품

- 액체응고제, 살균제, 피부세척용 수건, 안면보호마스크, 일회용의료장갑, 일회용 앞치마, 흡착타올, 오염물 처리 주걱, 설명서, 오염물 처리 봉투

⑤ 휴대용 산소통

기내 응급환자 발생 시 산소가 필요할 경우 제공하는 휴대용 산소통이며 고압(4리터/분), 저압(2리터/분)으로 공급할 수 있다.

■ Pre-FLT CHK : 정위치 확인, 산소 Mask Tube 연결 상태(고압) 및 Mask 보관 상태를 확인(밀봉상태)한다. 또한, PSI Gauge(1,800PSI 이상)와 Green Cap 닫힘 상태를 확인한다.

■ 주의사항

- 환자의 응급처치 용도로 사용할 경우 감압 시 승무원용으로 일정량 남겨놓아야 하며, 환자의 상태에 따라 고압 또는 저압(심장질환자, 어린이, 노인)을 선택하여 연결한다. 또한 캐빈승무원이 감압 시 사용할 경우 Shoulder Band를 Cross 하여 착용하고, Grease 혹은 Oil이 outlet에 묻지 않게 주의(폭발위험)한다.

02 기내식 서비스

1) 기내식 서비스의 개념 및 특징

❶ 기내식 서비스의 개념

기내 식음료란 비행 중 승객에게 제공되는 음식으로 비행구간과 비행시간, 객실 등급에 따라 서비스 내용과 종류가 상이하다.

기내식은 1919년 8월 런던-파리 노선에서 종이상자에 샌드위치·과일·초콜릿 등을 담아 승객에게 제공한 것을 시작으로 생산 기술면에서 cook-chill 시스템을 활용해 지속적으로 발전하여 현재 특히 FSC(Full Service Carrier) 항공사에서 기내식은 기내 서비스 중 중요한 부분이 되었다. 또한, 기내식은 승객이 항공사 서비스에 대해 갖는 이미지와 깊은 관련이 있어 수준 높고 세련된 기내식 서비스는 승객에 의해 평가되는 항공사의 총괄적 서비스 질을 높이는 데 결정적인 역할을 한다.

기내식 서비스는 이처럼 항공사 평가 기준에서 차지하는 비중이 크므로 고객서비스 만족도의 극대화라는 목표와 시·공간상의 제약 속에서 이러한 요구를 충족시키기 위해 노선과 시간대별 등에 적합한 메뉴를 선정하고, 효율적이고 세련된 서비스 방식과 적절한 보조 용품의 조달 및 관리와 관련한 세심한 주의를 필요로 한다.

❷ 기내식 서비스의 특징

기내식은 기내라는 특수한 상황 때문에 시·공간적인 제약이 크다. 즉, 음식이 만들어진 즉시 제공되는 일반 음식점과 달리 생산 이후 항공기에 탑재되어 다시 오븐에서 데워져 승객에게 제공되기에 시간적 제약이 크며, 좁은 통로를 이용하여 많은 승객에게 제공되어야 하고, 승객 개별 좌석에서 식사가 용이해야 하기 때문에 공간적인 제약이 있다.

따라서 이러한 시·공간적인 제약을 충분히 고려하여 기내식 생산에 적극 반영해야 하며, 특히 일정시간 경과되어 서비스되는 점에 집중하여 기내식 생산 및 관리 전 과정에 철저한 위생 관리가 요구된다.

또한, 소비자들은 기내라는 특수한 공간이라는 이유로 고급 레스토랑 혹은 호텔과 같은 서비스를 기대하기 때문에 현실과 승객들의 기대에 대한 차이를 줄이는 방법을 적극적으로 모색해야 한다.

2) 기내식의 분류

① 기내식사의 분류

<table>
<tr><th>분류</th><th colspan="4">내용</th></tr>
<tr><td rowspan="6">시간</td><td>아침식사
(Breakfast)</td><td>5AM - 9AM</td><td colspan="2">오믈렛·죽·토스트 등의 간단한 식사</td></tr>
<tr><td>늦은 아침식사
(Brunch)</td><td>9AM - 11AM</td><td colspan="2" rowspan="3">소고기, 생선, 가금류를 이용한 요리(코스로 된 주요리 서비스)</td></tr>
<tr><td>점심식사
(Lunch)</td><td>11AM - 2PM</td></tr>
<tr><td>저녁식사
(Dinner)</td><td>6PM - 10PM</td></tr>
<tr><td>중참
(Supper)</td><td>10PM - 1AM</td><td colspan="2">Brunch, Lunch, Dinner 메뉴와 비슷하나 다소 간단한 요리</td></tr>
<tr><td>간식
(Snack)</td><td>6시간 이상
비행 시 제공</td><td colspan="2">비행 구간에 따라 영화상영,
휴식, 기내 판매 전후로 제공하며, 피자·샌드위치·라면·과일 등으로 구성됨</td></tr>
<tr><td rowspan="2">상태</td><td colspan="2">차가운 음식
(Cold Meal)</td><td colspan="2">비행시간이 짧은 구간에 제공되며 일반적으로 인천-일본 구간에 샌드위치 혹은 일본식 도시락으로 제공되는 경우가 많음</td></tr>
<tr><td colspan="2">더운 음식
(Hot Meal)</td><td colspan="2">비행시간이 짧은 일부 구간을 제외하고 대부분의 구간에 제공됨</td></tr>
<tr><td>식단</td><td>양식
(Western)</td><td>한식
(Korean)</td><td>중식
(Chinese)</td><td>일식
(Japanese)</td></tr>
<tr><td>좌석
등급</td><td>First Class</td><td colspan="3">최상위 기물과 음료 및 식사 제공.
국적 FSC의 경우 서양식부터 동양식까지 다양하게 코스별로 제공됨. 대표 메뉴로는 비빔밥, 도가니탕, 매생이국 등의 전통 한국음식과 정통 서양식 요리가 있음. 일부 항공사의 경우 일급 요리사가 탑승하여 직접 서비스하기도 하며, 일반적으로 승객의 취향을 적극 반영한 On-Demand 서비스를 실시함.</td></tr>
</table>

<table>
<tr><th>분류</th><th colspan="2">내용</th></tr>
<tr><td></td><td>Business Class</td><td>일등석과 일반석 중간인 Semi Course로 제공되며, 다양한 종류의 한식과 서양식을 제공함.</td></tr>
<tr><td></td><td>Economy Class</td><td>일반적으로 하나의 Tray에 전체요리와 주요리, 후식 모두 Setting 되어 제공되며, 국내 FSC의 대표 한식 메뉴로는 비빔밥, 쌈밥, 양식으로는 스테이크가 있음.</td></tr>
<tr><td rowspan="6">특별식</td><td>채식</td><td>서양채식, 인도채식, 엄격한 인도채식, 동양채식 등</td></tr>
<tr><td>건강식</td><td>저지방식, 당뇨식, 저열량식, 저단백식, 저염식 등</td></tr>
<tr><td>종교식</td><td>힌두교식(Hindu Meal), 회교도식(Moslem Meal),
유대인식(Kosher Meal) 등</td></tr>
<tr><td>영유아식</td><td>Infant Meal, Baby Meal, Toddler Meal, Child Meal</td></tr>
<tr><td>기타</td><td>생일 축하 케이크, 결혼 축하 케이크 등</td></tr>
</table>

② Class별 음료 분류표

<table>
<tr><th>SVC</th><th>B/C</th><th>E/C</th></tr>
<tr><td>Welcome Drink</td><td>Tray Preset
-Orange Juice
-Champagne
-Water</td><td>×</td></tr>
<tr><td>Aperitif</td><td colspan="2">Taking Order</td></tr>
<tr><td>Wake-Up Drink</td><td>Tray Preset
-Orange Juice
-Tmato Juice
-Water</td><td></td></tr>
<tr><td>Refreshment Drink</td><td>Taking Order</td><td>Tray Preset
-Orange Juice
-Water
-Soft Drink</td></tr>
<tr><td>Pre-Landing Drink</td><td colspan="2">Tray Preset
-Orange Juice
-Water</td></tr>
</table>

출처: 아시아나항공 서비스 매뉴얼

CHAPTER 09

항공화물

SECTION ▸

01 S·E·C·T·I·O·N

항공화물의 이해

01 항공화물의 발달 및 분류

1) 항공화물의 발달

항공화물이란 항공기에 의해 운송되는 물품으로서 우편물과 여객이 휴대하는 수하물을 제외한 모든 물품을 말한다. 따라서 여객이 휴대하지 않은 비 동반수하물(Unaccompanied Baggage)도 항공화물에 속한다.

이처럼 넓은 범주의 항공화물운송은 항공여객운송과 함께 항공운송의 양대 축을 이루며 지속적으로 발전해왔다.

① 초기의 항공화물운송

o 우편물 운송

산업초기 항공화물운송에서 가장 큰 비중을 차지한 것은 우편물 관련 운송이었다. 제2차 세계대전 이전까지 항공우편은 화물운송의 대부분을 차지하였으며 따라서 항공사 측에서도 우편물 운송이 주요 수입원의 역할을 하였다. 그러나 제2차 세계대전 기간인 1939년부터 1945년 사이 군수품의 운송수단 확보를 위한 군사적 필요에 의하여 항공운송이 급속히 발전하였으며, 제2차 세계대전이 끝난 후에는 군용수송기가 민간용 화물기로 전환하여 사용되어 민간항공화물운송 역시 급속한 발전을 이루기 시작하였다.

일반화물 운송

초기의 일반화물 운송은 전시적인 성격이 강하여 순수한 상업적인 항공운송이라 보기 다소 어려운 부분이 있다.

오늘과 같은 형태의 운송활동은 1931년 TWA(Transcontinental &Western Air)사가 화물전용항공기를 이용하면서 시작되었다. TWA사를 시작으로 항공화물운송에서 송장 등의 선적 서류를 이용하게 되었고, 유나이티드항공(UA)에 의해 1940년 시카고-뉴욕 간 정기 화물운송이 시작되었다.

화물운송은 제2차 세계대전 말 미국정부가 운송업자에게 영업권과 더불어 운임에 대한 자율적인 협상권을 부여함에 따라 획기적인 전환기를 맞았으며, 또한 화물운송 항공사들에게 자율적인 영업권을 허가하는 등 정부의 시장규제를 완화함에 따라 다양한 잠재적 수요를 창출하는 효과를 가져왔다.

2 대형제트기 개발

대형제트기 등장

제트항공기가 개발되기 전까지 항공화물운송은 항공여객운송의 부수적인 영역에 불과하였다. 그러나 1960년대 최초의 화물전용기가 등장하고, 1970년대에는 B-747급의 대형 화물전용기가 개발되어 항공화물운송의 대량화와 장거리화가 가능하게 되었다.

또한 B747콤비기종이 화물시장에 본격적으로 이용되면서 여객기의 대형화로 인해 동체의 탑재공간이 크게 확대되어 승객들의 수화물 역시 허용범위 내에서 크게 늘어나게 되었다.

이처럼 1970년대 들어 B-747급 대형의 화물전용기가 투입되면서 탑재용기(ULD: Unit Load Device)의 발달로 컨테이너(Container), 팔레트(Pallet), 이글루(Igloo) 및 의료용·보온용·냉동용·생 동물 수송용 등 특수탑재용기(ULD) 등에 의한 운송이 개발되고 보급되어 화물의 적재 규모가 커지고 수송상의 파손이나 훼손을 방지할 수 있게 되어 항공운송의 안전도를 향상 시켰으며 더불어 분실 및 도난 방지 효과도 함께 이루게 되었다. 또한 지상조압수단의 발달과 하역시스템 역시 더욱 합리적으로 개발되어 항공 화물운송의 질을 향상시켰다.

■ 팔레트(Pallet)

알루미늄 합금으로 만들어진 평판을 말하는데, 두께는 1인치 이하로서 화물을 특정 항공기의 내부 모양과 일치하도록 적재한 후 망 혹은 띠로 고정시킬 수 있도록 고안하였다. 표준사이즈는 88×108(인치), 88×125(인치)이며, 항공기 적재 후 화물칸 바닥에 장착되어 있는 시스템(Attachment System)을 사용하여 고정시킬 수 있다.

출처: aeroexpo

그림 9-1 ▸ main deck pallet

출처: aclairshop

그림 9-2 ▸ air cargo nets

■ 컨테이너(Container)

특별한 보조 장치가 없어도 항공기 내에 적재 및 고정이 가능한 용기이다. 항공기 화물칸 구조에 맞게 제작되어 공간을 최대한 활용할 수 있다

그림 9-3 ▸ container / for air cargo

③ 현대의 항공화물운송

○ 항공수요 증가와 Agent의 적극적인 마케팅

여객을 통한 수입에 비중을 두었던 항공사들이 여객운임의 인상억제 등으로 화물운송업무에 관심을 두면서 항공화물 관련 시스템을 개발하여 항공화물운송의 효율성과 이용의 편리성을 증가시켰다. 또한 항공노선을 확대하고 타 항공사와의 업무제휴 등을 통해 화물운송 시스템을 강화하는 등의 노력으로 항공화물운송 수요를 급격히 증가시켰다. 아울러 화물취급 Agent 들이 대량화물을 수송하는 화주에 대한 운임인하 등 서비스의 개선과 해외 파트너십의 강화 및 서비스 영역의 확대 등을 통해 항공화물 유치에 적극적으로 임하여 항공화물 운송 수요가 크게 증가하였다.

○ 다양한 화물운송 항공사 등장

- 통합운송항공사 : Federal Express, UPS 항공 등이 이 유형에 속하며 익스프레스 항공이라고도 한다. 선적자의 요구에 따라 도어-투-도어(door-to-door) 서비스를 제공한다. 복합운송에 필요한 네트워크를 구축하고 있으며, 일반적으로 화물전용기와 지상운송장비, 화물의 집적과 분류기지 및 첨단정보시스템까지 구비하고 있다.
- 복합운송항공사 : 여객과 화물을 모두 운송하는 형태의 항공사로서 화물과

여객 수요에 따라 여객기의 동체를 전용화물칸으로 전환하여 공급력을 탄력적으로 조정한다. 대부분의 정기항공사들이 영업방침에 따라 상대적인 탑재량의 차이는 있으나 이와 같은 방식으로 항공기를 운용한다.

- 화물운송항공사 : 다양한 형태의 화물을 모두 운송하는 항공사들이 이 유형에 속하며 주로 취급하는 화물의 종류나 항공기의 이용방법 등에 따라 다양한 영업 형태로 운영되는데 운송업자의 요청에 의하여 2지점 간(point-to-point) 운송서비스를 제공하는 경우가 많으며, 자사의 항공기 혹은 타 항공사와의 일정한 화물탑재량을 계약하여 이용하기도 한다.

표 9-1 ▸ 항공화물운송의 발달

구분	시기	특성
초기	제2차 세계대전 이전	•1910년 필립 팔메리, 최초 항공화물 수송 •1935년 근대 항공기 출현(DC-3형) : 우편소송 및 응급수송에 한정
	제2차 세계대전	•1939년~1945년 •군사적 필요에 의한 항공기 및 항공수송의 급속한 발전 •군용항공기에서 민수전환 •항공기발달 및 수요증가 •운항 네트워크 확장으로 인해 경제적 운항개시
	1950년대	•1958년 제트기시대 개막(B787, DC-8) •화물: 여객수송의 부수적인 영역
성장	1960년대	•1960년 최초 Freighter 등장 •1965년 DC-8F, B707F
	1970년대	•B747, DC-10, A330 등 •B747F(컨테이너 전용기) 화물수송기반 구축
	1980년대 초반	•연평균 8% 성장 지속
경쟁	1980년대 중반	•수익률 둔화
	1990년대	•항공수요 고성장 및 각 항공사들의 화물 전용기 확보 강화 •Alliane 적극추진(여객)
	2000년대	•Alliance Cargo 결성

출처: 이항정 외 4인(2015)항공운송업무론, 지식인

2) 항공화물의 분류

① 일반특성에 의한 분류

운송되는 화물의 특성은 일반화물(general cargo)과 특수화물(special cargo)로 나눌 수 있다.

일반화물이란 운임과 국가규정, 항공사 규정에 아무런 제한을 받지 않고 화물의 종류별로 구분하여 적정한 유형의 컨테이너(ULD:Unit Load Device)로 포장 되거나 컨테이너에 적합하지 않은 화물은 팔레트에 적재하여 포장하는 일반적인 운송화물을 가리킨다.

이 외에 귀중품, 우편물과 같이 성격에 따라 특별한 취급이 필요하고, 그에 따른 특별운임을 적용받는 화물을 특수화물이라고 한다. IATA의 규정에 따르면 특수화물은 다시 세분화 될 수 있으며 구체적으로 '위험품(danger goods), 고가의 귀중품(valuable cargo), 살아 움직이는 생동물(live animal), 저온을 유지해야 하는 부패성 화물(perishable cargo), 시체(human remains), 중량화물(heavy cargo)' 등이 있다.

② 운송 상태에 따른 분류

특정 출발지(공항)를 떠나 목적지로 운송하는 수출화물(outbound cargo)과 항공기가 출발지를 떠나서 도착지로 운송된 수입화물(inbound cargo), 항공기 운항 중 특정 중간지점을 통과해서 다른 목적지로 향하는 통과화물(transfer)로 분류할 수 있다.

③ 보세 여부에 따른 분류

국외지역으로 수출되는 화물이 세관의 통관절차를 마치지 않은 상태의 화물, 화물의 통관절차를 마친 상태의 화물, 국외로부터 수입해 이미 통관을 마친 상태의 화물인 국내 화물(customs-cleared cargo) 또는 국외로부터 수입해 아직 통관을 마치지 못한 상태의 화물(보세화물)인 국외 화물(bonded cargo)로 분류할 수 있다.

02 항공화물의 특성 및 장·단점

1) 항공화물의 특성

① 신속성

가장 빠른 운송수단으로 수송 시간이 짧고 정시성이 높다. 운송 부문의 최대 장점이자 경쟁력으로 기회비용(Opportunity cost)이 중요시되는 계절, 유행 상품이나 납기가 촉박한 상품 등과 같이 긴급한 물품의 수송에 적절하다.

② 완벽성

운송 중 충격과 진동이 적어 화물의 멸실, 훼손 가능성이 낮아 운송수단 중 최상의 서비스가 가능하다. 따라서 운송인 또는 포워더는 픽업(Pick up), 인도(Delivery), 화물 추적(Tracing)이나 특수 취급을 필요로 하는 위험물, 귀중품, 중량 물품, 기타 보험과 클레임 등을 취급할 수 있는 능력을 필요로 한다.

③ 경제성

단순 운임 비교 시 고가의 항공기, 유류비 비중이 높아 항공 운임은 고가이나 안전과 신속이라는 최상의 특성을 고려 시 경제적이라고 할 수 있다. 항공기의 고속성과 정시, 정규성은 재고의 기회를 줄여 재고에 투자되는 보관비, 창고료 등의 비용을 대폭 삭감할 수 있으며, 항공화물의 안전성은 보험료와 포장비를 줄일 수 있기 때문이다.

④ 안전성

기후나 온도변화에 민감한 물품이나 도난 발생 가능성이 높은 고가의 품목에 주로 이용되며 충분한 안전시설 기반으로 운송 중이나 보관 중 물품에 대한 변질이나 훼손을 최소화할 수 있다.

2) 항공화물의 장·단점

① 장점

항공기는 도로나 철로 같은 교통시설이 전혀 없는 지역으로 화물을 운송하거나, 또는 교통시설이 있어도 주변 환경의 불편으로 운송 불가지역으로서의 화물 운송은 항공운송만이 갖는 장점이다.

신속한 운송수단으로 수요 변화 시 즉시 대처 가능함에 상품 경쟁력 증대를 도모할 수 있고, 화물 고유의 특성상 긴급 수송이 필요한 제품의 가치 저하 방지가 가능하며, 최소의 포장으로 포장비용 감소 및 높은 운송 안정성으로 보험료가 절감된다. 또한, 소량의 화물을 분할 운송으로 보관비용 절감이 가능하며, 상품생산에서 판매까지의 전체 공정 시간이 짧아짐에 비용과 시간 최소화가 가능하다.

② 단점

중량(Weight)과 부피(Volume)에 대한 제한과 다른 운송수단과 비교하면 고가인 운임이다. 항공화물은 해상운송과 달리 중량(Weight)과 부피(Volume)에 대한 운송수단의 제한으로 운송에 한계가 있으며, 운임이 해상에 비해 고가로 저가 상품의 운송에는 부적합하다. 또한 공항시설이 없거나 항공화물 편이 없는 곳에서는 운송이 불가능하다.

02 SECTION

항공특수화물

01 항공운송 대상 품목 및 특수화물

1) 항공운송 대상 품목

① 고부가가치 화물

중량에 비해 운임 부담력이 있는 고 부가가치 상품으로 반도체, 귀금속, 미술품, 시계 등이 해당된다. 첨단 IT 제품으로 스마트폰, 핸드폰, LCD, 노트북, 카메라 등과 고가의 자동차류로 경주용 자동차, 광고 촬영 및 시험용 자동차, Antique 자동차 등이 있으며, 반도체, LCD, Solar Panel 등 진동 및 온도변화에 민감한 고가의 생산 장비가 이에 해당된다.

② 긴급성 화물

선박, 항공기, 공장 등의 기계 부품 및 자동차 부품, 전자 부품 등이 A/S 목적으로 해외 생산 공장으로 운송되며, 급송을 필요로 하는 물품으로 혈액, 혈청 등과 상품 견본, 신문, 잡지, 정기 간행물 및 긴급 구호물자 등이 해당된다.

③ 생동물, 부패성 화물

말(경주용, 식용, 종마), 동물원 관람용 대형 동물, 애완용 동물류의 생동물과 운송 시간에 따라 상품 가치가 급격히 하락하는 부패성 화물 및 운송 기간 중 일정한 온도조절이 필수적인 의약품이 이에 해당된다.

④ 기타

육상, 해운 운송이 불가능한 지역이나 운송 구간, 품목, 중량의 특성에 따라 항공 운송이 다른 운송수단보다 오히려 운송비가 더 저렴한 경우 또는 현지 판매업자의 과잉재고로부터 오는 가격하락의 방지 또는 경쟁상품보다 더 신속하게 공급하여 제품의 시장경쟁력을 높일 목적으로 이용한다.

2) 특수화물

특수화물운송은 접수부터 탑재까지 각별한 주의를 요하는 화물로서 위험품, 살아있는 동물, 부패성화물 등이 해당된다. 항공사에서는 식품류, 생동물, 귀중품 등과 같은 전문적인 관리가 필요한 화물을 위해 Variation(특수 화물상품) 서비스를 제공하고 있다.

① Variation-Art : 예술품 운송

- 안전한 운송을 위해 보안과 충격으로부터의 보호를 중시한다.
- 모든 예술품은 전문적인 화물처리 지침에 근거하여 안전하게 운송된다.
- 일반 화물보다 우선적으로 탑재되며, 목적지 도착 후 수하인에게 즉시 알린다.
- 세심한 서비스를 위해 'Sensitive' 라벨을 부착하고 세심히 관리한다.
- 화주가 원할 경우 화물의 조업과정 참관이 가능하다.

② Variation-Big : 대형화물 운송

대형화물 혹은 중량이 큰 화물과 같이 화물 전용기로 수송해야 하는 경우로서, 항공사의 화물 운송 관련 전문가의 판단 하에 기종에 따른 수송 가능성과 안전성을 사전에 확보하고 안전하게 목적지까지 운송할 수 있도록 특별히 관리한다.

③ Variation-DGR

국제항공운송협회(IATA) 규정에 의거한 위험품 운송을 말한다.

- 항공사의 위험품 취급 전문가는 위험품과 관련한 규정을 숙지하여 안전하고 신속히 운송할 수 있도록 하고 있다.
- 여객기 탑재가 불가능한 경우 화물 전용기를 이용하여 운송하도록 한다.
- 화물의 목적지 도착 후 수하인에게 즉시 알린다.

④ Variation-Fashion

고급 의류 완제품을 원형 그대로 유지하여 수송해야 하거나, 신상품 출시 과정 중 디자인에 대한 정보 유출을 방지해야 할 경우 사용한다.

- 의류 수송용인 특수 컨테이너(Garment On Hanger)를 고객에게 제공하고, 운송 중 컨테이너를 봉인하여 보안을 유지한다.
- 일반 화물보다 우선적으로 비행 편에 탑재되며, 화물 도착 후 수하인에게 즉시 알린다.

⑤ Variation-Fresh 1~3

항상 최적의 온도를 유지해야 하는 의약품이나 식료품과 같은 화물을 운송할 경우 사용할 수 있다. 자동으로 온도를 조절할 수 있는 컨테이너(Kooltainer)를 이용하여 화물을 최상의 상태로 운송한다.

- Kooltainer는 -20℃에서 +20℃ 까지 조절 가능하고 설정 온도는 72시간까지 유지된다.
- 일반 화물보다 우선적으로 비행 편에 탑재되고 우선적으로 하기하여 처리 된다.

⑥ Variation-Live

살아있는 동물을 수송하는 경우 사용한다.

- 생동물의 안전과 건강을 가장 중요하게 고려하여 운송서비스를 제공한다.
- 화주의 요청을 적극적으로 수용한다.
- 생동물 수송에 필요한 탑재 용기를 보유하고 있으며, 화주가 요청하는 경우 필요한 장비를 제공할 수 있다.
- 필요시에는 동물의 사육사나 수의사가 비행 편에 동승할 수 있다.
- 화물 도착 후 수하인에게 즉시 알린다.

⑦ Variation-Safe 1~2

국제항공운송협회(IATA)에 근거하여 귀중화물로 규정된 품목과 상품 가치가 높은 화물을 안전하게 보안을 유지하여 운송해야 하는 경우 사용한다.

- 보석류, 유가증권, 신용카드, 여행자 수표 등
- 항공기 출발 전부터 도착 후 화물을 인도하기 까지 전 과정에 거쳐 별도의 귀중품 보관소에서 보관한다.
- 화물칸에서도 상시 감시 체제 아래에 보관된다.
- 일반 화물보다 우선적으로 비행 편에 탑재된다.
- 화물 도착 후 수하인에게 즉시 알린다.

8 Variation-Wheels

차량을 운송하는 경우 사용한다.

- 자동차, 오토바이 등 차량 운송용 특수 장비를 이용하여 충격을 방지하고 안전하게 운반하여 상품 가치가 떨어지지 않도록 주의한다.
- 항공사 홈페이지를 통해 사전 수송 가능 여부를 확인할 수 있다.
- 화물 도착 후 수하인에게 즉시 알린다.

02 DGR Dangerous Goods Regulations

위험물의 운송은 위험 요소가 많기 때문에 항공 종사자가 이에 대해 숙지해야 하는 것은 필수적이며 법적인 요구사항이며, 모든 운송 조직 내의 구성원은 변화되는 규정을 이해하고 직무에 따른 책임의 정도를 알고 있어야 한다. 따라서 항공 승무원 역시 D.G.R에 대한 정기적인 교육을 받아 정확한 내용을 반드시 숙지해야 한다.

항공사 카고(Cargo)의 위험물은 관련 규정에 따라 9가지의 Class로 구분되며, 항공사마다 약간의 차이가 있다.

1) 폭발성 물질(Explosive)

폭발성 물질은 6개의 Devision으로 구분되는데 Devision 1.4 만이 항공기로 운송하며 대부분 운송을 금지하고 있다.

- Devision 1.1 : Articles and substances having a mass explosion hazard.
- Devision 1.2 : Articles and substances having a projection hazard but not a mass explosion hazard.

- Devision 1.3 : Articles and substances having a fire hazard, a minor blast and/or minor projection. Hazard but not a mass explosion hazard.
- Devision 1.4 : Articles and substances presenting no significant hazard.
- Devision 1.5 : Very insensitive substances which having a mass explosion hazard.
- Devision 1.6 : Extremely insensitive articles which do not have a mass explosion hazard.

Hazard Labels - Class 1 Explosives

2) 가스(Gases)

3개의 Devision으로 구분하고 있으며, Devision 2.3의 경우에는 독성가스로 대부분 운송을 금지하고 있다.

- Division 2.1 : Flammable gas.
- Division 2.2 : Non-flammable, non-toxic gas.
- Division 2.3 : Toxic gas.

Hazard Labels - Class 2 Gases

3) 발화성 액체(Flammable Liquid)

Devision 구분이 없으며 항공기로 운송되는 위험물의 약 70%를 차지한다.

Hazard Labels - Class 3 Flammable Liquid

4) 발화성 고체(Flammable Solids)

인화성 고체, 자연발화성 물질, 물과 접촉 시 인화성 가스를 방출하는 물질 등 3개의 Devision으로 구분한다.

- Division 4.1 : Flammable solids, self-reactive substances and solid desensitized explosives.
- Division 4.2 : Substances liable to spontaneous combustion.
- Division 4.3 : Substances which, in contact with water, emit flammable gases.

○ Hazard Labels - Class 4 Flammable Solids

5) 산화성 물질 및 유기 과산화물 (Oxidizing Substances and Organic Peroxides)

산화물질과 유기과산화물 등 2개의 Devision으로 구분한다.

- Division 5.1 : Oxidizer.
- Division 5.2 : Organic peroxides.

○ Hazard Labels - Class 5 Oxidizing Substances and Organic Peroxides

6) 독성 및 전염성 물질(Toxic and Infectious Substances)

독성물질과 전염성 물질 등 2개의 Devision으로 구분한다.

- Division 6.1 : Toxic substances.
- Division 6.2 : Infectious substances.

Hazard Labels - Class 6 Toxic and Infectious Substances

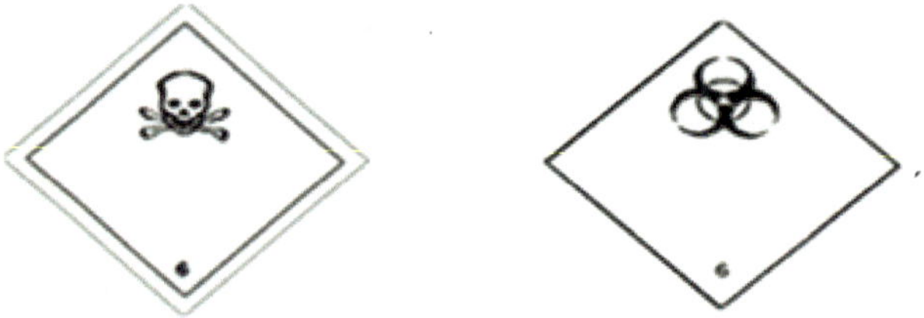

7) 방사능 물질(Radioactive Material)

방사능 물질을 말하며 Devision은 없고, 3개의 Category로 구분한다.

Hazard Labels - Class 7 Radioactive Material

8) 부식성 물질(Corrosive)

접촉 시 피부조직을 파괴하거나 다른 물질에 부식을 야기하는 물질과 같은 부식성 물질을 말하며 Devision은 없다.

Hazard Labels - Class 8 Corrosive

9) 기타 위험물질

DGR 분류 상 다른 Class에 분류되지 않고 위험성을 가지고 있는 물질을 말한다.

◉ Hazard Labels - Class 9 Miscellaneous dangerous goods

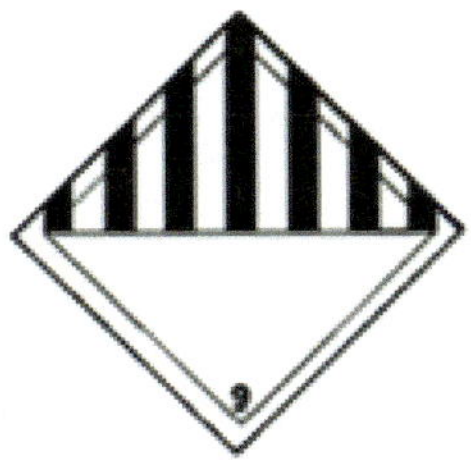

CHAPTER 10

여행 항공업무

SECTION ▸

01. 여행업의 이해

02. 국외여행 안내의 이해

01 SECTION

여행업의 이해

01 여행업의 개념 및 발전

1) 여행업의 개념

여행업이란 여행자에게 숙박시설과 운송기관 등이 포함된 여행상품을 예약, 수배, 알선하여 일정액의 수수료를 받는 것을 포함하는 동시에 더 나아가 여행상품이라는 여행사 고유의 제품을 생산·판매하는 3차 산업으로서 독립된 산업을 일컫는다. 이처럼 여행업은 중개자 또는 매개자로서의 역할을 강조한 접근과 여행상품 생산자로서의 역할을 강조한 접근으로 크게 나눌 수 있다.

전자인 중개자 또는 매개자로서의 접근은 여행업이 숙박업, 교통업, 식당업 등과 같이 여행객을 대상으로 사업을 전개하는 시설업자와 여행객의 중간에 위치하면서 여행객을 위해 여행객의 시설이용과 관련된 예약 및 수배, 일련의 알선 등과 같은 서비스를 제공하고 그 대가로 시설업자로부터 일정의 수수료를 받아 경영해 나가는 사업을 말한다.

후자의 경우인 여행상품의 생산과 판매, 마케팅을 강조하는 개념에서의 여행업은 '투어, 교통, 숙박, 음식, 관광 등 여행과 관련된 모든 요소를 하나의 서비스로서 대중에게 판매하는 자격이 부여된 기업' 즉, 여행에 대한 무형서비스를 제공하는 기업으로 정의하고 있다.

아울러 현대적 의미에서의 여행업은 종전의 교통운송이나 숙박 장소를 예약·수배하거나 알선해 주던 소극적인 업무에서 벗어나 오늘날 여행자의 욕구에 신속히 부합하기 위하여 독자적으로 여행상품을 기획·개발·판매하는 업무에 보다 많은 비중을 두는 것이 그 예이다. 즉, 오늘날 여행업의 총체적 개념은 여행자의 여행 행위를 위해 전문적이며 조직적으로 최대의 편익을 제공하며, 전 세계의 여행 및 관광과 수송의 모든 부분에 접근할 수 있게 해 주는 편리한 일괄구매의 기회를 제공하는 여행 백화점이라 할 수 있다.

이와 더불어 여행업의 법률적 개념은 관광법규가 개정되면서 시대적 상황 변화를 법규상의 개념에 반영하는 방향으로 변화해 왔는데, 현재는 1999년 1월 「관광진흥법」 제3조(관광사업의 종류)에 의한 정의를 따르고 있다. 즉, '여행자 또는 운송시설, 숙박시설 기타 여행에 부수되는 시설의 경영자 또는 여행업을 경영하는 자를 위해 동 시설이용의 알선, 여행에 관한 안내, 계약체결의 대리, 기타 여행의 편의를 제공하는 업' 이라 정의 내리고 있다.

2) 여행업의 발전

산업혁명에 따른 교통수단의 획기적인 발전으로 근대적 의미의 여행이 가능하게 되었고, 여행업이 활성화되기 위한 기반이 마련되었다. 여행업이 언제부터 시작되었는가에 대한 견해는 다양하게 거론되고 있는데, 근대여행업의 시초는 1841년 토마스 쿡(Thomas Cook)에 의해 시작되었다는 것이 학자들의 공통적인 의견이다. 토마스 쿡은 새로 등장한 철도의 대단한 운송력을 인지하고 최초로 단체여행을 기획하여 철도를 활용한 특별 여행을 조직하고 왕복여행을 판매하였다. 그는 500명의 사람을 금주모임에 참석시키기 위해 철도여행을 기획하고, 철도 전세를 통한 할인운임을 적용하는 등 탁월한 기획력과 저렴한 가격 등 현재의 여행사에서 이루어지는 기획 및 마케팅 모습을 그대로 보여주고 있다. 즉, 토마스 쿡의 성공은 패키지투어, 여행가이드북, 대규모의 여행단 구성으로 인한 저렴한 요금과 호텔 쿠폰 발행, 여행티켓 개발 등과 같은 뛰어난 기획력과 판촉에 기인한 것이다.

우리나라의 경우 여행업은 일제 강점기 일본에 의해 시작되었다. 1912년 일본 교통공사 조선지부가 설립되어 자국민의 편의 제공과 이민업무 처리, 식민지화하는 데 필요한 업무를 진행하였다. 1945년 해방 후에는 조선여행사로 개편되었으며, 1949년에는 대한여행사로 흡수 개명되었다. 1963년에는 한국관광공사에 합병되어 운영되었고, 1973년 민영화되어 현재 대한여행사로 운영되고 있다.

이 밖에 민간여행사로 1960년 세방여행사, 1961년 한진관광, 1964년 대한통운여행사, 1966년 아주관광 등이 설립 되어 여행업계가 형성되기 시작하였다. 그 후 법적·제도적 정비의 일환으로 1962년 통역안내원 제도가 도입되었고, 1971년에는 여행업이 허가제로 전환되었다. 하지만 1982년 다시 등록제로 전환되어 현재까지 이어져오고 있으며, 1986년에는 일반여행업과 국외여행업 및 국내여행업이 분리되는 등 단계적으로 여행업 기반이 조성되었다. 또한 1989년 전 국민 국외여행자유화가 시행되면서 자본주의 시장경제 원리에 입각한 제도의 운영으로 여행사의 수가 급증하여 현재 치열한 경쟁 시대를 맞이하고 있다.

02 여행업의 특성 및 분류

1) 여행업의 특성

여행상품은 서비스상품으로서 일반 제조업 상품과 다른 특징을 지닌다. 따라서 여행업 또한 타 산업과 상이한 특성을 지니며, 무형의 상품을 생산하고 판매해야 하는 전문성이 요구되는 서비스 산업이라 할 수 있다.

여행업의 대표적인 특성은 다음과 같다.

◎ 고정자본의 투자가 적은 사업

여행상품은 무형의 상품을 생산하고 판매하기 때문에 제품이나 원자재의 비축이 필요치 않아 고정적인 투자액이 적고 낮은 손익분기점으로 운영이 가능하다.

따라서 여행사의 법적 자본금 규모는 법규상 정해져 있으나, 타 산업에 비해 고정자본의 투자 규모가 적다. 이는 여행상품 구성이 서비스를 중심으로 하는 인적자원으로 이루어지기 때문이며, 여행업에서 인적자원은 회사의 매출과 직결되는 매우 중요한 요소라는 것을 증명해 주는 근거이다.

◎ 인적자원 중심의 사업

여행상품은 고객이 직접 눈으로 확인할 수 없는 무형의 상품을 1:1로 상담하고 신뢰를 바탕으로 상품을 판매, 운영해야 하는 것이기 때문에 인적자원의 개인적 역량이 여행 상품에 대한 질과 고객 만족을 결정하는 중요한 요인이다. 따라서 여행업은 여행사 운영비용 중 인건비 지출이 큰 비중을 차지하며, 우수한 인적자원 영입과 교육에 많은 투자를 하는 사업이다.

◎ 계절의존도가 높은 사업

여행상품은 계절에 따라 수요의 변화가 강한 사업으로 성수기 수요에 대비해 제품을 비축해 놓거나 생산능력을 갑자기 확대시킬 수 없기 때문에 비수기에 사용할 수 있는 시설이나 활동 등을 활용한 여행상품 개발에 힘써야 하며, 성수기를 대비한 인적자원 관리를 중시해야 한다.

이상의 특성을 포함하여 여행업의 특성은 경영구조적 특성과 사회현상적 특성으로 나누어 정리해 볼 수 있다. 구체적 내용은 다음과 같다.

표 10-1 ▸ 여행업의 특성

구분	특성	내용
경영의 구조적 특성	소규모 자본의 특성	소규모 자본으로도 경영이 가능. 고정자본의 구성비가 낮고 운영비가 대부분을 차지함.
	노동집약적 특성	서비스의 특성상 다양한 여행객들의 요구를 수용하기 위해 기계화가 곤란함. (IT발전과 온라인화에 따라 다소간 해소 가능)
	인간위주 경영의 특성	여행상품의 질이 종사원에 의해 결정. 따라서 전문인력의 확보가 요구됨.
	과당경쟁의 특성 (설립폐업용이성)	소규모 자본에 의한 경영이 가능하고 제도적인 진입장벽이 낮으므로 과당경쟁이 발생함.
사회 현상적 특성	계절 집중성	사회 외부 환경변화에 대하여 수요 변동이 민감함.
	제품수명주기의 단명성	여행상품은 쉽게 모방이 가능함.
	외부환경 민감성	사회 외부 환경변화에 대하여 수요 변동이 민감함.
	사회적 책임 중시	여행사의 이미지가 국가의 이미지라는 점, 윤리에 미치는 영향이 큰 점에서 사회적 책임이 중요시 됨.
	제품 의존비율이 높은 경영체질	고객들로부터 미리 영수한 금액으로 기간자금 운용이 가능함.
	다품종 대량생산 시스템	여행상품의 소비가 일회적 또는 다회적일 수 있으나 대체로 대량 생산체제를 유지함.
	신용 우선	여행상품의 후 소비의 특성상 신용은 여행사의 사업성을 결정하는 요소임.

출처: 김병헌(2018), 「국외여행인솔자 업무론」, 백산출판사

2) 여행업의 분류

❶ 관광진흥법상 분류

- 일반여행업 : 관광진흥법 상 '국내외를 여행하는 내국인 및 외국인을 대상으로 하는 여행업(사증(査證)을 받는 절차를 대행하는 행위를 포함한다)'라고 정의하고 있다. 즉, 국내와 국외를 여행하는 내·외국인을 대상으로 여행상품 및 서비스를 생산하고 유통, 판매와 관련한 경영행위를 하는 여행업체를 말한다.

- 국외여행업 : 관광진흥법 상 '국외를 여행하는 내국인을 대상으로 하는 여행업(사증을 받는 절차를 대행하는 행위를 포함한다)'고 정의하고 있다.
- 국내여행업 : 관광진흥법 상 '국내를 여행하는 내국인을 대상으로 하는 여행업'이라고 정의하고 있다. 다시 말해 내국인을 대상으로 한 국내여행에 국한하고 있으며, 외국인을 대상으로 하거나 내국인을 대상으로 한 국외여행업을 하지 못하게 되어 있다. 따라서 국내 여행상품을 제작하거나 판매하고, 알선 혹은 안내하는 업무를 주로 하고 있으며, 전세버스업을 겸하는 업체가 많다.

② 유통형태에 따른 분류

- 종합여행사 : 대형 여행사들의 일반적인 형태로서 모든 국내·외 여행상품을 취급하고 있으며, 도매와 소매를 겸하는 곳이 많다.
- 도매여행사 : 여행관련업체로부터 여행소재를 받아 상품을 생산하여 개별여행자가 아닌 여행사를 상대로 영업하는 여행사 이다. 하나투어와 모두투어, 한진관광 등이 대표적이다.
- 소매여행사 : 여행 도매업자가 생산한 여행상품을 제공받아 개별여행자에게 판매하고, 그에 따른 일정의 수수료(통상 9%)를 도매여행사에게 받아 여행업을 유지하는 여행사이다.
- 직판여행사 : 여행상품을 조성에서부터 직접 판매까지 자사에서 취급하는 여행사를 말하며, 비교적 규모가 큰 여행사이다. 대표적으로 롯데관광개발과 자유투어, 노랑풍선, 현대드림투어, 참좋은여행 등이 있다.
- 랜드사 : 랜드 오퍼레이터(Land Operator)라고 하며, 현지 지역을 기반으로 국내 여행사와 연계하여 여행자가 도착하게 될 현지의 편의시설과 서비스를 제공하는 여행사이다. 주로 여행상품 구성을 위한 호텔과 식사, 버스, 입장권 등의 현지 수배를 전문으로 하는 여행사이다.

③ 업무대상에 따른 분류

- 상용여행사 : 계약을 맺은 특정 기업의 고객을 주요 영업대상으로 운영하는 여행사이다.
- 부설여행사 : 항공권 사용이나 여행수요가 많은 특정기업에서 필요에 의하여 자체 내에 부설하여 해당기업의 여행수요를 전담하기 위해 운영하는 여행사이다.
- 전문상품여행사 : 특정상품(허니문, 골프, 연수, 특정지역 등)을 중점적으로 홍보하고 판매하는 여행사이다.
- 외래여행 전문여행사 : 외국인의 국내여행을 전문적으로 취급하는 여행사이다.

02 S·E·C·T·I·O·N

국외여행 안내의 이해

01 국외여행 인솔자

1) 국외여행인솔자의 정의

국외여행인솔자는 Tour Conductor, Tour Guide, Tour Manager, Tour Leader 등 다양하게 표현되고 있으며, 현 관광진흥법에서는 '국외여행인솔자'라는 용어 사용을 규정하고 있다.

관광진흥법 제13조 제1항에 의하면 "여행업자가 내국인의 국외여행을 실시할 경우 여행자의 안전 및 편의 제공을 위하여 그 여행을 인솔하는 자"를 두도록 규정하고 있으며, 이에 국외여행 시 인솔자(TC: Tour Conductor)로 하여금 국외 여행의 출발에서 종료 까지 여행객이 안전하고 쾌적하게 여행을 즐길 수 있도록 단체여행에 동행하여 투어 일정이 원활히 진행될 수 있도록 하고 있다.

따라서 국외여행인솔자는 관광단체 모객 후 이에 대한 행사 진행을 위해 필요한 모든 제반사항의 준비와 여행의 시작부터 도착까지 해당 단체를 책임지는 총괄

책임자라 할 수 있다.

또한 회사를 대표하여 행사를 진행하기 때문에 그 책임이 매우 크며 직접적으로 고객을 응대하는 역할이기에 고객의 만족도와 재방문 의도에 가장 큰 영향을 주는 존재이다.

① 관련 법규

[관광진흥법 제2장 관광사업, 제2절 여행업, 제13조(국외여행 인솔자)]

1항) 여행업자가 내국인의 국외여행을 실시할 경우 여행자의 안전 및 편의제공을 위하여 그 여행을 인솔하는 자를 둘 때에는 문화체육관광부령으로 정하는 자격 요건에 맞는 자를 두어야 한다.
<개정 2008. 2. 29., 2011. 4. 5.>

2항) 제1항에 따른 국외여행 인솔자의 자격요건을 갖춘 자가 내국인의 국외여행을 인솔하려면 문화체육관광부장관에게 등록하여야 한다.
<신설 2011. 4. 5.>

3항) 문화체육관광부장관은 제2항에 따라 등록한 자에게 국외여행 인솔자 자격증을 발급하여야 한다.
<신설 2011. 4. 5.>

4항) 제3항에 따라 발급받은 자격증은 다른 사람에게 빌려주거나 빌려서는 아니되며, 이를 알선해서도 아니 된다.
<신설 2019. 12. 3.>

5항) 제2항 및 제3항에 따른 등록의 절차 및 방법, 자격증의 발급 등에 필요한 사항은 문화체육관광부령으로 정한다.
<신설 2011. 4. 5., 2019. 12. 3.>

2) 국외여행인솔자의 자격

국외여행인솔자 업무는 초기에는 여행상품 판매에 큰 비중이 있었으나 최근에는 여행상품 차별화를 위한 관리를 더욱 중요시하고 있다. 이에 국외여행인솔자는 단순히 단체일정 관리 및 동행의 기능을 넘어서 고객만족을 통한 자사 상품 재구매 창출을 위한 가장 중요한 존재로 자리매김 하였다.

따라서 국외여행인솔자는 원활한 업무 진행을 위한 유창한 외국어 능력은 물론이며 현지 외국에 대한 해박한 지식을 지녀야 하고, 국제매너 등 전문지식과 더불어 서비스 마인드와 사고대처능력, 순발력 등 특별한 직업윤리가 요구되는 직업이다. 따라서 우리나라 국외여행인솔자는 일정한 조건을 법률상 규정하고 있다.

2 관광진흥법상의 자격요건

○ 관광통역안내원 자격증 취득

표 10-2 ▸ 관광통역안내사 자격증 취득

구분	시험과목	시험방법
외국어시험	영어, 일본어, 중국어, 불어, 독일어, 스페인어, 러시아어, 이탈리아어, 태국어, 베트남어, 아랍어, 말레이·인도네시아어 중 1과목	지원한 외국어의 공인어학성적을 원서접수 기간에 제출
필기시험	국사(40%) 관광자원해설(20%) 관광법규(20%) 관광학개론(20%)	객관식 4지선다, 과목당 25문항
면접시험	국가관·사명감 등 정신자세, 전문지식 및 응용능력, 예의·품성 및 성실성, 의사발표의 정확성 및 논리성	1인당 10분~15분 내외, 지원한 외국어 및 한국어 구술면접

출처: 한국산업인력공단

○ 소양교육을 통한 자격 취득

여행업체에서 6개월 이상 근무하고 국외경험이 있는 자로서 문화체육관광부장관이 정하는 소양교육을 이수한 자에게 신청자격이 주어진다. 소양교육은 한국관광공사 관광인력지원센터 및 해당 소양교육기관에서 실시하며, 교육기간은 3일, 총 15~18시간이 소요된다.

◎ 양성교육을 통한 자격 취득

문화체육관광부장관이 지정하는 국외여행인솔 교육기관에는 사내교육기관과 전문교육기관이 있다.

사내교육기관은 관광진흥법 제4조의 규정에 의하면 등록한 여행업자가 국외여행인솔자의 양성과 자질향상을 목적으로 설립한 교육기관을 말하며 입과 조건은 사내 교육기관 운영업체의 소속직원이어야 한다. 사내교육기관을 통한 교육 기간은 3~6개월 이하이며, 교육시간은 연 80시간 이상이다.

전문교육기관은 국외여행인솔자 양성을 위한 특별전문교육과정을 운영하고 있는 전문대학 이상의 교육기관 또는 한국관광공사 및 관광사업자 단체가 운영하고 있는 교육기관이다. 대부분 학교에 개설되어 있으며 2019년 기준 학교가 아닌 교육기관은 한국관광공사, 롯데관광개발(주), 남서울평생교육원 등이 있다. 입학조건은 전문대학 이상의 학교에서 관광분야의 학과 졸업예정자 혹은 졸업자, 4년제 대학교에서 관광분야 학과를 4학년 1학기 이수한 졸업예정자 및 졸업자, 관광 관련 실업계고교 졸업자 및 졸업 예정자 등이 TC 양성교육에 입학할 수 있다. 교육시간은 연 80시간 이상이며, 교육내용은 필수과목(여행사실무, 관광법규, 국외여행인솔자실무, 관광서비스실무, 세계관광문화, 해외여행 안전관리)과 선택교육, 외국어교육(실무영어, 실무일어, 실무중국어 등)으로 구성되어 있다.

02 인솔자의 단계별 업무

국외여행인솔자의 업무는 사전 현지 정보수집과 출국수속 업무, 기내업무, 입국수속업무, 현지(호텔업무 등)업무, 현지 투어행사 진행 업무, 귀국을 위한 업무와 귀국 후 업무로 크게 나눌 수 있다.

본서는 항공운송과 관련이 있는 공항과 기내에서의 업무 즉, 사전정보 확인 업무부터 현지 도착 후 입국수속 업무까지의 내용을 다루도록 하겠다.

1) 사전정보 확인

① 여행일정 및 현지정보 파악

국외여행인솔자는 행사 확정서 내의 기재된 일정을 출국일 부터 귀국일 까지 정확히 파악해야 한다. 특히 전체 일정에 대한 교통편과 이동시간, 현지의 환율, 식사종류, 항공기 내에서의 기내 서비스 제공 범위(기내식 제공 유·무), 방문 국가의 역사·정치·교육·음악·예절·풍습·사회·문화 등에 대해 사전에 숙지해야 한다.

호텔 관련하여 호텔의 등급 및 위치, 주위 시설, 공항에서 호텔까지의 이동시간과 제공되는 부대 서비스, 호텔 이용 시 주의사항과 관련된 정보를 사전에 파악하여 고객들에게 공지해야 한다.

관광지 관련한 정보로는 관광지의 휴무일, 방문지 입장료, 입장시간 및 퇴장시간, 관광지 이용 시 주의사항, 관광지의 기념품·특산품 등에 대해 알아두고 인솔하는 단체의 성향과 연령에 맞는 선택 관광지를 추천해야 한다.

또한, 방문하는 국가의 역사와 정치·경제·사회·문화 등과 관련한 정보를 수집하여 관광객들이 관심을 갖는 분야에 대해 정확한 정보를 제공할 수 있도록 해야 한다. 일반적으로 방문국가에 대한 정보는 현지 가이드가 설명하고 있으나 인솔자(T/C)에게 정보를 요하는 경우가 빈번히 있으므로 정확한 정보를 숙지하는 것이 중요한다.

현지 기후에 대한 정보 역시 자세한 조사가 필요하다. 현지 기후 및 지리와 관련된 정보는 고객들이 가장 빈번히 하는 질문이기에 고객들이 이해하기 쉬운 방법으로 설명하는 것이 바람직하다. 아울러 방문하는 국가에서 최근 이슈가 되는 사안들에 대한 정보를 숙지한다면 고객들에게 더욱 풍부한 이야기꺼리를 제공할 수 있다.

2) 출국 업무

① 집결

단체여행의 경우 집결 시간은 국제선인 경우 일반적으로 항공기 출발 2시간 전이며, 국내선인 경우에는 최소 40분 전이다.

T/C는 미리 정해진 집결정소에서 고객명단 리스트를 준비하고 해당 고객들이 개별적으로 오는 것을 맞이하며 단체탑승수속을 위해 여권을 회수한다. 여권 회수 시에는 고객들의 위탁수하물과 휴대수하물을 분리하여 탑승 수속 시 원활하게 업무가 진행되도록 한다.

여행일정표 등의 여행 관련 자료와 항공편 탑승 안내를 하고, 사전에 준비한 E/D CARD(Embarkation/Disembarkation Card)를 배포하여 필요한 사항을 기재하도록 한다. 그러나 일부 국가에서는 E/D CARD 작성이 생략되기도 하므로 사전에 확인해야 하며, 영어가 익숙하지 않은 고객의 경우는 작성을 돕고 고객이 서명하도록 한다.

또한, 병무신고 등 공항 당국에 신고해야 하는 고객은 필히 사전에 신고하도록 도와야 하며, 일부국가의 경우 예방접종을 받고 예방접종 증명서를 제출해야 하므로 고객에게 예방접종증명서를 지참하도록 사전에 공지해야 한다.

② 항공탑승수속

탑승수속은 고객 개개인이 여권과 위탁수하물을 소지하여 단체 수속 카운터로 이동하여 진행하나, 경우에 따라 T/C가 단체여행객 전원의 여권과 여행증표를 회수하여 항공사 체크인 카운터에 제시하기도 한다. 단, 개인별 위탁 수하물은 안전 규정상 반드시 본인이 직접 수속을 진행해야 한다.

위탁수하물은 항공사 체크인 시 모든 수하물에 항공사의 인식표를 부착하여 목적지로 운송될 수 있도록 하는데, 해당 인식표의 일부분을 고객의 탑승권에 부착하여 준다. 이 수하물표는 항공사에 탁송하였다는 증표이기 때문에 도착지 공항에서 수하물을 인도 받을 때까지 잘 보관해야 한다. 또한 수하물표의 최종 목적지가 정확한지 반드시 점검해야 하며, 항공편을 경유할 경우에는 연계수속 여부를 확인하여 고객의 수하물 관리에 실수가 없도록 해야 한다.

단체여행의 좌석 배정은 일반적으로 항공사에서 일괄 배정하여 당일 출발 예정인 단체의 탑승권을 미리 준비해 놓기 때문에 신속히 진행되며 과정이 비교적 간편하다. 하지만 미리 준비해 둔 탑승권을 배부하기 때문에 동행자 간 좌석이 떨어지는 경우가 빈번히 있으므로 T/C는 탑승권 수령 후 단체여행객에 대한 탑승권의 좌석위치를 파악하고 같은 동반자 그룹에 있는 여행자들에게는 좌석을 이웃하게 할당하도록 해야 한다. 또한, T/C의 경우 창 측 좌석에 앉는 경우에는 기내활동을 해야 하기에 옆 승객에게 방해가 될 수 있으므로 맨 뒷열 혹은 맨 앞 열 통로 측의 자리를 이용하는 것이 일반적이다.

③ 출국수속

항공기 탑승 수속이 끝난 후 고객들에게 탑승권을 배포하고, 출국수속 절차와 탑승구 위치 및 탑승시간을 공지한다. 출국장 진행절차는 일반적으로 '공항이 용권 제시 및 탑승권 확인 → 귀중품 세관신고 → 보안검사 → 출국심사 → 항공기 탑승'의 순서로 진행되므로 해당 사항과 관련된 정보를 정확히 제공하여 착오 없도록 해야 한다.

○ 귀중품 세관신고

고가의 귀중품을 휴대할 경우 출국심사구역 내 위치한 신고 안내데스크에 신고하도록 해야 하는데, 고객이 외국의 고가 제품을 국내에서 이미 사용 중에 있는 것으로 이를 소지하고 해외로 반출 후 다시 반입할 목적으로 가지고 나가는 경우 세관 측에서 발부한 휴대물품 반출신고서를 제시하면 해당 물품에 대하여 비과세 처리를 받을 수 있다.

외화 신고를 할 경우에는 내국인 거주자가 일반 해외 경비로 미화 1만 달러를 초과하는 외화를 휴대 반출할 시, 세관 외화신고대에 신고하면 직접 소지하여 출국 가능하다.

또한 내국인 거주자가 아닌 해외이주자 혹은 해외체류자, 해외유학생 그리고 여행업자 등이 미화 1만 달러를 초과하는 해외여행 경비를 소지하여 출국하는 경우 그리고 외국인 거주자가 국내 근로소득을 휴대하여 출국하는 경우에는 반드시 지정거래 외국환은행장의 확인을 받아야 한다.

보안검사

T/C는 출국장 입구에서 고객들의 여권과 항공권 등을 확인 후 출국장 진입을 돕는다. 고객들은 공항보안당국이 수행하는 보안검사를 통해 범죄, 마약, 무기류, 폭발물, 위해물질 소지 여부를 검색하고, 개인 휴대품을 검사한다.

검역

출국심사 구역 내에서의 검역검사는 최근 특별한 경우를 제외하고는 거의 생략하고 있으며 입국 시 검역을 중심으로 하고 있다.

출국심사

출국심사대는 출국자를 대상으로 제출 서류를 확인하고, 출국에 대한 신분확인 및 자격심사를 이행하는 곳으로, T/C는 고객들에게 필요한 서류(여권과 탑승권)를 미리 준비하고 출국심사대를 통과하도록 안내해야 하며, 자동출입국심사 서비스를 이용할 수도 있음을 알린다.

면세점 이용

국내 시내 면세점 혹은 인터넷 면세점을 통해 여행 전 구입한 면세물품은 출국 시 찾아야 하므로 T/C는 고객들이 반드시 물품수령을 할 수 있도록 상기시켜야 한다. 또한 면세점 위치와 탑승구 위치가 멀리 떨어져 있기 때문에 탑승시간과 탑승구 위치를 고객들에게 재차 주지시킬 필요가 있다.

항공기 탑승

고객들이 면세점 이용 및 휴식을 취한 후 탑승구로 탑승시간 30분 전까지 집합하도록 하고, 인원 파악을 한다. 인원파악 완료 후 항공사 직원의 안내에 따라 기내에 탑승한다.

표 10-3 ▸ 출국수속 업무

구분	업무내용	업무 담당
사전준비	•안내판 설치 •항공사 협조 확인 •고객 안내물 비치	TC(상품판매 여행사)
고객확인 및 안내	•명단확인 •여권수거 •수하물인식표 •병무신고확인 •검역 및 세관 안내	TC(상품판매 여행사)
탑승수속	•e티켓확인증 및 여권, 비자 제시 •좌석배정 •사용고객 우대 프로그램 •수하물위탁 •수하물표확인	항공사(체크인카운터)
출국심사 전 (안내)	•재 집합 및 출국서류 배부 •출국절차 설명	TC(상품판매 여행사)
	•병무신고 •검역 •세관	정부 관계기관 (고객 직접 수행)
출국심사	•보안검색 •출국심사	정부 관계기관 (고객 직접 수행)
출국심사 후	•면세점, 면세품 인도장 •탑승구 및 탑승시간 확인	고객 본인
탑승	•일행확인 •탑승	항공사(항공기 탑승담당)

출처: 김병헌(2012), 국외여행인솔자 업무론, 백산출판사

T/C는 탑승구와 출발시간의 변경이 있을 수 있기 때문에 항상 항공기 출발 정보를 확인하여 항공편에 맞는 목적지와 탑승구 번호, 출발시간 등을 수시로 체크하는 동시에 공항 내 방송에 주의를 기울여야 한다.

3) 기내업무

❶ 탑승고객 확인

고객의 전원 탑승 완료 후 T/C는 탑승자의 상태를 확인해야 한다. 고객이 좌석에 앉으면 좌석번호를 대조하며 전원이 탑승하였는지 재확인한다. 단, 객실승무원의 업무에 방해가 되지 않도록 주의해야 하며, 기내에서 고객들이 지켜야 할 사항들을 안내하여 단체승객들로 인해 객실승무원과 주위 승객들이 불편을 겪지 않도록 한다.

❷ 서비스에 대한 협조 요청

T/C는 객실승무원에게 본인이 인솔자임을 밝히고 단체 구역을 미리 알려 담당 고객들에 대한 협조를 요청한다. 즉, 단체고객들과 관련한 문제가 발생했을 시 즉시 알리고 본인과 협의할 것을 부탁하고 해당 국가의 출입국신고서와 세관신고서 등의 서류를 단체 인원 수 만큼 미리 준비해 줄 것을 요청한다.

또한 고객 중 건강이 좋지 않거나 특별한 서비스가 필요한 사람이 있을 경우 승무원에게 알려 원활한 업무를 돕는다.

❸ 출·입국 및 세관업무

T/C는 고객명단을 참고하여 E/D Card를 작성하되, 국가마다 출입국 신고서 작성유무에 차이가 있으므로 해당 사항에 맞게 준비한다. 또한 세관신고서의 경우는 반입이 금지되어 있는 품목의 소지 여부 및 외환 소지 액수와 면세품 허가 한도 등을 확인하기 위한 것으로 반드시 고객이 직접 서명하도록 한다.

4) 입국업무

입국수속은 일반적으로 '검역 → 입국심사 → 위탁수하물 수취 → 세관심사'의 순으로 이루어지나, 국가에 따라 상이할 수 있으므로 T/C는 여행목적지국가의 출·입국, 세관검사, 검역과 관련된 규정과 관련서류 등 입국수속에 필요한 사항을 사전에 숙지해야 한다.

① 항공기 출구 앞 집결

항공기가 목적지에 도착하면 T/C는 먼저 항공기에서 내려 여행자를 신속히 유도하여 한 곳에 집결하도록 한다. 항공기에서 전원 하기하면 인원 점검을 실시하고 항공기에 두고 내린 물건이 없는지 확인시키고, 입국 수속을 위해 각자의 여권을 준비하도록 한다.

또한, 입국수속이 '검역 → 입국심사 → 위탁수하물 수취 → 세관심사' 순으로 이루어지는 것을 설명하고 함께 입국심사장으로 이동한다.

② 검역

검역은 예방접종증명서를 제출하거나 기내에서 기입한 검역서류가 있다면 제시하는 절차이다. 최근에는 입국 시 예방접종증명서를 제출하지 않는 경우가 대부분이며, 아프리카와 같은 특수한 지역이나 오염지역으로부터 입국하는 경우를 제외하고는 대부분 국가들이 실제적인 검역을 생략하고 있다.

유럽의 경우에는 타 대륙에서 도착한 시점을 기준으로 한 번 검역을 받으면 유럽 내의 다른 지역으로의 이동 시 별도의 검역이 필요 없다. 단, 호주 및 뉴질랜드의 경우에는 검역 심사가 매우 까다롭기 때문에 각별히 주의를 기울여야 한다.

③ 입국심사

입국심사장 도착 후 고객들을 다시 집결시켜 입국수속을 위한 서류 및 여권을 준비하도록 한다. 입국수속에 필요한 서류가 준비되면 입국수속 과정 및 주의사항에 대해 간략히 설명한 후, T/C가 가장 선두에 서서 입국심사를 통과하고 뒤이어 고객들이 통과할 수 있도록 한다. 경우에 따라서는 서류를 요청할 수 있으므로 고객명단과 수배확정서, 예약기록 등을 준비하여 제시하고, 단체의 대표자로서 입국심사에 답변을 한다. 입국심사자의 질문 내용은 보통 입국 목적과 체재일수, 체류 예정인 숙소 등이다.

또한, T/C는 마지막 고객이 입국심사대를 통과할 때까지 입국심사장에서 지켜보고, 문제가 발생할 경우 신속히 대처하도록 한다.

4 위탁수하물 수취

입국심사대 통과 후 공항 모니터에 수하물 수취대의 번호를 확인할 수 있다. T/C는 항공기 수하물 수취대 번호를 확인 후 고객들에게 안내하여 수하물을 찾도록 하되, 반드시 수하물의 총 개수와 수하물 상태를 현장에서 확인해야 한다. 또한 비슷한 가방 모양으로 인해 고객의 수하물이 바뀌는 경우가 있으므로 세심히 확인하도록 안내해야 한다.

5 세관

고객들은 미리 준비한 세관신고서를 세관 직원에게 제출하고 세관검사를 통과해야 하는데, 신속한 진행을 위해 T/C는 관계 직원에게 단체여행이라는 점과 체재일수와 방문목적, 기타 신고사항 등에 대해 파악하여 미리 보고한다. 단체로 세관통과가 가능할 경우에는 포터(porter)를 불러 수하물표와 짐 개수를 알려준 후 옮기도록 할 수 있으나, 개인별로 수속을 해야 하는 경우에는 고객 중 노약자 등과 같이 도움이 필요한 일행을 도와 신속히 수속을 마치도록 한다.

참고자료

❖ 도서

- 김기홍(2016), 항공서비스경영, 청람
- 김병헌(2012), 국외여행인솔자 TOUR CONDUCTOR 업무론, 백산출판사
- 김재석·한수연(2016), 항공운송의 이해, 새로미
- 박혜정(2014), 항공경영의 이해, 백산
- 서정만·이희라(2019), 항공객실 서비스개론, 한올
- 아시아나세이버, 항공운임과 발권의 기초
- 아시아나항공 직무훈련 교재
- 아시아나항공 업무규정집
- 유문기·김정석·김종성(2016), 항공운송론, 새로미
- 유재홍·나상필·변효정·윤여산(2018), NCS활용 국외여행인솔실무, 지식인
- 윤성주(2018), 항공기 구조 및 기내서비스, 새로미
- 이향정·엄경아·여지영·나윤서·백남규(2015), 항공운송업무론, 지식인
- 이현동(2017), 여행항공실무, 한올
- 장양례(2017), 국외여행인솔자 현장실무지침서, 백산출판사
- 정상천(2002), 기내구조 및 비행안전, 기문사
- 최성수(2017), NCS 시리즈 기내안전관리, 한올
- 최성수(2017), NCS 시리즈 비행 중 서비스, 한올
- 최성수(2019), 항공기 객실 구조 및 비행 안전, 한올
- 최성수·김선희·양정미·인옥남·이승현·문희정·최정화(2017), 최신 항공객실업무론, 한올
- 허희영(2016), 항공서비스원론, 북넷
- 허희영(2018), 항공운송산업론, 북넷

❖ 논문

- 김기웅, 김진이, 최재호(2007), "항공운송 및 우주개발 관련 국제조약 및 외국 입법례 분석과 우리나라 법제의 개선과제", 법무부 연구용역 과제보고서.
- 박세라(2017), 신 서비스의 품질요인이 지각된 가치와 고객만족을 통해 재이용의도에 미치는 영향에 관한 연구, 경기대학교 서비스경영전문대학원, 박사학위논문.
- 박홍성(2008), 항공기 테러의 실태와 대응전략에 대한 연구, 동국대학교 행정대학원, 석사학위논문.
- 백정훈(2020), 항공화물포워더의 항공사 선택 결정요인에 관한 연구, 인하대학교 물류전문대학원, 석사학위논문.
- 손봉희(2014), 항공화물보안 개선 방안연구, 한국항공대학교 대학원, 석사학위논문.
- 오경아(2018), 항공사 기내 엔터테인먼트 서비스가 고객만족 및 충성도에 미치는 영향, 한서대학교 일반대학원, 석사학위논문.
- 이지애(2013), 항공사 기내식음료 서비스의 중요도와 만족도에 대한 연구, 성신여자대학교 문화산업대학원, 석사학위논문.
- 최미숙(2003), 항공사 객실서비스품질에 관한 연구, 경기대학교 관광전문대학원, 석사학위논문.

❖ 웹사이트

- 가루다인도네시아항공 홈페이지
- 국민일보 홈페이지
- 국토교통부 홈페이지
- 나무위키
- 대한항공 홈페이지
- 문화체육관광부 해외문화홍보원 홈페이지
- 사우스웨스트항공 홈페이지
- 스카이팀 홈페이지
- 스타얼라이언스 홈페이지
- 싱가포르항공 홈페이지
- 외교부 홈페이지
- 아시아경제 홈페이지
- 아시아나항공 홈페이지
- 아에로플로트 홈페이지
- 에미레이트항공 홈페이지
- 연합뉴스 홈페이지
- 오토헤럴드 홈페이지
- 원월드(원월드) 홈페이지
- 위키백과
- 인천공항시설관리 홈페이지

- 인천공항운영서비스 홈페이지
- 인천국제공항 홈페이지
- 인천항공교통관제소 홈페이지
- 제주항공 홈페이지
- 중앙일보 홈페이지
- 한국일보 홈페이지
- 한국공항공사 홈페이지
- 한국산업인력공단 홈페이지
- 항공정보포털시스템

- blog.naver.com/odk1956
- www.aci.aero
- www.aclairshop.com
- www.aeroexpo.com
- www.aircraftinteriorsexpo.com
- www.aircraftsystemstech.com
- www.airteamimages.com
- www.airtravelinfo.kr
- www.aviation.co.kr
- www.aviationbusinessnews.com
- www.cnn.com
- www.enginst.tistory.com
- www.flight-report.com
- www.flyingwithababy.com
- www.globalaviationltd.com
- www.groupidea.com
- www.huffpost.com
- www.jobnjoy.com
- www.kaupress.com
- www.kr.aving.net
- www.prestigegorilla.net
- www.redesignedtraytables.com
- www.safran-cabin.com
- www.schengenvisainfo.com
- www.scienceall.com
- www.services.airbus.com
- www.seohaeair.com
- www.theverge.com
- www.travelmate.co.kr
- www.travelview.co.kr
- www.worldincanada.com

| 저자약력

■ 정태연

• 성균관대학교 언론학 석사
• 경기대학교 관광경영학 박사

전) 중국동방항공 객실승무원 및 승무원 인사부 부팀장, 신입승무원 면접관
전) 한국영상대학교 스튜어디스과 교수
현) 청주 서원대학교 항공서비스학과 교수

항공운송 서비스론

발행일 | 2021년 3월 2일

발행인 | 모흥숙
발행처 | 도서출판 새로미

저자 | 정태연

주소 | 서울 용산구 한강대로 104 라길 3
전화 | 02) 523-5903~4
팩스 | 02) 2693-2437

E-mail | seromi@seromi.kr
Homepage | www.seromi.kr

ISBN | 978-89-6476-715-3 (93980)
정 가 | 20,000원